基于AR应用的
土家族文化旅游产品创意开发研究

张立明　等　著

国家科技支撑计划课题“少数民族地区文化旅游产品创意及可视化的AR技术应用示范”（2015BAK03B02）资助出版

科学出版社
北京

内 容 简 介

文旅融合是构建我国旅游发展新格局、促进旅游高质量发展的战略需求，也必将加快新时代我国旅游产业的转型升级和结构的优化调整。针对文旅融合发展过程中文化旅游产品创意和文化可视化展示手段单一，尤其是实时交互式可视化体验不足的问题，本书从 AR 应用的角度，对土家族文化特质、文化资源向旅游产品转化的途径和方式，AR 文化旅游产品系统构建、开发流程、产品创意、文化标签创意设计、可视化数字内容设计制作和可视化展示系统技术等进行探讨，并以土家族非物质文化遗产、旅游景区文化和旅游商品文化等的 AR 产品开发及可视化为案例进行阐述。

本书可供从事旅游规划与开发、旅游景区管理、文化产业管理等方面的教学、科研人员及行业管理工作者阅读，同时可供旅游、文化产业相关专业本科生及研究生阅读参考。

图书在版编目（CIP）数据

基于 AR 应用的土家族文化旅游产品创意开发研究 /张立明等著. —北京：科学出版社，2021.11

ISBN 978-7-03-069724-0

Ⅰ. ①基… Ⅱ. ①张… Ⅲ. ①土家族-民族文化-旅游产品-产品开发-研究-中国 Ⅳ. ①F592.7

中国版本图书馆 CIP 数据核字(2021)第 178953 号

责任编辑：杨光华 刘 畅/责任校对：高 嵘

责任印制：张 伟/封面设计：苏 波

科学出版社出版

北京东黄城根北街 16 号

邮政编码：100717

http://www.sciencep.com

北京凌奇印刷有限责任公司 印刷

科学出版社发行 各地新华书店经销

*

开本：787×1092 1/16

2021 年 11 月第 一 版 印张：15 1/4

2022 年 6 月第二次印刷 字数：379 000

定价：108.00 元

（如有印装质量问题，我社负责调换）

前　言

本书是在笔者主持完成的国家科技支撑计划课题“少数民族地区文化旅游产品创意及可视化的AR技术应用示范”（2015BAK03B02）成果基础上整理形成。本书针对少数民族文化旅游产品创意不足及展示手段单一的缺点，集成利用AR技术和无线传感技术等，探讨文化可视化智能终端技术集成应用，以期实现少数民族文化的实时交互式可视化展示，促进少数民族的文化旅游融合和产业化发展。主要内容包括：①全面调查和深入挖掘土家族文化资源，开展文化特质分析，提出文化资源产品转化尤其是向旅游产品转化的主要途径；②建立AR文化旅游产品系统，构建信息敏感、增强感知、混合现实模拟和虚拟界面4个类型的AR产品体系，提出AR文化旅游产品的开发原则和开发流程等；③创意设计土家族文化标签及文化可视化数字内容，建立与文化标签相对应的数字文化内容数据库；④提出文化可视化移动智能终端展示系统，包括数字文化内容子系统、可视化智能终端子系统、AR应用软件子系统和产品展示媒介子系统4个子系统，对子系统的相互关联及其相关内容进行阐述；⑤开展土家族文化旅游产品创意开发，对土家族非物质文化遗产资源的旅游产品转化及可视化展示、旅游景区的文化旅游产品创意开发及可视化展示、旅游商品（西兰卡普、清江石）文化产品创意开发及可视化展示进行探讨。

本书力求在三个方面进行研究创新：①集成应用AR技术和无线传感技术，开展文化可视化展示，实现文化的实时交互式可视化体验；②开展土家族文化旅游产品创意开发设计；③基于AR技术的文化可视化数字内容设计，尤其是针对非物质文化遗产资源可视化创意产品的研制和示范应用，是利用AR技术对传统文化进行可视化的一种尝试，能够将无形的非物质文化资源转化为具象的高科技文化创意产品，除具有广泛的传播、教育意义外，还能推动当地文化旅游产业的发展。利用本书成果对古遗址的历史文化进行可视化展示，效果更佳，能为旅游者带来前所未有的视觉体验。

AR技术在我国文化旅游领域的应用起步比较晚，硬软件技术尚在不断完善中，大规模推广应用不仅受AR技术自身的限制，还将受制于文化数字内容的创作和创新。本书的研究属于探索性质，是对文化可视化展示中AR技术、多媒体技术及无线通信技术集成应用的初步尝试。本书的第一、二、三、四、五、十、十一、十二章由张立明执笔；第六章由吴逸云执笔、张立明修改；第七、八章及第九章的第一、二节由张立明根据课题技术报告修改而成，技术报告中的该部分内容由余日季执笔；第九章的第三节由张立明根据课题技术报告修改而成，技术报告中的该部分内容由陈侃松执笔；第十三章由万小妹执笔、张立明修改。全书由张立明统稿。本书的部分成果发表在《湖北大学学报》（2018年第5期）、《三峡论坛(三峡文学·理论版)》(2019年第1期）等，还有部分成果形成了团队成员的硕士学位论文。

在此，向参加课题研究的全体成员及课题技术报告编制的余日季教授、陈侃松教授、张丹副教授、万小妹老师、韩忠老师，以及吴逸云、黄金彦、杜晓、石超、万波等研究生致以最诚挚的谢意！同时，本书写作过程中参考了国内外很多学者关于土家族文化资源研究、文化可视化展示、AR 技术应用及其硬软件系统开发等方面的研究成果，他们的成果在本书中有不同程度的反映，参考的这些成果已在参考文献中列出。在此，谨向各位作者和相关研究人员表示由衷的感谢！

由于受到学术水平、写作时间和经验等的限制，本书还有很多不足之处，望读者不吝赐教，笔者还会通过后续的跟踪研究来弥补。

张立明

2021 年 3 月于湖北大学

目　　录

第一章　绪　　论

第一节　文化旅游的AR应用背景

随着城乡居民生活水平持续快速提升，文化和旅游消费总量将持续扩大、结构将转型升级，文化和旅游消费的核心诉求也将从美丽风景转向美好生活。游客更加偏好高品质的深度体验型文化旅游产品，越来越多的人会选择自由行、自助游，这就要求文化和旅游产品个性化、品质化、多元化，要求从供需两端发力，不断优化文化旅游消费结构、消费环境，提供高质量的文化和旅游产品，提供更加优质的文化和旅游服务。然而，长期困扰我国文化旅游产业发展的一个现实问题是丰富的文化资源看不见、摸不着，旅游者对于地域特色文化的理解和把握通常只能借助文字解说或导游讲解，有说头，没看头，旅游者无法深入理解旅游地的文化，导致文化旅游产品的体验不深，严重影响了文化的传承和传播效果。因此，在有效保护文化资源的前提下，充分挖掘文化内涵，利用现代科技手段进行展示，创新科技、文化、旅游与经济社会融合发展模式，为社会主义文化大发展、大繁荣提供科技支撑，是新形势下文化事业和旅游产业发展的必然要求。

尽管国内关于土家族文化及文化旅游方面的研究成果比较丰富，但主要集中在非物质文化遗产的数字化保护方面，尤其是应用文字、声音、影像等数字技术保护性记录现有的活态的非物质文化遗产，建立了较为完善的非物质文化遗产资源库，为非物质文化遗产资源的科学保护奠定了坚实的基础。由于缺乏科学合理的展示及传播手段，大量的文化遗产资源没有转化为文化旅游产品，难以实现文化的经济功能和传播功能。对于非当代的文化资源，这种真实的针对活态的非物质文化遗产数字记录方式显然无法满足需要。开展文化旅游创意设计，研究少数民族文化资源转化为文化旅游产品的途径和方式，促进少数民族文化资源的合理利用，正是我国现阶段文化产业发展、文化与旅游融合发展在实践中亟待研究的难题，对少数民族地区而言尤为紧迫。将少数民族文化遗产资源合理转化为文化旅游产品，借助旅游平台来实现传承和传播，是有效保护民族文化、提升文化影响力的重要途径。然而，如何实现少数民族文化资源的产品转化，促进文化与旅游的深度融合，做好文化的可视化展示和传播一直困扰着文化资源的保护者和经营者。

为贯彻落实《中共中央关于深化文化体制改革推动社会主义文化大发展大繁荣若干重大问题的决定》等相关精神，“推进文化科技创新……发挥文化和科技相互促进的作用，深入实施科技带动战略，增强自主创新能力”，应依托大数据、云计算、区块链、人工智能等现代科学技术，将基于5G（5th generation mobile networks，第五代移动通信技术）应用的3D（3-dimension，三维）高清视频、AR（augmented reality，增强现实）/VR（virtual reality，虚拟现实）等新的技术手段广泛应用于文化旅游领域，将5G+AR、5G+VR、5G+AI（artificial intelligence，人工智能）这些实时的场景应用及大数据分析、自媒体应用到文化旅游产品开发之中，加强文化遗产保护利用和传承，深入挖掘文化遗产价值，全面提升文化遗产展示、展演水平和传播能力，探索科技支撑少数民族文化保护传承技术、路径与模式。同时，通过现代科学技术手段的应用，还能催生出全新的智慧文化旅游产品、体验项目和智慧旅游服务方式，推动文化和旅游数字化、网络化、智能化快速发展，提高文化旅游公共服务水平，满足人民群众高质量文化旅游生活的需要。

第二节　文化旅游的AR应用意义

一、促进土家族文化资源的产品转化，有效保护民族文化

民族文化是各民族在其历史发展过程中创造和发展起来的具有本民族特点的文化，包括饮食、衣着、住宅、生产工具等物质文化和语言、文学、科学、艺术、哲学、宗教、风俗、节日、传统等精神文化。土家族是中国人口最多的十个少数民族之一，主要分布于湘、鄂、渝、黔毗邻的武陵山地区。土家族文化资源十分丰富，其民族历史、语言文学、民俗礼仪、生产建筑、生活起居、饮食服饰和宗教艺术等独具特色。这些源远流长、博大精深的民族文化，为中华民族的发展壮大提供了强大的精神力量，为人类文明进步做出了不可磨灭的重大贡献。当今世界正处在大发展、大变革、大调整时期，世界多极化、经济全球化深入发展，科学技术日新月异，各种思想文化交流、交融、交锋更加频繁，文化在综合国力竞争中的地位和作用更加凸显，维护国家文化安全的任务更加艰巨，增强国家文化软实力、中华文化国际影响力的要求更加紧迫，文化也越来越成为民族凝聚力和创造力的重要源泉、综合国力竞争的重要因素、经济社会发展的重要支撑，丰富精神文化生活越来越成为我国人民的热切愿望。然而，如何实现民族文化资源的产品转化，实现文化与旅游的结合，实现文化的可视化展示和传播，这一问题的研究是我国文化产业和旅游产业发展的需要，对于促进文化旅游产业的融合发展和转型升级十分紧迫和必要。

二、加快土家族文化和旅游融合，丰富旅游的文化内涵

长阳历史悠久，文化灿烂，土家族民间文化资源十分丰富。19 万年前“长阳人”在此生息繁衍，4 000 多年前的巴人在这里开疆拓土，开创了古代巴国的历史。千百年来，勤劳智慧的长阳人民在生产生活中创造了丰富多彩的民间文化，积累了深厚的文化底蕴，也使长阳有了“歌舞之乡”的美誉。长阳民风淳朴，习俗奇异，以歌舞祭奠亡灵的跳丧舞、哭泣庆贺婚嫁的哭嫁歌为代表的民俗文化独具魅力。长阳山歌、南曲、巴山舞被誉为“长阳文化三件宝”，奇石、盆景、根艺被誉为“长阳文化产业三件宝”，蜚声海内外。1998 年，长阳被授予“全国文化先进县”称号。长阳撒叶儿嗬、长阳山歌、薅草锣鼓、都镇湾故事 4 个项目入选国家级非物质文化遗产保护名录。长阳土家儿女擅长的西兰卡普（即土家织锦），以其独特的工艺和美妙的构图被列入中国五大织锦。这些传承着巴人精神的文化经典种类丰富、品位高，但并没有与快速发展的旅游业较好地结合，旅游发展过程中尤其是景区建设、旅游活动设计中并没有很好地彰显地域文化特色，且由于缺乏高水平创意和现代科技的支撑，始终难以走上产业化发展道路，不仅自身的保护受到

威胁，其经济文化价值也较难得到发挥。

各类商品尤其是旅游商品的文化植入既是一个创意的问题，也是一个现代技术的具体应用问题。2018 年，我国入境旅游外汇收入构成中：商品销售仅占 25.78%；入境旅游者人均天消费构成中，购物也仅占 20%～30%，远远低于旅游发达国家或地区 50%左右的购物消费比重。究其原因，旅游商品缺乏创意、文化内涵不足、地域特色不鲜明是主因。国内目前有各类各等级的旅游景区 2 万余家，普遍存在旅游商品品种单一、创意不够和文化开发滞后的问题。将各具特色的少数民族文化合理地植入地域特色商品中，拓宽传统的单一文化产品生产的思路，既能丰富旅游商品的文化内涵，又为文化传播找到载体，同时还能实施规模化生产，将原本手工作坊式的小规模生产升级为现代化大规模生产，扩大文化产业规模，提升文化产业效益。

三、创新文化传播的技术手段，提供实时交互式可视化体验

国内非物质文化遗产保护成果颇丰，但多集中在非物质文化遗产资源的数字化，即应用文字、声音、影像等数字技术保护性记录现有的活态的非物质文化遗产，国家文化部门还建立了较为完善的非物质文化遗产数据库。建立数据库仅仅是对非物质文化遗产资源的一种保护措施，是文化保护工作的需要，而不是文化资源开发利用，并没有转化为文化产品和旅游产品，难以实现文化的经济功能和传播功能。应用 AR 技术，将非物质文化遗产资源、古人类文化遗址资源和旅游景区隐含的各类文化资源进行可视化设计，游客借助 AR 智能终端展示系统，在旅游的全过程中均可以获得实时交互式的文化体验。

基于 AR 应用的文化旅游产品开发，能有效解决旅游过程中“文化看不见、摸不着、体验不了”的问题，其应用推广不仅能促进文化遗产资源的保护和传承，更利于增强文化的展示和传播效果，丰富旅游者的文化体验。

第三节　文化旅游的 AR 应用目标

集成利用 AR 技术和无线传感技术等，解决文化旅游产品开发中文化可视化渠道、方式和技术手段单一等问题，依托旅游实现少数民族文化的数字化保护、可视化展示、传播和产业化发展。本书将深度挖掘土家族文化内涵，创意设计文化旅游产品，构建具有普遍推广价值的 AR 文化旅游产品体系；将文化创意进行可视化设计，建立文化标签数据库；依据 AR 文化旅游产品创意和文化标签数据库，设计制作土家族文化可视化数字内容数据库；集成 AR 技术和无线传感技术等，应用多种途径将数字文化内容植入旅游产品，借助移动智能终端开展文化可视化展示；同时，形成丰富的 AR 文化可视化产品，借助手机、平板、个人电脑或其他移动智能终端设备，在文化旅游过程中创新文化传播途径和手段。

本书选取长阳土家族自治县及其清江画廊景区（武落钟离山景点）开展案例研究，可为基于 AR 应用的文化旅游产品可视化开发带来具有商业价值的运营模式与案例参照，推动文化、旅游和科技融合发展。

第四节 文化旅游中 AR 应用现状

一、基于 AR 应用的文化基础研究

国内基于 AR 应用的文化基础研究，主要集中于 AR 文化产品创意、文化资源的旅游产品转化、旅游产品中的文化植入和文化可视化等方面。在文化资源的旅游产品开发方面，多集中于某一种类型文化资源的产品开发，或是侧重研究某一种方法在文化资源产品转化中的利用，结合整个区域文化资源，系统构建文化产品开发机会谱、进行系统化产品创意及商品生产中的文化植入的研究并不多见。目前，国内文化资源向旅游产品转化，已经出现了传统博物馆、数字博物馆、音像制品、旅游演出、旅游纪念品、水幕电影、激光演示、虚拟旅游等多种方式。随着《中华人民共和国非物质文化遗产法》的颁布实施，非物质文化遗产正从以往单一保护转向保护基础之上的文化产品和服务开发转变。针对非物质文化遗产，生产性保护越来越受到重视，这为非物质文化遗产及其资源转化为物质形态的文化产品指明了一种可行的方式，并在传统技艺、传统美术和传统医药药物炮制类非物质文化遗产领域得到较好的实施。从我国第一批国家级非物质文化遗产生产性保护示范基地的实践看，已初步形成了“生产作坊+传习所+社区文化服务中心”非营利保护扶持模式，以及“工厂+博物馆+传习所+文化观光旅游线”人文生态整体保护模式，少数企业在生产过程中开始尝试应用电脑辅助设计控制生产工序，以及生产工具精密化等方式。

在文化可视化方面，AR 技术让久远的历史文化变成可观可感的影像信息，为追溯历史文化拓宽了视野，也为传统教育构建了新的方式和方法。美国北卡罗来纳大学、麻省理工学院、哥伦比亚大学、罗切斯特大学、波音公司，加拿大多伦多大学和日本索尼计算机科学实验室等较早开展 AR 技术研究。国外这些专注于 AR 技术研究的机构大多将研究重点放在 AR 技术核心部分的算法、软硬件基础平台及人机交互方式上，对于 AR 技术在文化方面的应用研究相对较少，且主要集中在文化资源的可视化展示、文化商品的创意设计、文化教育产品的开发等方面。国内对 AR 技术在文化旅游方面的应用研究起步比较晚，相关文献比较少，主要集中在文化旅游资源数字化保护关键技术、应用优势、用户体验特点、数字化展示及系统开发与应用技术在文化遗产数字化保护应用中的优势、特点和案例分析，AR 技术在圆明园数字景观重现中的跟踪注册算法和实验分析，非物质文化遗产内容的博物馆数字化展示模式与产业化研究，增强现实系统、应用技术和关键技术的研究，基于 AR 技术的虚拟雕塑实景显示问题等。目前，国内较早开展 AR 技术研究的主要研究机构有北京理工大学光电信息技术与颜色工程研究所、浙江大学计算机辅助设计与图形学国家重点实验室、电子科技大学移动计算研究中心、暨南大学 AR 应用研究中心等。由于国内关于 AR 的研究相对滞后，尽管近十年出现了较快发展，但在研究领域、技术层面与国际先进水平仍有明显差距。

尽管有以上诸种努力，少数民族地区文化资源的产业化程度低、品种单一、规模小、作业分散、文化产品及服务科技含量少，产品开发创新能力不足等问题仍十分突出。现有的文化遗产数字化，也主要是利用数字成像技术对历史资料进行保护，包括检索、描

述与应用。例如，故宫博物院开展的“故宫文化遗产数字化应用研究”，开启了制作虚拟现实节目、故宫文化遗产数字化、建立数据库、建设数字博物馆的应用研究，并利用 VR 技术开发出首部故宫 VR《太和殿》，实现了虚拟旅游。但基于虚拟现实技术开发的文化旅游产品只能在游客中心或终端设备上播放，不能实现虚拟场景和真实环境的实时配准，游客不能随心所欲地在旅游的过程中动态地、实时地、交互式地进行文化旅游体验。

二、AR 技术与无线传感技术集成

将 AR 技术应用于文化可视化展示，需要将文化资源数字化信息，尤其是文化可视化内容信息与文化资源所依存的环境场景进行实时匹配，并通过智能终端实现可视化展示。实物与场景的匹配有视频捕获和无线传感两种方式，在通信技术上尚需借助于无线传感器网络（wireless sensor network，WSN）来实现，需要结合文化场所的特点进行针对性开发。无线传感器网络技术起源于 20 世纪 70 年代的美国，并逐步受到发达国家的重视。最早揭开现代 WSN 发展序幕的美国在芯片技术、通信协议、硬件设施等核心技术方面取得了较为领先的优势，日本、韩国则在应用方面走在前列。无线传感器网络技术研究在国内起步并不晚，但直到 2007 年后，该技术的相关专利申请才呈现出爆发性增长态势。然而在华拥有最多 WSN 技术相关专利的权利人/申请人主要是国外大型企业，排名前三位的分别是三星公司、诺基亚公司与皇家飞利浦公司，我国的华为公司进入前十。

随着文化产业的大发展、大繁荣，智能终端呈现出多业务、多网络融合的态势。智能终端技术具有高度集成、操作系统开放、应用程序开发环境丰富、支持多种网络接入和交互技术等特点。其知识产权主要集中在中央处理器、操作系统、音/视频编解码等专利技术方面，如 ARM CPU（advanced RISC machine，central processing unit，ARM 中央处理器）可通过硬核和软核 IP（internet protocol，互联网协议）授权等方式进行开发，无论是 IP 核授权还是指令集授权，其知识产权主要还是掌握在欧美厂商手中。在操作系统方面，主要有苹果 iOS 系统、微软 Windows Phone 系统和谷歌的安卓（Android）系统。在音/视频编解码技术方面，MPEG2、MPEG4、H.264 与 Dolby 的 AC3、DD Plus、DTS 等编解码标准均需要取得授权，缴纳专利费才能使用。目前，智能终端将朝着新型显示技术的综合运用、新型网络技术的接入、终端技术的融合与互动、无线传感器网络技术的应用等方面发展。

目前短距离无线通信技术主要包括红外、蓝牙、Wi-Fi、ZigBee 技术。红外通信是一种利用红外线进行点对点通信的技术，它属于视距传输，传输距离短，且两个通信设备必须对准，中间不能被其他物体阻隔，因而该技术不适合多点间通信。蓝牙技术属于一种低功耗无线传输技术，其通信频段为 2.4 GHz，协议标准为 802.15.1，但它存在传输范围有限（仅为 10 m 左右）、抗干扰能力不强等问题。Wi-Fi 技术是一种可以将个人电脑、手持设备等终端以无线方式互联的技术，协议标准为 802.11 a/b/g，已成为无线网络通信的一个“品牌”，但 Wi-Fi 设备的成本和功耗都较高。

基于 IEEE 802.15.4 标准的 ZigBee 技术是一种短距离、低功耗、低成本的双向无线通信技术。与红外、蓝牙、Wi-Fi 等无线通信方式相比，ZigBee 技术具有成本低、功耗小、时延短、协议简单、可靠性高、安全性强、网络容量大、自组网灵活等特点，适合作为移动智能终端的短距离无线通信网络应用。

三、文化旅游中 AR 应用研发基础

湖北大学作为一所多学科的综合型大学，在区域规划、旅游开发、环境艺术、计算机应用、电子信息与生态保护等领域形成了较为明显的学科优势和特色。本书涉及的文化旅游产品创意研究、可视化数字内容设计生产和可视化展示的 AR 技术集成应用开发等方面均有坚实的前期工作基础。

文化旅游产品创意研究方面，在文化遗产保护与产业开发方面完成了一系列文化遗产资源的调查、评估、保护措施及政策研究，文化产品创意，文化旅游及文化产业化开发等方面的研究；在文化旅游开发方面积累了大量的旅游景区文化植入、旅游商品研发及可持续发展研究等成果。近 5 年来，主持完成了国家发展和改革委员会科技项目、文化和旅游部科技创新工程项目、国家自然科学基金项目、湖北省自然科学基金项目、湖北省科技攻关计划项目、湖北省重大咨询决策课题等 30 多项；主持或承担与本书有关的文化旅游产品创意及旅游产品转化专题研究课题 80 余项。

文化旅游产品可视化数字内容生产方面，在文化传播、可视化数字设计、数字影视内容创作、数字互动媒体设计 4 大主要研究领域积累了丰富的资料。近年来，在 AR 技术应用、数字互动媒介技术领域进行了较深入的研究，如基于 AR 技术的长阳巴山舞可视化展示、古“长阳人”动画角色的 AR 可视化实验等。先后得到国家艺术基金项目、武汉市社科基金项目、湖北省社科基金项目和武汉市科技攻关计划项目资助，完成了“黄鹤楼文化遗产数字化的 VR 体验式开发与保护研究”“湖北民间传说与故事数字动漫创作”“土家族传统村落代表性文化事象 VR 数字化展示与传播”“AR 技术在武汉市非物质文化遗产资源可视化创意产品开发中的应用研究”“基于 AR 技术的文化旅游商品创新设计与开发研究”“非物质文化遗产可视化的 AR 创意产品关键技术研究”等课题。

文化旅游产品可视化的 AR 技术集成应用方面，拥有一支多学科跨专业的研究团队，在数字媒体技术、电子信息、信号处理与系统分析研究等领域积累了较丰富的成果。近 5 年来，共承担国家级项目 30 项、国际合作项目 8 项、省部级项目 50 余项、企业合作项目 80 余项；200 多篇论文被国际著名检索系统 SCI、EI 收录；申请国家发明专利 10 余项；获省部级教学与科研奖 5 项，鉴定成果 5 项。在数字媒介与信息技术开发等方面已形成了一定的优势与特色。拥有 GEC2440 微处理器开发系统、射频通信芯片 CC2530 开发系统及 Linux 操作系统、数字存储示波器、电路设计等本书研究所需的各种工具等。近 5 年来，研究团队一直致力于无线通信网络的设计、无线传感器节点研制、移动智能终端的数据处理模块、显示模块、通信模块的软硬件设计，可实现发射节点与多个接收节点的数据实时通信、存储、显示的功能，在发射节点与接收节点的数据通信方面积累了丰富的实验数据。

（一）ZigBee 无线通信网络

采用 Z-Stack 协议栈语音对 CC2530 通信芯片编写了数据发送、接收子程序，进行了基于 ZigBee 协议的点对多点通信实验，并且在接收节点对通信过程实现了监控。图 1.1

是由发射模块、路由器、接收模块构建的无线通信网络，发射端通过无线的方式发送数据经路由器传输到接收端。采用路由器可增大无线通信距离，扩大网络容量，增加接收节点的数量。

图 1.1　ZigBee 无线通信网络

（二）无线传感器节点硬件模块

无线传感器节点硬件模块研究方面，自主研发设计了基于 ZigBee 的无线传感器节点硬件电路，如图 1.2 所示。为使射频通信板小型化，分别设计了外置天线和板载天线两种类型，以适用于景区不同的应用场合。

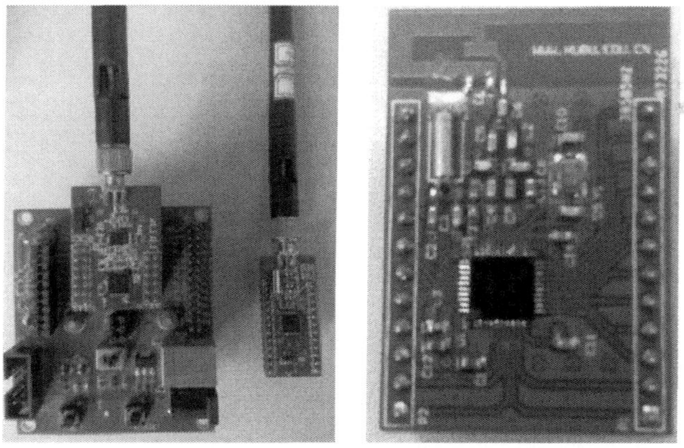

图 1.2　ZigBee 无线传感器节点硬件电路

（三）移动智能终端数据处理/显示/通信模块

移动智能终端数据处理/显示/通信模块研究方面，采用 ARM11 微处理器和 CC2530 通信芯片作为移动智能终端的数据处理/显示/通信模块，如图 1.3 所示。运用 SQLite 数据库存储视频、音频等信息，通过 Qt 界面显示。当智能终端接收到发射节点的数据时，自动触发与该节点对应的视频、音频、动画等信息，并通过 Qt 界面进行播放。

图 1.3　数据处理/显示/通信模块

采用 Si4432 无线通信芯片设计了车载雷达通信

系统，通过 LED 实时显示实现了区域范围内各车之间的通信及预警，便于指挥与调度，可将维修方案实时传送到位，提高了设备故障检测的效率，降低了虚警误报率，保证了车载设备的正常稳定工作。该车载雷达通信系统与故障维修专家库系统已推广应用。图 1.4 为车载雷达通信系统外观图。利用 MFC 和 Access 数据库开发故障维修专家库系统，主要由用户管理、信息管理和信息显示等组成，运用树状结构中的节点管理和消息提取，结合设备故障现象、原因、排除原理、维修人员经验建立了文本、图片、视频等数据的 Access 知识库，实现了故障信息查询、修改、添加等功能，该系统提高了维护人员的工作效率，降低了人力成本，为设备维护与故障排除提供了重要参考和指导。

图 1.4　车载雷达通信系统外观图

在基于 AR 技术的文化可视化展示系统开发时，需要对无线通信网络进一步优化，实现收发过程的低功耗运行，并将微处理器、通信模块、数字信号处理（digital signal processing，DSP）模块、编/解码模块进行集成，优化各功能模块的软硬件设计，建立集成无线传感技术的移动智能终端展示系统。

第二章　AR 文化旅游产品开发研究内容、技术流程和技术难点

第一节　AR 文化旅游产品开发研究内容

本书核心内容包括土家族文化旅游产品创意、土家族文化可视化数字内容创意设计与制作、基于 AR 技术和无线传感技术的文化可视化移动智能终端系统开发三个部分。内容框架见图 2.1。

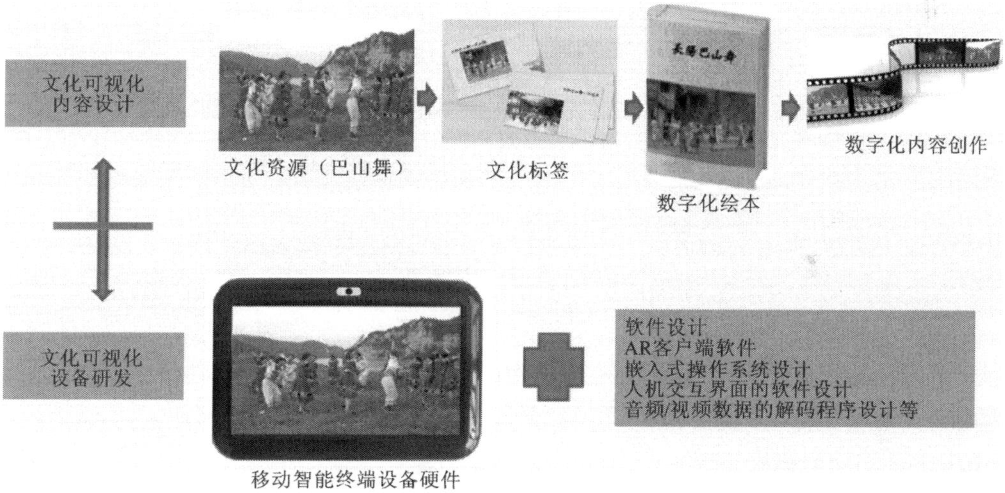

图 2.1　研究内容框架概念图

一、土家族文化旅游产品创意

（一）土家族文化资源调查、分析及产业化开发价值的评估

对长阳县各类民族文化资源、10 余处国家级和省市级文物保护单位、都镇湾故事等 46 处非物质文化遗产资源及各类文化旅游景区进行文献查阅、实地调研；对文化资源的基本类别进行整理分析、文献查阅、调查问卷设计、市场调查实施、调查数据样本分析，编制长阳县民族文化资源调查报告，对各类文化资源产业化开发价值进行评估，建立起产业化开发价值评估标准体系，最终构建开发机会谱、产品转化途径和开发模式。

（二）文化旅游产品创意开发和旅游产品转化

围绕长阳县历史遗迹、民俗、歌舞、文学、宗教等文化资源进行产品创意开发，构建长阳文化创意产品体系。重点以西兰卡普和清江石为例，探讨各类民族文化资源与西

兰卡普产品和清江石产品的结合途径，探讨西兰卡普和清江石产品创意生产中的土家族文化植入方法，形成长阳县文化旅游产品创意方案，最终编制长阳县系列文化产品标准化的可视化开发创意文本。

（三）文化产品开发机会谱的构建、转化途径及开发模式

以物质文化遗产和非物质文化遗产为基本类型，构建相应的文化产品开发机会谱，并结合类型特点，探索文化资源转化为文化产品的不同途径，尤其是对文化资源向旅游产品转化及可视化展示途径加以系统总结，提出有针对性的文化旅游产品开发机会谱和可视化展示模式。

二、土家族文化可视化数字内容创意设计与制作

（一）文化标签二维可视化设计

选取土家族文化资源中的民俗活动、民间故事、歌舞、文学、宗教等，通过二维数字化的文本、文字分镜、造型设计、平面设计手段，进行图案、标志和绘本设计与制作，形成一系列二维数字化文化标签，建立基于 AR 技术应用的标准化文化标签数据库，经印刷形成文化标签实体。

（二）可视化数字内容设计制作

根据标准化的系列文化标签，设计制作与文化标签一一对应的可视化数字内容。具体内容是针对长阳县典型民族文化标签进行三维模型设计、三维动画设计、三维场景设计、三维激光扫描、视频非线性编辑、后期特效设计和视音频制作，最终形成与系列文化标签对应的系列可视化数字文化内容，构建基于 AR 技术应用的文化资源可视化数字内容数据库。

创意生产的可视化数字内容将应用于西兰卡普生产，形成织锦类旅游商品可视化数字内容库（选取 4 个典型的西兰卡普织锦类旅游商品进行创作）。应用于清江石商品生产，形成清江石文化可视化数字内容库（选取 4 个典型的清江石旅游商品进行创作）。针对非物质文化遗产都镇湾故事，进行可视化数字内容创意生产（选取 4 个故事进行数字内容创作，包括角色设计、场景设计、美术设计、动画设计及后期合成等）。应用于清江画廊景区的文化解说数字内容创意生产：一是景点数据库信息搭建，整合分析不同光照条件、气候条件等自然特征条件下，景点自然标识物的特点，建立标识物数据规范标准。采集和建立景区内所有景点基于自然特征标识的图形数字化数据，搭建基于自然特征的景点标识物数据库；二是景区虚拟信息数据库构建及数据处理，建立景区全景三维仿真数据、景区内典型景点的数字三维动画、相关视频流、二维数据、影音及文本内容信息数据等，完成基于无线网络通信应用平台的数据处理和基于位置服务的、内容丰富的数据库建设。

三、基于 AR 技术和无线传感技术的文化可视化移动智能终端系统开发

（一）基于 AR 技术的文化可视化展示应用程序设计与开发

在 AR 应用程序设计与开发中，主要利用目前国外主流的 AR 应用开发平台系统 Metaio SDK、Vuforia SDK 和 D'fusion 工具，研究其在对现实环境中不同特征点识别（包括标记物、自然图像、现实环境、真实物体、传感器标签）的过程中精准“叠加”虚拟信息内容的各种增强现实技术应用，主要包括对各类现实环境特征点识别、各类坐标的矩阵转换、实时跟踪注册、虚拟信息的绘制生成、虚实融合及人机交互等方面的软件实现方法，并利用其进行各类文化旅游商品和文化旅游景区的 AR 数字文化内容可视化展示的应用程序设计与开发。AR 应用主程序流程如图 2.2 所示。

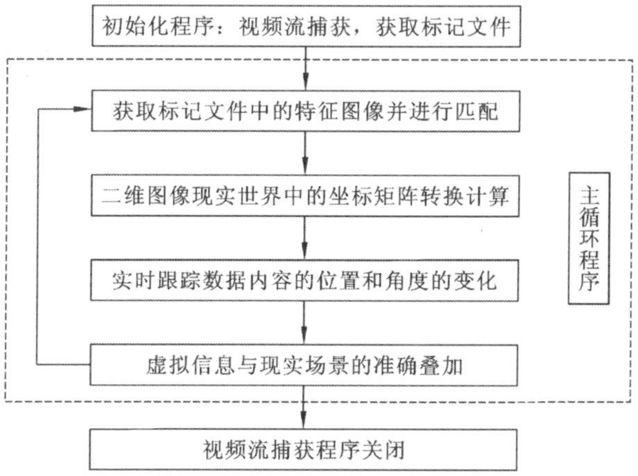

图 2.2　AR 应用主程序流程图

视频流采集与处理模块，主要完成文化标签图形的视频流实时采集、格式转换等功能的设计。

标记物实时识别与跟踪注册模块，主要完成开发平台系统中的模板训练、文化标签识别与三维注册矩阵转换计算等功能的设计。

图形图像的实时融合渲染绘制模块，主要完成数字文化内容的实时显示，三维虚拟角色、动画、场景实时渲染等功能的设计。

逻辑控制模块，主要定义和实现用户与系统的交互逻辑，包括完成定义用户与系统的交互方式，以及实现用户与系统交互内容的设计。

（二）基于 ZigBee 的无线通信网络设计

基于 ZigBee 的无线通信网络设计包括无线发射模块、电源模块的硬件电路设计和 ZigBee 协议栈研究与数据发送子程序设计。

（三）移动智能终端展示系统研发

移动智能终端展示系统研发包括无线接收模块、触屏显示模块、内存模块、视频/音频播放模块、电源模块的硬件电路设计，数据接收的低功耗运行设计，人机交互界面的软件设计，显示驱动程序设计，音频/视频数据的解码程序设计。

四、文化可视化示范

在清江画廊景区完成以下三项文化可视化展示示范。

（一）基于AR技术的景区旅游商品文化可视化展示示范

文化旅游商品的展示，主要包括基于 AR 技术的西兰卡普系列旅游商品、清江石系列创意产品和非物质文化遗产 AR 文化创意产品。利用 AR 技术将文化可视化产品借助于旅游商品开发进行展示，可以更好地利用旅游商品广阔的销售渠道来实现文化传播。基于 AR 技术开发的文化旅游商品（如清江石工艺品、西兰卡普商品、非物质文化遗产都镇湾故事绘本），用户在使用此类产品过程中，只需利用个人电脑或移动智能终端上的普通摄像头，实时捕获文化旅游商品中的特征图形（即文化标签，如清江石工艺品上的特色标志、西兰卡普商品的特殊图案、都镇湾故事绘本中每一页里面的故事画面），系统就会在用户提供的旅游商品上实时叠加相应的附加虚拟信息，包括文字、动画、视频、图片、声音等信息，通过用户的个人电脑或其他移动智能终端实时显示输出，用户可以通过真实场景中的绘本与虚拟信息进行交互体验。如都镇湾故事绘本，可以让用户阅读绘本故事内容的过程更加丰富有趣，可以激发用户的阅读兴趣，让用户享受高科技文化创意产品带来的乐趣。用户也可以在旅游途中利用智能终端设施在文化资源原生地实时获取可视化信息，现场进行交互式文化体验。在景区旅游商品文化可视化展示过程中，需要解决好三个问题。

一是基于标记物的二维数字化的文化标签设计。采用现代数字绘制技术，将文化资源的产品创意用现代科技手段进行可视化表达，统一绘本标准，以实现用于 AR 系统捕获并识别的实体标记。

二是数字文化内容数据库的构建。建立文化资源的虚拟三维模型、动画、视频、图片、文字、声音等数据信息，建立一个标准的数字内容数据库，用于 AR 应用过程中的实时调用。

三是 AR 应用程序的开发与调试。结合旅游商品中的文化标签和与文化标签对应的数字内容，进行基于 AR 技术的软件开发与调试。

（二）基于AR技术的清江画廊景区武落钟离山景点文化可视化展示示范

在旅游景区文化可视化的 AR 技术应用系统中，最重要的环节之一就是用户移动智能终端如何通过内部传感器来获得终端位置信息，并通过与基于图像的位置信息检索服务器交互来获得景点位置信息。具体应用如图 2.3、图 2.4 所示。在武落钟离山景点 AR 文化可视化展示示范过程中，主要解决好以下 5 个方面的问题。

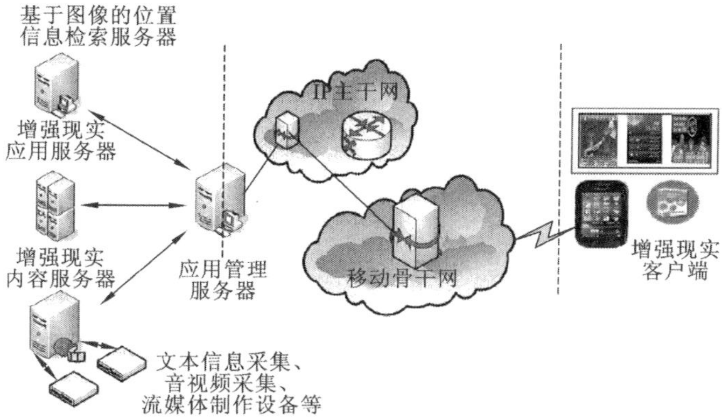

图 2.3 基于 AR 技术的智能终端辅助信息系统业务应用平台示意图

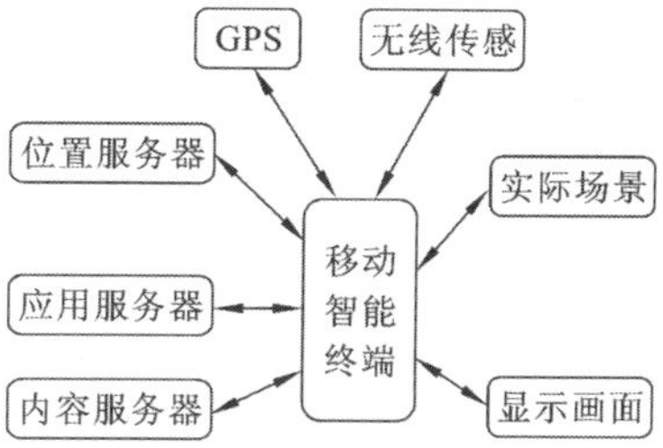

图 2.4 基于 AR 技术的旅游景点辅助信息系统实现流程示意图

一是景区内文化景点的空间三维数据信息采集。对清江画廊景区武落钟离山景点各文化景观的数据信息进行采集和处理，主要采集的信息包括地形数据、特征数据、单个模型数据、图像数据，并且要求三维模型数据具有准确性、精简性。因此，景区空间三维信息如何准确地采集及处理将是基于 AR 技术的旅游景区终端辅助信息系统建立的关键所在。

二是清江画廊景区武落钟离山景点空间数据库的建立。景区空间数据库的建立主要包括两部分：创建环境和环境历史。模型的建立是创建虚拟环境，在 AR 中实现虚实融合、虚实交互的基础，对于模型的处理尤为重要。因为过多的模型细节会严重降低模拟的效率，在建模过程中，往往要在模型的细节和复杂性之间寻求平衡，必要时用纹理代替模型细节。对一个大规模的虚拟现实环境，在建模过程中对模型分块是很有必要的，这样可以减小建模的难度，在显示过程中还可以通过分块显示提高仿真效率。在实际的建模过程中，可以根据要建立模型的特点选择建模方法。

三是实时渲染集群系统的搭建。由于面对多用户智能终端的数据交互及静、动态场景的实时运算，需要建立集群式的 RealityServer 进行分布式的运算，完成景区三维数据的读取、高效渲染、实时运算及运算结果的分发，并与各用户终端进行信息的交互、反馈、任务管理。

四是基于移动智能终端的 AR 应用软件开发与调试。结合景区内的特殊的文化标签或传感器节点与对应的景点数字内容数据库，进行 AR 应用程序的开发与调试。

五是面向文化旅游景区的新型 AR 应用示范的建立。武落钟离山是中华土家族儿女的精神圣山，前往朝圣和观光的旅游者常年络绎不绝。若能在网络环境下、县城游客中心或景区游客中心，将基于 AR 技术开发的文化可视化产品进行展示，可为游客提供现场感应式服务。

（三）基于 AR 技术的景区游客中心文化可视化展示示范

在游客中心，利用室内播放系统和户外 LED 显示屏，对长阳县土家族文化旅游的可视化创意产品进行集中展示，在游客中心的互动体验平台（触摸屏）上展示，供游客交互式使用。

第二节　AR文化旅游产品开发技术流程

本书遵循“基础研究（含文化资源研究和文化旅游产品创意研究）、应用开发（含文化旅游可视化内容设计和文化旅游可视化的AR技术和无线传感技术集成）、集成示范（含文化可视化移动智能终端系统集成和文化可视化示范基地建设）”的技术流程（图2.5）。

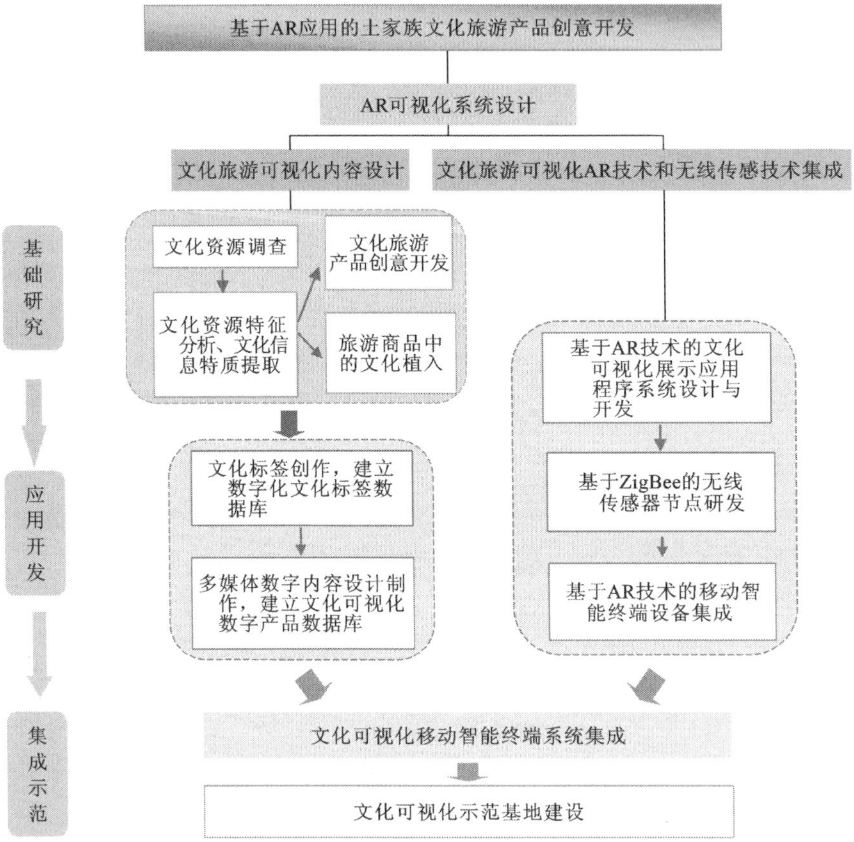

图2.5　AR文化旅游产品开发技术流程

一、文化资源研究

文化资源研究主要包括文化资源调查、文化产品开发机会谱的构建、文化资源的特征分析、文化信息的特质提取。通过文化基础研究，一是准确把握不同类型的民族文化特质，构建具有普适性的文化旅游产品开发机会谱；二是准确提炼不同类型民族文化的代表性元素及特征信息，分类指导产品创意开发。

二、文化旅游产品创意研究

文化旅游产品创意研究主要包括旅游商品和文化展示中文化内容的植入途径、方式与方法的研究，包括基于AR技术的文化标签本身的创意研究和与文化标签对应的可视化数字内容的创意研究。通过文化旅游产品创意研究，一是解决数字文化内容三维模型设计的真实性与 AR 应用中实时调用绘制生成的三维模型真实协调一致的问题，二是解决二维数字化文化标签能在不同环境下正常、容易、快速地被跟踪与识别问题。

三、文化旅游可视化内容设计

依据前期的文化标签创意研究及文化标签对应的可视化数字内容的创意研究，进行二维可视化的文化标签设计和对应的可视化数字内容设计。文化标签设计主要依据视觉传达理论与艺术设计手段，结合 AR 技术的标记物特征属性，进行二维数字化的设计，进一步构建二维数字化的文化标签数据库；可视化数字内容设计主要包括文化资源的数字化三维模型、动画视频、图片、文字、声音等数据信息的设计，建立一个标准的文化可视化的数字内容数据库，用于 AR 应用过程中的实时调用。

四、文化旅游可视化的 AR 技术和无线传感技术集成

通过 AR 技术和无线传感技术的集成，主要解决文化旅游可视化数字内容与现实场景的准确“叠加”技术难题。一是数字文化内容信息与现实环境的合理融合叠加，要解决数字文化内容叠加融合在真实场景过程中的准确性、实时性、真实性和鲁棒性问题，涉及的主要技术难点有三维注册的实时性和准确性、数字文化内容信息中的三维模型真实感绘制生成和虚实融合场景中的阴影生成。二是在现实环境出现异常的情况下（如现实环境中的视觉标记出现异常），要解决数字文化内容信息与现实环境的融合叠加，涉及的主要技术难点有无标记物、真实环境和三维物体的跟踪注册技术。三是在现实环境无法跟踪注册或与终端用户距离较大的情况下（如游客与景区内某一古建筑物景点之间相隔一定的距离），要解决数字文化内容与现实环境叠加，涉及的主要技术难点有无线传感技术。拟采用基于 ZigBee 的无线传感技术，通过功能强大的过滤器，向目标范围内的接收器发送信号，解决用户终端能收集和组织特别目标相关的数字文化内容信息，而不会收集四周的其他信息的问题。四是在通信技术方面，需要借助虚拟信息的人机交互技术及对信标信号的解析，自动寻址随机存储器（random access memory，RAM）内对应地址的音频/视频文件，并在智能终端播放器中自动加载；同时在用户界面显示播放提示命令，采用嵌入式操作系统，以实现数字影像文件在高分辨率画质情况下清晰、流畅地播放。

五、文化可视化移动智能终端系统集成

将 AR 技术、无线传感技术与移动智能终端展示系统硬件进行集成，形成文化可视化移动智能终端系统。

六、文化可视化示范基地建设

在示范景区开展景点的文化可视化示范基地建设，开展旅游商品的文化可视化展示示范，开展非物质文化遗产的文化可视化展示示范。

第三节　AR 文化旅游产品开发技术难点

一、文化特质信息提取及分类产品创意

长期制约我国文化及旅游产业发展的一个现实问题是文化资源的开发利用缺乏高水平的产品创意，缺乏与文化资源相对应的产品开发模式研究成果。为做好文化资源的旅游产品转化，本书将首先在准确把握各类文化资源的文化特质基础上建立文化产品开发机会谱，围绕文化产品开发的各种机会进行产品创意。其中有两个技术难点。

一是准确把握不同类型的民族文化特质，构建具有普适性的文化产品开发机会谱。需要综合应用历史学、考古学、民俗学、社会学等多学科交叉研究，才能准确把握文化资源的类型划分和特质，构建具有普适性的文化产品开发机会谱。

二是准确提炼不同类型民族文化的代表性元素，分类进行产品创意。将不同类别文化的外在表现、精神内核与代表性元素提炼出来，与人们日常生产生活器具相结合，创作具有地域特色的文化产品，再将文化信息合理地植入地域性特色商品中，在文化遗产的保护、传承、生产、利用、展示等多方面，形成系列化创意产品，完成这样一个系统工程，需要文化、旅游和科技的融合。

二、文化标签和多维可视化数字内容的创意设计

文化标签及与之相对应的可视化数字内容创意设计是 AR 文化旅游产品开发的另一技术难点。

一是要解决数字文化内容三维模型设计的真实性与 AR 应用中实时调用绘制生成的三维模型真实协调一致的问题。在利用有关数字建模工具进行数字文化内容的三维模型设计过程中，如果三维模型的面数太多、模型过于精确，在 AR 应用中实时调用绘制出来的三维模型在不同性能的终端中就可能出现异常情况；如果在建模过程中面数不够，在 AR 应用中实时调用绘制出来的三维模型在终端中就会出现三维模型不真实的情况。因此，在数字文化内容的数据库构建过程中，需要采取新的有效技术手段来解决这一问题。

二是要使二维数字化文化标签能在不同环境下正常、容易、快速地被跟踪与识别。需要充分考虑和测试文化标签尺寸、像素、色彩、构图等方面的因素，不同尺寸、像素、色彩、构图的文化标签在被跟踪与识别过程中的实时性、鲁棒性会有很大的差异，所以在二维数字化的文化标签数据库构建过程中需要充分解决这一问题。

三、文化可视化数字内容与现实场景的准确“叠加”

本书引入 AR 技术，借助文化创意设计、三维显示技术、交互技术、多种传感技术、计算机视觉技术及多媒体技术，把计算机生成的二维或三维的虚拟信息（文字、图形、动画、声音、视频、虚拟三维物体等）准确地“叠加”融合到用户所要体验的真实环境中，通过将计算机生成的虚拟对象与真实环境融为一体的方式来增强用户对文化资源真实性的理解，将原本在现实世界的一定时间空间范围内很难体验到的实体信息（声音、文本、动画、视频、虚拟物体等），通过模拟仿真后再叠加到现实世界被人类感官所感知，从而达到超越现实的感官体验。

第三章　相关概念及 AR 技术在文化旅游中的应用前景

第一节　相关概念

一、文化遗产

文化遗产是历史留给人类的宝贵财富。从存在形态上分为物质文化遗产（有形文化遗产）和非物质文化遗产（无形文化遗产）。物质文化遗产通常是指具有历史、艺术和科学价值的文物，非物质文化遗产是指各种以非物质形态存在的传统文化。

联合国教育、科学及文化组织大会于 1972 年 10 月 17 日至 11 月 21 日在巴黎举行了第 17 届会议，通过了《保护世界文化和自然遗产公约》，并于 1975 年 12 月 17 日生效。该公约定义的“文化遗产”实际上是有形的物质文化遗产，包括文物、建筑群和遗址三个方面。其中，文物是指从历史、艺术或科学角度看具有突出的普遍价值的建筑物、碑雕和碑画、具有考古性质的成分或构造物、铭文、窟洞以及景观的联合体；建筑群是指从历史、艺术或科学角度看，在建筑式样、分布均匀或与环境景色结合方面具有突出的普遍价值的单立或连接的建筑群；遗址是指从历史、审美、人种学或人类学角度看，具有突出普遍价值的人类工程或自然与人联合工程以及包括有考古地址的区域。

为了加强对文物的保护，继承中华民族优秀的历史文化遗产，促进科学研究工作，进行爱国主义和革命传统教育，建设社会主义精神文明和物质文明，我国早在 20 世纪 80 年代就出台了《中华人民共和国文物保护法》，明确指出受国家保护的文物包括五大类：（一）具有历史、艺术、科学价值的古文化遗址、古墓葬、古建筑、石窟寺和石刻、壁画；（二）与重大历史事件、革命运动或者著名人物有关的以及具有重要纪念意义、教育意义或者史料价值的近代现代重要史迹、实物、代表性建筑；（三）历史上各时代珍贵的艺术品、工艺美术品；（四）历史上各时代重要的文献资料以及具有历史、艺术、科学价值的手稿和图书资料等；（五）反映历史上各时代、各民族社会制度、社会生产、社会生活的代表性实物。

联合国教育、科学及文化组织大会于 2003 年 9 月 29 日至 10 月 17 日在巴黎举行了第 32 届会议，通过了《保护非物质文化遗产公约》。该公约定义的“非物质文化遗产”是指被各社区、群体，有时是个人，视为其文化遗产组成部分的各种社会实践、观念表述、表现形式、知识、技能以及相关的工具、实物、手工艺品和文化场所。包括五种类型：（一）口头传统和表现形式，包括作为非物质文化遗产媒介的语言；（二）表演艺术；（三）社会实践、仪式、节庆活动；（四）有关自然界和宇宙的知识和实践；（五）传统手工艺。

为加强非物质文化遗产管理，我国出台了《中华人民共和国非物质文化遗产法》，定义的“非物质文化遗产”是指各族人民世代相传并视为其文化遗产组成部分的各种传统文化表现形式，以及与传统文化表现形式相关的实物和场所。包括六大类：（一）传统口头文学以及作为其载体的语言；（二）传统美术、书法、音乐、舞蹈、戏剧、曲艺和杂技；（三）传统技艺、医药和历法；（四）传统礼仪、节庆等民俗；（五）传统体育和游艺；（六）其他非物质文化遗产。

二、文化旅游

自人类有旅游行为以来，人们的文化旅游实践就没有停止过。人类的旅游文明史就是文化旅游发展的历史。文化旅游是指以文化遗产（包括有形的物质文化遗产和无形的非物质文化遗产）为旅游吸引物，以满足旅游者的需求为目标，开展的一系列的旅游活动形式。从需求侧的角度来说，文化旅游是与文化遗产观光、体验相关联的各种旅游活动；从供给侧的角度来讲，文化旅游是围绕文化遗产的保护和利用所开展的旅游投资建设、旅游经营服务、旅游运营管理等。但要准确地理解文化旅游，需从三个方面进行：①从发展理念来看，文化旅游是一种新的旅游发展观，即文化旅游的规划、开发、经营与管理等一切活动均应在保护文化景观原真性、促进文化资源可持续利用的原则下进行，是科学发展观、新发展理念等在旅游业中的具体体现；②从产品经营来看，文化旅游是一种旅游产品，作为特定的旅游产品，文化旅游具有高地域标志性、高遗产附加值和深度体验感的特性，能满足游客文化观光、科考科普、文化教育、文化体验等多层次多功能的需求；③从行业管理来看，文化旅游是代表未来发展方向的旅游方式，它要求旅游者自觉保护文化遗产、主动传播优秀文化，在旅行游览的全过程中尊重旅游地的文化，保护文化赖以生存的环境，要求旅游经营者和旅游地的管理者注重追求旅游地经济、文化、社会和环境效益的统一，在旅游的经营管理中尊重文化生态系统和社区文化的演变发展规律，要求政府积极宣传、倡导、支持并指导文化旅游活动。

文化遗产与旅游开发之间是一种耦合互动关系。文化遗产因其文化的独特性和艺术价值，为旅游开发提供了良好的资源基础，同时因其独具特色的文化内涵而产生的旅游吸引力，从深层次推动旅游发展，为旅游的发展注入丰富的内涵，成为旅游的灵魂。另外，旅游开发势必会对文化遗产进行改造，这些变化将对文化遗产产生或多或少的积极或消极的影响。这种互动发展、相互联系的关系，需在文化遗产的保护与开发之间找到一个平衡点。在保护前提下，可持续发展旅游，需在文化遗产的传承保护与旅游开发获得最大的社会经济综合效益之间寻找平衡。由此，在区域旅游的发展中明确何种资源适合发展、何种资源不适合发展、如何定位及适宜程度如何等问题，是对文化旅游产品的适宜性进行有效评价分析的前提。

三、文化旅游产品

广义的文化旅游产品是文化景观或活动、旅游设施和旅游服务的组合；狭义的文化旅游产品仅指文化景观或活动。文化旅游产品构成中，文化景观或活动是核心吸引物，旅游设施和旅游服务是重要支撑，文化景观或活动决定文化旅游产品的品质和类型，旅游设施和旅游服务决定旅游产品的开发层次。该系统可用图 3.1 表示。

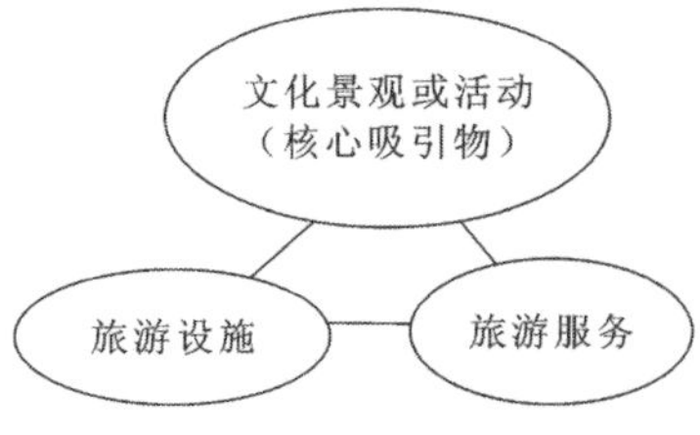

图 3.1　文化旅游产品系统构成

四、文化可视化

文化可视化是将文化遗产所蕴含的信息通过视觉传播的方式传递给受众，将隐性的文化资源转化为显性的文化产品的技术过程，该过程不是简单的形式转化，而是文化信息、文化知识的再生产和增值重组。可视化的途径古代有结绳记事、火光、舞蹈等形式，现代有书刊、报纸、电视、电影、动画等多种形式，在移动互联网（5G）、大数据、云计算和等技术日益成熟的今天，将呈现线上和线下相结合的多媒体集成展示传播格局。

第二节　AR技术及主要应用领域

一、AR技术及发展过程

AR是在VR基础上发展起来的一种现代技术，能够将图像、音频和视频等数字信息实时地呈现在真实环境里，让用户看到一个叠加了虚拟对象的真实世界。利用AR技术，可以将文化资源转化为文本、声音、影像、动画等可保存、可交互的数字内容，并实时叠加到真实环境中，借助显示设备将虚拟对象与真实环境融为一体，给用户带来实时交互式体验。增强现实实际上是一种混合现实，介于完全虚拟与完全真实之间，具有虚实结合、实时交互、三维注册的新特点。

AR技术区别于VR技术的独特之处在于它能与现实环境产生交互。增强现实是物理与现实世界环境的直接或间接视图，其元素通过计算机生成的感官输入（如声音、视频、图形或 GPS 数据）进行增强（或补充）。而虚拟现实是用模拟的现实取代真实的世界。借助先进的AR技术（如增强计算机视觉和对象识别），用户通过数字化信息与周围的现实世界实现有效互动，将有关环境及其对象现实或虚拟的信息覆盖在现实世界中。AR技术作为一种在现实中叠加虚拟影像的技术，已经渗透到人类生活的多个领域。简而言之，VR是接近现实，AR是超越现实。

增强现实技术源于20世纪60年代的灵镜技术。1968年，哈佛大学教授伊万·萨瑟兰（Ivan Sutherland）提出灵镜技术概念，包括交互图形显示、力反馈装置及声音提示的虚拟现实系统等基本思想，并开发了名为“The Sword of Damocles”（达摩克利斯之剑）的原型机，即第一个头戴式显示系统。借助该系统，用户可以体验到计算机生成的图形，通过这些图形增强人们对世界的感知。

1974年，计算机研究人员、艺术家迈伦·克鲁格（Myron Kruger）在康涅狄格大学建立了一个名为“Videoplace”的实验室，该实验室完全致力于人造现实。

20世纪80年代初，美国VPL公司创始人杰伦·拉尼尔（Jaron Lanier）提出了“虚拟现实”的概念，利用计算机搭建的虚拟环境，部分或全部取代现实生活中的真实环境，利用传感及运动跟踪技术实现用户与虚拟世界的自然交互。

1990年波音公司的研究员汤姆·考德尔（Tom Caudell）在试图寻找一种能协助航空公司的飞机制造过程的系统时，首次提出了“增强现实”一词，其最终的解决方案正是增强现实的雏形。研究者根据沉浸体验程度和交互程度两方面的层次差异划分了虚拟现实的类型，即桌面式、沉浸式、分布式和增强式 4 种 VR 系统，其中增强式 VR 系统即 AR 技术。随即，波音公司将 AR 技术应用于飞机制造中的电力线缆的连接和接线器的装配中。

1992 年，美国空军阿姆斯特朗研究实验室的研究员路易斯·罗森堡（Louis Rosenburg）创建了“虚拟固定装置”，这是最早的全功能增强现实系统之一。该系统允许军事人员虚拟地控制和引导机械执行任务，例如对美国空军飞行员进行更安全的飞行训练。

1994 年，作家兼制片人朱莉·马丁（Julie Martin）首次将增强现实技术应用到娱乐领域，创作了戏剧作品《网络空间中的舞蹈》，杂技演员在物理舞台上与投影的虚拟对象一起跳舞。

1996 年，美国科罗拉多矿业学院成功研发了一个用于培训学习计算机内部结构的增强现实系统，学员通过视频透视式头盔，可以直观地在视频信号中附加计算机各个部件说明信息。北卡罗来纳大学研制了基于 AR 技术的辅助 B 超检查和胸部活组织切片。卡内基梅隆大学研制了基于 AR 技术的“魔眼”工程项目。布朗大学研制了外科手术 AR 培训系统。微软公司推出了基于增强现实技术的记事贴。

1997 年日本通产省也启动了一个为期三年的 AR 技术研究的国家计划，并确定了两个主要研究方向：现实世界和虚拟世界的合成技术（technologies for merging the real and virtual worlds）和三维显示技术（3D display technologies）。该计划的实施使日本在 AR 的关键技术上有了一定的突破，在 AR 关键设备（如基于视频合成式的立体液晶眼镜）上具备了一定的设计和制造能力。

1999 年，美国国家航空航天局（National Aeronautics and Space Administration，NASA）为其 X-38 航天器创建了混合合成视觉系统，利用增强现实技术来辅助试飞导航。

2003 年，德国成功研制出用于工业设备装配和维修的 Starmate 系统和 Arvika 系统，之后，欧洲航空防务与航天公司（European Aeronautic Defence and Space Company，EADS）利用 Arvika 系统，指导工人轻松地完成高密度布线工作。同年，维也纳科技大学（Vienna University of Technology）在 AR 系统“Studierstube”上开发了一个三维几何构造工具，将增强现实应用到了几何教学。1999～2003 年，Volkswagen、BMW、DaimlerChrysler、Airbus、Siemens 公司和 Fraunhofer Institute for Computer Graphics、University of Munich and Aachen 共同开发了 Arvika，将增强现实应用到了工业上。

2016 年，微软与 NASA 合作代号为“Sidekick”的项目，宇航员斯科特·凯利（Scott Kelly）在国际空间站使用 HoloLens 增强现实设备进行空间站的使用和维修。

目前国外用于增强现实应用开发的主流平台系统有德国 Metaio 公司研制的 Metaio SDK、法国 Total Immersion 公司开发的 D’Fusion 增强现实开发平台和美国高通的 Vuforia SDK。Metaio SDK 是可用于开发基于苹果和安卓操作系统的移动智能终端、PC 平台的 AR 应用开发系统，Total Immersion 研制的开发平台有 D’Fusion 移动版、D’Fusion 家庭版和 D’Fusion 专业版三个版本的开发系统。D’Fusion 移动版是专为移动智能终端或平板电脑（iPad）而设计的增强现实应用程序。其优化追踪演算技术可以在移动智能终端和平板电脑上运作，同时配备精密的三维绘图引擎和按照位置提供的服务，以提供临境式增强现实移动应用程序。D’Fusion 家庭版是专为网站或数字支持装置（如光盘或 DVD）而设计的增强现实技术开发系统，可以在不同的平台和浏览器操作，无须安装特别的硬件。D’Fusion 专业版是特别为专业增强现实技术应用程序而设的，需要配上有特殊功能的装置（如高清视频、多镜头照相机、红外线照相机或特殊传感器）使用。如果硬件功能强大，如配备强大的影像显示卡、高清镜头或多核中央处理器，D'Fusion 专业版便可以发挥更佳功能。D'Fusion 专业版适用于舞台或工业维护等。

国内目前关于增强现实技术的研究还处于起步阶段，主要集中在高校等科研单位。浙江大学近年来开始从事 AR 技术的研究，在包括三色立体基准注册技术和高精度视频目标跟踪算法等方面取得了进展。北京理工大学在增强现实方面发表了基于光流、基于投影等多篇有关注册技术的论文，也在头盔式显示设备设计等方面取得一些成绩，利用 AR 技术重建圆明园的实验也取得了重要进展。上海大学近年也在进行 AR 技术中实时检测方面的研究，上海大学快速制造工程中心与浙江大学合作开发了 AR 场景光源的实时检测和真实感绘制框架。湖北大学近年也在进行 AR 技术在数字化教学方面的系统开发和应用研究。另外，中国科学院计算机研究所、武汉大学和浙江大学正在联手攻关"数字敦煌"工程，该项目中包含了虚拟现实、增强现实和交互现实三部分的研究。国内发表的论文主要集中在系统应用和配准技术上，研究的问题比较单一、涉及面比较窄。此外，国内利用 AR 技术在城市规划、地下管网、地理信息系统等领域也有相关的研究论文。

二、AR 技术主要应用领域

AR 是随着 VR 迅速发展和实际应用需要而出现的一种将真实世界信息和虚拟世界信息"无缝"集成的新技术。近二十年来国外众多知名大学和研究机构纷纷参与 AR 技术研究。国际上 AR 技术最早出现于军事、航天和工业领域，近十年来才逐步拓展到其他领域。美国、日本、德国、澳大利亚、法国、新加坡、英国、加拿大、瑞典等国家的 AR 技术研究起步较早，在人工智能、工程设计、医疗、通信、遥感、军事、教育、娱乐、旅游等领域 AR 有较广泛的应用，尤其是在尖端武器、飞行器的研制与开发、数据模型的可视化、虚拟训练、娱乐与艺术等领域应用较为成功。由于 AR 具有对真实环境进行增强显示输出的特性，在医疗研究与解剖训练、精密仪器制造和维修、军用飞机导航、工程设计和远程机器人控制等领域，具有比 VR 技术更加明显的优势。AR 技术的主要应用领域有以下几方面。

（1）军事领域。AR 因其具有虚实结合、实时交互的特点，在军事领域得到了很好的应用。一是应用于模拟军事训练，应用 AR 技术能对现实中复杂的军事环境进行模拟、增强，可以显著提高军事训练效率、降低训练成本。二是应用于军事演习或军事指挥，现代战争中，军事指挥人员不需要亲临战场前线，在指挥中心就可以利用 AR 技术根据可视化的 3D 战场环境实时对作战数据、作战效果做出评估，进行作战计划制订、战斗指挥、战后评估等，战场上士兵还可以利用增强现实技术，进行方位识别，获得目前所在地点的地理数据等重要军事数据，全面辅助战场决策。三是应用于军事医疗、军事装备维修、战场驾驶辅助，以及反恐、消防、救灾、武器装备研发生产、战备等多维度军事活动中。美国国防部高级研究计划局（Defense Advanced Research Projects Agency，DARPA）将 AR 技术列为重要的军事技术，并投入大量的资金进行有关的软、硬件系统研制，在著名的 SIMNET 系统中应用了 AR 技术。

（2）医疗领域。AR 技术在医疗领域的应用已经比较普遍，较为广泛的应用是医疗手术中 AR 导航，它是利用增强现实技术，以 3D 图像的方式将患者的病变位置、血管和组织呈现出来，便于医生详细直观地观察病情，并更准确更高效地进行诊断、治疗方案辅助决策和手术，手术的精准度、安全性都得到显著提高。同时，在医学培训、远程诊疗等方面也取得了很好的应用效果。

（3）工业领域。应用 AR 技术指导工业装配生产、工业设备维修、工业领域的实操培训，将工业设计、生产细节和运营管理程序详细地可视化呈现，通过显示终端将多种辅助信息显示给用户，辅助信息包括虚拟仪表的面板、被维修设备的内部结构、被维修设备零件图等。AR 技术已经渗透到工业行业的很多环节，形成了丰富多样的应用场景，对工业企业提高生产效率，加强数据采集、分析、处理能力，减少决策失误，降低经营管理风险起到了重要的作用。

（4）文化领域。AR 技术在文化领域最先应用在古迹复原和文化遗产的数字化保护方面，文化古迹的信息以增强现实的方式提供给参观者，参观者不仅可以通过 AR 技术看到古迹的多媒体数字文化信息，还能看到在原遗址基础上经过虚拟重构再现遗址的残缺部分。中国、英国、德国、法国、希腊、土耳其、日本、韩国等国家利用 AR 技术在历史古迹的数字重建方面做出了积极的探索。在文化展览领域，AR 技术广泛应用于文博场所的文化传播和展示，参观者在浏览、参观的同时，将通过增强现实技术接收到各个展厅和展示场所的可视化信息，增强信息互动，提升观展体验。在文化演艺领域，可以举办 AR 演唱会、AR 舞台表演等。如日本世嘉公司 2010 年 3 月 9 日举办了一场名为“初音未来日的感谢祭”（简称“初音之日”）的初音未来全息投影演唱会，演唱会完全使用全息投影技术。初音未来就是一个虚拟形象，是第一个使用半全息投影技术举办演唱会的虚拟偶像。这种演唱方式是人类影像娱乐文化历史上的一次飞跃。我国后来也借鉴此种方式，设计了虚拟偶像紫嫣，于 2015 年 2 月 1 日在深圳举行了名为“记忆碎片”的中国首场全息 3D 动漫演唱会，实现虚拟与真人同台互动。在文化教育领域，AR 技术已经较广泛地应用于 AR 互动图书、杂志、报纸、宣传材料等的制作，应用于各种实操培训，如欧洲计算机工业研究中心研制出 AR 机械模型注解教育系统。AR 技术可以让学习者通过 AR 技术进入一个和现实高度仿真的环境，自主探索各种有趣的学习材料，重复各种实验。AR 培训、发现式学习、AR 图书、AR 建模、游戏化学习等都是可以动态地进行视觉和交互形式学习的主要手段。只要在教科书、闪卡和其他教育阅读材料中嵌入 AR 专用的“文化标签”，AR 设备即能将文字、图形、视频、音频和动画等以数字手段叠加到现实环境中，既可以丰富相关知识说明与技术指导，又可以交互参与。以书籍、卡牌、游戏为载体，通过虚拟空间实现历史事件模拟，生动还原历史真相，实现轻松愉快的学习。在高等教育中，AR 技术几乎可以应用到所有需要实验实训的课程教学中，如机械制造、化学实验、医学解剖、地理过程模拟、康复训练等，借助互联网，允许不同地区的学生和教师交互。AR 的使用将使教育培训体验从 2D 时代提升到 3D 时代，有效地提升教育培训效率和效果。

（5）网络视频通信领域。使用增强现实和人脸跟踪技术，在通话的同时在通话者的面部实时叠加一些如帽子、眼镜等虚拟物体，在很大程度上提高了视频对话的趣味性。电视转播中，通过增强现实技术可以在转播体育比赛的时候实时地将辅助信息叠加到画面中，观众可以得到更多更直观的信息。

（6）休闲生活领域。AR 技术在交通导航、游戏娱乐、线上购物、餐厅点餐、汽车驾驶等日常生活领域已经得到较广泛的应用。如 AR 倒车影像、AR 驾驶眼镜，可以帮助驾驶员在开车时看到导航数据、行驶速度、限速提示、岔口信息等行车相关信息。行车过程中，司机只用专注眼前的屏幕就可以在安全驾驶的同时，处理各种事情。游客佩戴 AR 眼镜或者手机上安装 AR 旅游应用，就能获取当地城市的景点和商场等的详细介绍，自动翻译，了解附近的购物和餐饮等信息。AR 旅游，就是运用 AR 技术，让游客与景区实现实时互动，让景区信息更方便获取、游程安排更个性化。利用 AR 技术和高速的移动互联网，游客可以随时随地进行导航定位、信息浏览、旅游规划、在线预订等，大大提高了旅游的自主性、舒适度。AR 也广泛应用于各类游戏的开发。增强现实游戏可以让位于全球不同地点的玩家，共同进入一个真实的自然场景，以虚拟替身的形式，进行网络对战。AR 在游戏业应用最典型的案例就是《精灵宝可梦 GO》。《精灵宝可梦 GO》是一款对现实世界中出现的宝可梦进行探索捕捉、战斗及交换的游戏，由 Nintendo（任天堂）、The Pokémon Company（口袋妖怪公司）和谷歌 Niantic Labs 公司联合制作开发。其中，口袋妖怪公司负责内容支持、设计游戏故事内容；Niantic Labs 公司负责技术支持、为游戏提供 AR 技术；任天堂负责游戏开发、全球发行。该游戏于 2016 年 7 月在澳大利亚首发，2016 年 8 月在日本及中国的香港、台湾地区正式开放，2016 年 9 月，《精灵宝可梦 GO》在 Apple Watch 上线。这款游戏得益于 AR 技术的应用，玩家可以通过智能手机在现实的大楼、办公室、道路中发现虚拟世界的宠物精灵，进行抓捕和战斗。在日常推广中，Holiton 为天梭定制手表户外 AR 互动广告应用，吸引消费者亲身体验；Hostelworld 作为一家面向个人游、经济游和青年游的国际网络预订服务公司，通过 AR 技术，让旅游者在线上实现互动式场景娱乐体验，如可以在线参与景点的文化节事活动、民俗互动表演等。

（7）规划设计领域。在规划设计中可以实时地将规划设计概念方案叠加在实景图片或规划图纸上，实时调整观看角度，比较研究及讨论不同的规划设计方案，或将不同的虚拟规划设计方案实时地放置在实际规划设计区域中观看规划设计效果。如新加坡城市规划展览馆利用 AR 技术将实体沙盘与虚拟的城市规划相结合，不仅能让参观者看到城市未来的规划，而且通过结合交通等动态元素，参观者还能感受白昼和黑夜不同时段的迷人新加坡。

第三节　AR 技术在文化旅游中的应用前景

文化可视化展示需求无处不在，任何文化现象、文化活动和文化场所都需要可视化，都可以借助 AR 技术开展可视化传播和展示。可以说，AR 技术在文化旅游方面的应用前景十分广阔，将在文博场馆、旅游景区（点）、旅游服务场所的文化可视化方面快速发展，也将在线上旅游服务、景点 AR 自助导览中发挥重要的作用。

一、文博场馆文化可视化的 AR 技术应用

文博场馆包括文化馆、博物馆、展览馆、美术馆、艺术馆（艺术中心）、文物遗址、

遗址公园、非遗馆、非遗传习所、书院、寺庙观堂、影剧院、戏剧院、歌剧院、音乐厅、纪念地、公共文化广场（如城市文化广场、乡村文化广场、乡村剧场、乡村大舞台等）等多类馆舍、场所，这类场馆均承担了一定的文化传承责任和特定文化的展示传播功能，将其承载的历史文化内容用 AR 技术进行展示是信息化时代的必然要求，也是现代文化传承、传播和展示的重要手段。如伦敦科技博物馆基于 AR 技术开发了 Science Stories 应用，参观者只要将手机摄像头对准地上的特别标记，手机屏幕上就会显示站在标记处的 BBC 流行节目 *Top Gear* 主持人詹姆斯·梅的形象，由他为参观者进行讲解。同时，詹姆斯·梅也会根据参观者观察的角度进行变换，观众可以 360° 看到主持人的正面、侧面及背面。东京大学数字博物馆利用 AR 技术，为展出物品打造了数字文物展示系统，参观者只需戴上 AR 眼镜即可看到内置 LCD 显示屏信息叠加在相关展品之上，如果游客戴上耳机还可以同步收听讲解。此外该眼镜还内嵌了一个摄像头，以测量观众与展品之间的距离，从而确定观众正在参观哪件文物，进而提供更多详细信息。同时，通过观众随身携带的电子标签，系统可以实时定位观众位置，以提供更多个性信息。美国自然历史博物馆利用 AR 技术实现了人类祖先进化过程的再现，让参观者亲眼见证活灵活现的原始人在数百万年的时间里通过坚持简单劳动进化出另一个人类种群的过程；在历史文化区，复活节岛的巨大雕塑不再是孤单地立在展厅中，AR 技术会带领游客走进复活节岛和每一个石人亲密接触，实现与展品的有效互动。2011 年新加坡国家文物局与陕西省文物局联合举办“千秋帝业：兵马俑与秦文化”主题展览，通过 ACM Terracotta Warriors 应用打造了多种多样故事性极强的 AR 互动导览程序，用“手机相机看 3D 展品”“重返秦朝”“参观信息”三个板块，实现令参观者在欣赏文物的同时还能看到秦朝的战斗场面，并参与各种游戏。

基于 AR 应用的文博场馆，文化可视化展示方法能与时俱进，从最传统的静态陈列（文字介绍、图片）、影片播放，到亲身参与动手操作，再到利用数字多媒体及人工智能技术实现人机互动等；这种演进除了有现代科技手段作为支撑，更体现了文化领域以需求为导向、以人民为中心的新发展理念。AR 使得用户同时在虚拟和现实的层面进行互动，博物馆的海量信息被恰到好处地利用。百度百科上线了 AR 博物馆体验，利用技术手段将实体博物馆转化为线上的数字博物馆，通过音频讲解、实景模拟、立体展现等多种形式，让用户通过互联网即可身临其境地观赏珍贵展品。同时百度也制作了一系列 VR 博物馆，包括三星堆博物馆、自贡恐龙博物馆、云冈石窟、中国园林博物馆等知名展馆，目前已成为国内最大规模的线上 VR 博物馆。

未来的文物遗址及历史建筑复原，应用 AR 技术将十分容易实现。可以开发基于移动增强现实的文化遗址或历史建筑导航系统，用户可以借助卫星定位和无线通信技术，在原遗址上欣赏到虚拟复原后的文物遗址或历史建筑。如王涌天等（2006）根据计算机数据与历史资料建立数字模型，在现存的废墟上，再现了圆明园当年的恢宏景象；利用 AR 技术还能进行不同历史时期圆明园的复原，并配有动画视频、音频等，为游客创造了一种声光结合的实时性旅游体验。敦煌莫高窟开发完成了“云游敦煌”小程序，复制了一个与实景相同的虚拟莫高窟空间，将数字敦煌高精度壁画和洞窟三维模型在一款 AR 地图中与真实景观合二为一，实现了“洞内壁画洞外看”，让文物走出洞窟，丰富了游客的游览体验。井冈山革命博物馆、古田会议纪念馆、西柏坡纪念馆等一批红色博物馆采用 AR 技术，生动再现党的光辉历史。

利用 AR 技术还可以实现“非遗”资源的可视化，可以深度挖掘各地区的非物质文化遗产资源，根据不同类别的“非遗”资源进行不同的可视化产品设计。比如可以将民间传说、歌舞、音乐、故事等非物质文化资源，通过数字化的绘制技术，形成动漫绘本或动画故事，再利用 AR 技术开发出不同的可视化产品。这类产品将帮助人们挖掘和展示城市（乡村）中的文化遗产，基于实景重现关于城市（乡村）的个人和集体记忆。

二、旅游景区（点）文化可视化的 AR 技术应用

旅游景区是以自然、文化或其他旅游吸引物为依托，具有明确的空间边界、必要的旅游服务设施和统一的经营管理机构，以提供游览服务为主要功能的场所或区域。包括国家公园、自然保护区、自然公园（如森林公园、地质公园、海洋公园、湿地公园等）、风景名胜区、旅游度假区、主题公园、游乐园、动物园、植物园、文博院馆、寺庙观堂及工业、农业、经贸、科教、军事、体育、文化艺术等各类旅游景区，也包括旅游特色街区、旅游名镇、旅游名村等开放型全域旅游示范区域。不同类型和不同层级的旅游景区，文化资源赋存不同，所蕴含的文化信息不同，在旅游开发过程中需要对其进行针对性的可视化表达，才能为旅游者提供更丰富的文化体验，让旅游者沉浸其中。如合肥逍遥津公园早在 2016 年 5 月就推出以 VR、AR 为主要表现形式的“中国历史文化沉浸穿越之旅——穿越三国”项目。游客走进场馆，或配穿戴设备，或裸眼，仿若置身真正的三国战场，化身曹操或者小乔等三国角色，走进三国故事，在观看的同时还能进行互动。

三、旅游服务场所文化可视化的 AR 技术应用

旅游服务涵盖游前决策—游中选择—游后评价等旅游活动的全过程，涉及各类旅游信息平台、旅行社门店，以及与吃、住、行、娱、购等旅游要素相关的餐饮、住宿、交通、文化娱乐、旅游商店等服务场所。不同类型的服务场所具有不同的文化现象，隐含着不同的文化信息，如各地的餐饮文化明显不同，各地的住宿设施、娱乐场所的文化特色和文化消费方式不同，不同地域的交通工具、交通服务中的文化表现不同，不同地域的旅游商品都会带有明显的地域文化符号和文化表征，需要将这些文化资源进行提炼和特色挖掘，运用现代信息技术将其数字化后通过 AR 技术予以可视化表达。

四、旅游景区（点）AR 自助导览

AR 自助导览是在景区通过 AR 应用为用户提供增强现实导游，引导游客通过 AR 来深度体验旅游景区的历史文化、历史故事、名人轶事和民俗风情等。AR 导览可以实现 3D 与实景地图切换，可以实时预告或预报景区旅游信息，帮助游客查阅周边的景点、服务设施、交通信息等。实际运用中，游客进入景区扫码或下载景区 AR 导览 APP 后，通过 AR 扫描地图来触发 AR 动态效果，如景点介绍、语音讲解、旅游服务（吃、住、购、娱及相关）、旅行路线推荐等信息，实现虚拟与现实的互动、游客与景区实时互动，更方便获取旅游信息、更个性化安排游览活动。游客也可借助 AR 门票、AR 地图、AR 展览

等进行信息传达，实现视听觉体验的扩展，获得更精准的旅游信息和更深入的旅游体验服务。借助 AR 导览系统，游客还可以通过电子手绘地图更直观地观览景区全貌，实现“电子地图+智慧讲解+智慧导览+全景展示” 的一体化导览服务。游客可通过 PC 端、移动端等多种终端设施实现自助导览，自由安排旅行线路和旅游活动，自由选择景点、设施及交通工具，丰富吃、住、行、游、购、娱等旅游消费环节的体验感，从而在游前、游中、游后都能够轻松地获取信息、规划出行、预订票务、选择消费等，实现智慧旅游。

五、在线旅游文化可视化的 AR 技术应用

在线旅行社（online travel agency，OTA）是旅游电子商务专用术语，通常指旅游服务提供商通过互联网向旅游者提供旅游产品或服务预订，旅游者通过网上支付或者线下付费，各旅游主体可以通过互联网完成产品销售。在线旅游将原来传统旅行社的面对面销售模式转型为网络销售模式，增加互动体验，促进旅游行业更广泛的信息交流和产品销售，颠覆了传统旅游信息咨询、旅游服务预订和产品销售模式。在线旅游服务包括：①位置跟踪查询、导航、移动广告、安全救援等移动定位服务，如游客根据定位，登录在线旅游服务商提供的相关 APP，可以通过触摸、键盘录入、语音搜索等方式，便利地查询旅游景点、酒店、美食、娱乐、购物设施等相关信息，并完成线上预订，按照地图导引，直达目的地；②手机、平板等移动支付；③根据旅游者的个性化需要提供旅游信息推送及交互服务。在线旅游服务过程中，涉及需要旅游者做出购买决策时，旅游服务商可以通过“AR 技术+互联网”向旅游者展示所提供的产品和服务，旅游者能更直观地了解即将购买的产品和服务。

六、文化创意产品的 AR 技术应用

AR 技术将赋予文化资源新的生命，使原本看不见的东西以鲜活的方式生动展现，寓教于乐，具有很高的互动性和参与性。基于文化资源可以开发 AR 书刊（如三维互动书籍、杂志、宣传册、纪念读本、百科全书）和 AR 智能文博产品（如 AR 智能文化卡片、智能魔方等数字化的互动文化创意产品）。

AR 技术在书刊方面的应用主要是制作 AR 图书、杂志、报纸等。读者将装有 AR 应用的 PC 或移动终端设备的摄像头对准图书、报纸、期刊、卡片等印刷品上的文化标签（AR 专用），在终端设备的显示器上会出现虚拟的信息化对象与现实环境叠加后的可视化景象。应用 AR 技术的儿童书籍、卡片等能帮助少年儿童提高阅读兴趣，强化知识点的理解。2012 年电影《灵魂战车 2：复仇时刻》上映之际推出 AR 电影海报，极大地激发了观众的观影兴趣。宜家推出 AR 产品目录，让顾客基于该产品目录便能看到家具在实景家中的效果。《东京新闻》的 AR 应用，让孩子在培养阅读习惯的同时了解时事，广告投放的空间与效率也有了极大的提高。

AR 技术在文博创意产品中应用也是十分广泛的，如博物馆和景区均可以将数字文化内容通过 AR 卡片进行展示，西安半坡博物馆 AR 卡片、兵马俑 AR 卡片，北京恭王府 AR 卡片、圆明园 AR 卡片，陕西省历史博物馆 AR 卡片等均是 AR 技术在文博产品创意中的应用典型，今后可以在全国各级各类文博场馆推广。

第四章　长阳土家族文化资源及其产品转化

第一节　长阳土家族文化资源

长阳土家族自治县（以下简称长阳县）位于湖北省宜昌市，地处湖北西南部清江中下游，地理位置跨东经 110°21′～111°21′，北纬 30°12′～30°46′，东接宜都市，南邻五峰土家族自治县，西邻恩施土家族苗族自治州巴东县，北与宜昌市秭归县、夷陵区、点军区交界。东西最大横距 94.5 km，南北最大纵距 63 km。县城龙舟坪镇距省会武汉市 330 km，距三峡机场 30 多千米。县域面积 3 420 km^2，现辖 8 镇（龙舟坪、磨市、都镇湾、资丘、渔峡口、榔坪、贺家坪、高家堰）3 乡（大堰、鸭子口、火烧坪），共 146 个行政村和 14 个社区，截至 2019 年底全县户籍人口 385 884 人，总户数 152 762 户，其中土家族等少数民族约占 65%。县域地势西高东低，自西向东呈阶梯状下降，东部多低丘河谷，地势起伏和缓。清江自西向东横跨境内，形成了河谷与山地相间分布格局，但仍以山地为主，山地主要分布在县域的西、西北、西南部，地处西南喀斯特强烈发育区，喀斯特地貌景观形态丰富多样，溶洞、天坑、暗河各地皆有，古时有“赤黑二穴”即为巴蛮五姓的发祥地。县内著名溶洞有数十处，其中具有考古研究价值和旅游开发价值的典型溶洞有仙人洞、藏书洞、榨洞、禹王洞、和尚洞和海螺洞等。长阳属亚热带季风气候区，气候温暖湿润，光照充足，雨量充沛。

长阳历史悠久，文化灿烂，是 19 万年前“长阳人”的故乡和土家族的发源地之一，设县始于西汉，唐朝时定名长阳县。1984 年，国务院批准设立长阳土家族自治县。长阳文化资源赋存十分丰富，根据官方公布的文物保护单位和非物质文化遗产名录，截至 2019 年，全县拥有县级以上文物保护单位 39 处（国家级 1 处，省级 7 处，市级 10 处，县级 21 处，详见表 4.1），列入县级以上非物质文化遗产名录的有 30 项（国家级 4 项，省级 5 项，市级 2 项，县级 19 项，详见表 4.2）。其中，长阳山歌、长阳南曲、长阳巴山舞是土家族文化“三件宝”，清江奇石、根艺、盆景成为长阳文化“新三件宝”，土家族撒叶儿嗬、长阳山歌、都镇湾故事、薅草锣鼓被列入国家非物质文化遗产保护名录，长阳先后荣获“中国民间艺术之乡”“中华诗词之乡”“中国观赏石之乡”等称号。

表 4.1　长阳县县级以上文物保护单位

编号及文物保护单位名称	级别	建造时间	地点	备注
1.“长阳人”遗址	国家级	旧石器时代晚期	大堰乡钟家湾村	2013 年 5 月，国务院批准第七批全国重点文物保护单位
2.盐井寺河神亭	省级	唐建，宋、清重修	渔峡口镇龙池村	1992 年 12 月，省政府公布
3.香炉石遗址	省级	夏、商、周时期	渔峡口镇东村	发掘 3 次
4.李发轫夫妇墓	省级	民国		
5.天柱山古建筑群	省级	清光绪十四年初建	鸭子口乡天柱山村	
6.麻池革命旧址	省级	1929～1932 年	都镇湾镇麻池村	现存中共长阳县委旧址、长阳县苏维埃政府旧址、长阳县军事委员会旧址、长阳县妇女协会旧址
7.鸣凤塔	省级	清同治四年建	龙舟坪镇大花坪	
8.枝柘坪红三军军部旧址	省级	1931 年	渔峡口镇枝柘坪村	
9.七十七烈士纪念碑	市级	1957 年初建，1968 年建成	资丘镇政府驻地桃山	1991 年迁建
10.石柱观	市级	明万历十九年建	龙舟坪镇朱津滩村	
11.自在宫墓	市级	清光绪六年建	资丘镇梓良园	
12.观音阁石刻	市级	明、清	龙舟坪镇后山	
13.天主教堂	市级	清	大堰乡石滚峭村	
14.丁母覃氏墓	市级	清	榔坪镇秀峰村	
15.吕世扬夫妇墓	市级	清	资丘镇陈家坪村	
16.埡沟土地庙	市级	民国	贺家坪镇中岭村	
17.田正寅老屋	市级	清	资丘镇黄柏山村	
18.乐园农村合作医疗旧址	市级	1966 年	榔坪镇乐园村三组	
19.向日岭党支部旧址	县级	1927 年	高家堰镇向日岭村	
20.红军漫画	县级	1931 年	渔峡口镇下街	已淹没
21.红六军军部旧址	县级	1929 年 7 月	都镇湾镇麻池西湾村	1991 年迁建观音阁
22.桅杆坪遗址	县级	新石器时期	渔峡口镇赵家湾村	部分挖掘
23.西寺坪遗址	县级	新石器时期	龙舟坪镇西寺坪	部分挖掘
24.武落钟离山	县级		都镇湾镇	载《后汉书·南蛮西南夷列传》
25.榨洞	县级	新石器时期	渔峡口镇龙池村	
26.龙王洞庙	县级	清乾隆年间	龙舟坪镇津洋口郑家榜	
27.关口化石洞	县级	旧石器时期	贺家坪镇龙王冲	
28.沙嘴遗址	县级	新石器时代	资丘镇天池口	全部发掘，淹没
29.和尚坟遗址	县级	新石器时代	都镇湾镇麻池西湾	全部发掘，淹没
30.磨家溪遗址	县级	新石器时代	鸭子口乡静安村	全部发掘，淹没

续表

编号及文物单位名称	级别	时别	地点	备注
31.千渔坪遗址	县级	新石器时代	鸭子口乡千渔坪	全部发掘，淹没
32.南岸坪遗址	县级	新石器时代	磨市镇黄荆庄村	部分发掘，淹没
33.红六军军长李勋墓	县级	1929 年	榔坪镇土地垭	
34.长阳首次党代会旧址	县级	1927 年	龙舟坪镇观音阁	
35.资丘苏维埃政府旧址	县级	1931 年	原资丘中街	淹没
36.抗日将士阵亡纪念碑	县级	1944 年	高家堰镇馒头嘴	
37.白虎垄	县级	夏、商时代	渔峡口镇东村	
38.荣超殉国纪念碑	县级	1942 年	磨市镇芦溪村	
39.李易氏家族墓	县级	清乾隆九年	磨市镇芦溪村	县政府 1987 年 4 月 8 日公布

注：省级文物保护单位中，渔峡口镇盐井寺含附近义渡亭（俗名河神亭）。资料来源：根据长阳县志和长阳县人民政府网资料整理

表 4.2　长阳县县级以上非物质文化遗产名录

级别	名称
国家级	土家族撒叶儿嗬
	都镇湾故事
	长阳山歌
	薅草锣鼓
省级	长阳南曲
	长阳吹打乐
	长阳花鼓子
	廪君传说
	长阳道教科仪音乐
市级	长阳竹枝词
	土家打喜
县级	清江号子
	抵杠
	高脚马
	民间中医正骨疗法
	石刻技艺
	绿茶制作技艺
	过赶年
	长阳渔鼓

续表

级别	名称
县级	刺绣 旱龙船 咚咚喹 跷旱船 打陀螺 传统中药文化 民间乐器制作技艺 土家吊脚楼营造技艺 十碗八扣 土家婚俗 西兰卡普

资料来源：根据长阳县博物馆资料整理

第二节　长阳土家族文化特征

一、类型特征

长阳县文化资源总体上呈现出数量丰富，类型多样的特征。根据不完全统计（表4.3），长阳县纳入统计的文物51处，其中县级以上39处；非物质文化遗产为45项，其中县级以上30项。从文物类型来看，包括了古遗址、古墓葬、古建筑、石窟寺及石刻、近现代重要史迹及代表性建筑、其他，古遗址资源特别突出。从非物质文化遗产来看，资源类型涵盖民间文学、传统音乐、传统舞蹈、传统戏剧、曲艺、传统体育及游艺与杂技、传统美术、传统技艺、传统医药、民俗，民俗资源十分丰富。

表4.3　长阳文化资源分类统计

分类	大类	数量	具体项目
非物质文化遗产	民间文学	4	都镇湾故事、孙家香故事、长阳竹枝词、廪君传说
	传统音乐	5	长阳山歌、薅草锣鼓、清江号子、长阳吹打乐、长阳道教科仪音乐
	传统舞蹈	3	土家族撒叶儿嗬、长阳花鼓子、长阳巴山舞
	传统戏剧	2	皮影戏、旱龙船
	曲艺	3	长阳南曲、咚咚喹、长阳渔鼓
	传统体育、游艺与杂技	4	抵杠、高脚马、跷旱船、打陀螺
	传统美术	3	彩扎、剪纸、门匾
	传统技艺	7	西兰卡普、数花、盆景、石刻技艺、绿茶制作技艺、刺绣、民间乐器制作技艺
	传统医药	2	民间中医正骨疗法、传统中药文化

续表

分类	大类	数量	具体项目
	民俗	12	农事活动、十碗八扣、土家茶文化、土家酒文化、土家建筑（土家吊脚楼、一字屋、四水归池）、土家服饰（背褂子、响铃裙和头饰）、土家婚俗、土家打喜、岁时节令（过赶年等）、白虎图腾、向天王子、吞口
物质文化遗产	古遗址	17	“长阳人”遗址、伴峡小洞遗址、鲢鱼山旧石器遗址、榨洞、桅杆坪遗址、西寺坪遗址、沙嘴遗址、深潭湾大溪文化遗址、香炉石遗址、驰滩岩屋遗址、千渔坪遗址、南岸坪遗址、外村里遗址、关口化石洞、和尚坟遗址、磨家溪遗址、白虎垄
	古墓葬	8	丁母覃氏墓、吕世扬夫妇墓、陈家沱东汉墓、州衙坪六朝中期墓、固仓坪六朝中期墓、静安六朝中晚期墓、自在宫墓、李易氏家族墓
	古建筑	7	盐井寺河神亭、石柱观、天柱山古建筑群、鸣凤塔、龙王洞庙、垭沟土地庙、田正寅老屋
	石窟寺及石刻	3	清江大佛、长阳石刻、观音阁石刻
	近现代重要史迹及代表性建筑	14	麻池革命旧址、七十七烈士纪念碑、向日岭党支部旧址、枝枳坪红三军军部旧址、红六军军部旧址、抗日将士阵亡纪念碑、李发轫夫妇墓、红六军军长李勋墓、长阳首次党代会旧址、荣超殉国纪念碑、天主教堂、乐园农村合作医疗旧址、资丘苏维埃政府旧址、红军漫画
	其他	2	隔河岩水利枢纽、武落钟离山
	合计	96	

二、空间特征

长阳县文物资源和非物质文化遗产资源空间分布不同，文物呈点状分布，如“长阳人”遗址、天主教堂、鸣凤塔等文物均呈点状零星分布态势；非物质文化遗产则呈片状或带状分布，分布区域广泛但又有相对集中的特点，如土家族撒叶儿嗬、花鼓子舞、长阳南曲、西兰卡普等呈片状分布，南曲相对集中分布于资丘镇，长阳花鼓子和西兰卡普则相对集中分布于资丘、渔峡口等地。总体来看，长阳县文化资源空间分布具有以下特点。

第一，文物资源集中分布于长阳县境内清江沿岸 1.5 km 范围内，如表 4.4 所示。

表 4.4　文物资源沿清江分布 1.5～4.5 km 距离范围

距离/km	数量	项目名称
1.5	32	桅杆坪遗址、榨洞、盐井寺河神亭、外村里遗址、香炉石遗址、白虎垄、沙嘴遗址、天池口东汉墓葬、七十七烈士纪念碑、资丘苏维埃政府旧址、和尚坟遗址、红六军军部旧址、麻池革命旧址、驰滩岩屋遗址、磨家溪遗址、静安六朝中晚期墓、千渔坪遗址、鲢鱼山旧石器遗址、固仓坪六朝中期墓、武落钟离山、州衙坪六朝中期墓、清江大佛、西寺坪遗址、深潭湾大溪文化遗址、龙王洞庙、长阳首次党代会旧址、观音阁石刻、鸣凤塔、石柱观、陈家沱东汉墓、南岸坪遗址
3.0	2	李易氏家族墓、荣超殉国纪念碑
4.5	2	李发轫夫妇墓、天柱山古建筑群

在清江沿岸的4.5 km范围内共计36处文化遗产分布，占长阳县文化遗产的3/4，可见清江沿岸文化遗产的集聚度。

第二，文化遗产沿清江呈不等距分布。长阳地势自西向东呈阶梯分布，西高东低，众多支流汇集，影响了文化遗产的分布。长阳县文化资产在清江干流和支流分布的关系见表4.5，分布于干流、干流与支流交汇处的有30处，可见清江对整个文化遗产分布起了很大作用。

表4.5 文化遗产分布与河流关系

河流关系	数量	项目名称
干流	12	桅杆坪遗址、榨洞、盐井寺河神亭、七十七烈士纪念碑、资丘苏维埃政府旧址、磨家溪遗址、静安六朝中晚期墓、清江大佛、长阳首次党代会旧址、观音阁石刻、石柱观、南岸坪遗址
支流	9	红军漫画、枝枳坪红三军军部旧址、李发轫夫妇墓、天柱山道教建筑群、李易氏家族墓、荣超殉国纪念碑、关口化石洞、向日岭党支部旧址、抗日战士阵亡纪念碑
干流与支流交汇附近	18	外村里遗址、香炉石遗址、白虎垄、沙嘴遗址、天池口东汉墓唐墓、和尚坟遗址、红六军军部旧址、麻池革命旧址、驰滩岩屋遗址、千渔坪遗址、鲢鱼山旧石器遗址、固仓坪六朝中期墓、武落钟离山、西寺坪遗址、深潭湾大溪文化遗址、龙王庙洞、鸣凤塔

第三，文化资源相对集中分布于清江沿岸某个和某几个乡镇。根据长阳县各乡镇文化资源数量分布统计，渔峡口镇和龙舟坪镇先后为长阳县县城所在地，人类活动和文化分布相对集中，文化资源数量相对更丰富，均有9处；资丘镇、鸭子口乡和都镇湾镇地处龙舟坪镇和渔峡口镇之间，又是清江干流流经区域，文化遗迹也相对丰富。

第四，非物质文化资源分布总体上呈片状或带状，但也有明显的集中分布区。都镇湾故事主要分布于都镇湾十五溪；长阳南曲发源地在资丘镇，目前主要流行和传承区域在资丘镇附近；撒叶儿嗬多流行于资丘、渔峡口和榔坪一带；长阳花鼓子流行于资丘、渔峡口和榔坪乐园等地；长阳巴山舞其原创地在县域中部的巴山以西的地段，主要流行于资丘镇、榔坪和资丘。其他民俗、节日庆典等则主要是散落民间和流行于全县境。资丘、榔坪和渔峡口在长阳县西部山区，对于非物质文化遗产的保存相对丰富和完善。

第五，长阳县文化资源分布总体上与长阳旅游产业格局一致，呈现“三区一带”分布态势。“一带”是指沿着清江生态文化旅游带；“三区”是指以龙舟坪镇为中心的文化资源集中分布区，以渔峡口和资丘为中心的西南文化资源集中分布区和以高家堰和贺家坪为中心的文化资源集中分布区。

三、文化特质①

文化特质是文化地理学研究的基本单位，通过对文化特质的分析，能够加深对民族文化的了解，把握民族文化的深刻内涵，增强对民族文化的保护意识。目前国内对土家

① 本小节内容引自：杜晓，张立明. 长阳土家族文化特质分析，三峡论坛（三峡文学·理论版）2019年第1期，有修改。

族文化特质的研究主要集中在几个方面：第一，研究区域集中在湘西、鄂西这两大土家族聚居区；第二，对土家族文化的研究中，各个不同类型的文化特征及审美解析研究较深入，如婚嫁丧葬习俗、祭祀歌舞、民歌、建筑等都有其文化特质的相关研究，但缺乏对特定地区的土家族整体文化特质的研究；第三，侧重于对土家族文化利用研究；第四，对土家族文化保护的研究较多。与文化特质相类似的概念有“文化基因”。文化基因是与生物遗传学“gene”（基因）相类比而产生的概念，衍用生物遗传理论来解释说明人类文化传播的规律，1976年由生态学家理查德·道金斯（Richard Dawkins）在《自私的基因》一书中提出。国内对文化基因内涵的解读侧重于从遗传学的角度解读文化传播的底层结构：刘长林（1990）将文化基因定义为“那些对民族的文化和历史发展产生过深远影响的心理底层结构和思维方式”；徐杰舜（2008）认为文化基因是“民族或族群储存特定遗传信息的功能单位”；王东（2013）则认为“文化基因是人类文化系统的遗产密码”。因此，文化基因是涵盖了文化“遗传信息的功能单位”。从文化产生的角度来看，地理环境千差万别，不同的地理环境造就了不同的文化形式。因此，文化特质是文化整体的内在核心，是文化“遗传”的基本单位，是某种代代传承的区别于其他文化的心理底层结构和思维方式，它对某种文化景观的形成具有决定性作用，反过来，它也是识别这种文化景观的决定因子。

（一）土家族文化特质形成的历史渊源

长阳县境内民族文化丰富多彩，得天独厚的地理位置和自然条件，孕育了长阳丰富深厚的文化底蕴，文化资源种类繁多，拥有众多的文物和非物质文化遗产。1998年，长阳被授予“全国文化先进县”称号。

1. 长阳土家族的历史渊源

长阳土家族以巴务相为祖先，务相被推举为首领之后，率领巴人溯清江迁移。据《后汉书·南蛮西南夷列传》载：“巴郡南郡蛮，本有五姓……皆出于武落钟离山……乃共掷剑于石穴，约能中者，奉以为君。……余姓悉沉，唯务相独浮，因共立之，是为廪君”。由此可见，巴务相是巴人所共同敬奉的祖先，在联盟首领之后，率领部落联盟开始迁徙，“乃乘土船从夷水至盐阳”。《水经注》载：“夷水，即佷山清江也。水色清照十丈，分沙石。昔廪君浮土舟于夷水，据捍关而王巴。”长阳地区至今仍处处可见巴文化的印记，敬奉巴务相为向王天子。咸丰《长阳县志·寺观志》载：“向王庙，在高尖子下，庙供廪君神像。……有功于民，故尸而祝之，世俗相沿。”就长阳一县，有向王庙41处之多，还有专门祭祀“向王”的节日：传说务相出生地钟离山西鸭子口，从腊月二十四开始祭祀，直到年底。在土家族的文学作品和山歌中以廪君向王为题材，如清长阳文人彭潭秋《竹枝词》里写道“向王何许称天子，务相当年号廪君”（沈阳，2003）。国家级非物质文化遗产都镇湾故事中有《廪君化白虎》《向王天子显圣》，长阳山歌中有《向王天子吹牛角》的曲目。廪君以英勇威武的形象成为土家族世代敬仰的对象。

2. 长阳土家族生活的地理环境

巴人族群长期生活在鄂西武落钟离山、清江流域，后又不断地向四周迁徙扩散。该地区是一个溪洞相连的丘陵山区，地势较高，有一半以上区域海拔在 1 000 m 左右，奇峰竞秀，气势磅礴。由于海拔高度不一，一般冬温夏凉，常年平均气温在 15 ℃左右，雨量充沛，湿度大，年平均降雨量达 1 300～1 440 mm，境内大部被森林覆盖，成为我国中部地区重要的动植物宝库。山高坡陡，森林密布，也意味着虎豹虫蚁密布；加之喀斯特地貌发育，溶洞甚多，岩石遍布，除山间少量的小盆地、小台地之外，都不能种植农作物，在远古生产力水平低下的情况下，没有从事大规模畜牧饲养业的条件。而良好的自然环境下漫山遍野生长的野生植物的根和果，可供猎取的众多动物，成为土家人生活的主要来源。

（二）土家族文化特质

1. 白虎图腾

长阳土家族的发展历史和特有的生活环境，造就了土家族特有的图腾崇拜——白虎图腾崇拜。其一，白虎图腾是远古伏羲氏族的标志。长阳土家族源于巴人，所奉祖先巴务相，是上古伏羲的后裔，继承了伏羲氏族以虎为标志的信仰习俗。“伏羲”的一个古音“比兹”与土家族自称“比兹”相同。《史记·五帝本纪》记载，黄帝轩辕氏“教熊罴貔貅貙虎，以与炎帝战于阪泉之野”。这里的“熊罴貔貅貙虎”其实是各个氏族的标志，而巴人以虎为标志。其二，源于对巴务相的祖先崇拜的寄托。《后汉书·南蛮西南夷列传》中清晰记载：“廪君死，魂魄世为白虎。巴氏以虎饮人血，遂以人饲焉。”巴务相被尊为廪君，“虎”成为整个氏族联盟的标志，氏族标志和祖先英灵结合，加以权威化、神灵化，成为整个土家族的标志和精神寄托。其三，对实体白虎的敬畏神化。历史上长阳是一个多虎地区。《长阳县志·异物》又记：“邑旧多虎患，虎多之年，岁必凶，名曰虎荒。”人们对虎无能为力，反映在意识上就将虎神圣化。因此，人们需要从周围的环境寻找保护神，而白虎数量较少，不常出没，造成巴人想象白虎不会伤人而是保护神的错觉，故《虎荟》有“白虎者，仁兽也”（胡挠和刘东海，1993）。白虎崇拜在土家族文化中的表现有以下两方面。

第一，白虎文化衍生出深厚的祭祀礼仪与风俗。土家族文化中有以白虎祭祀为主题的节日。土家族设有专门的白虎神位，称为坐堂白虎；人们对白虎神尊称“白帝天王”，若有冤屈，需要在天王庙前歃血盟誓；传统农历三月初五洗神节，要对白虎神进行洗礼，家家户户挂起白虎神像敬拜。土家日常生活均以白虎为寄托乞求白虎神灵的庇佑，青年男女定情盟誓敬告白虎。土家吊脚楼建筑形式呈“虎坐式”；长阳土家小孩常戴虎头帽，样式活泼可爱，承载着祈求祖先庇佑子孙的美好愿望。国务院第一批非物质文化遗产名录中的土家族撒叶儿嗬是土家人死后的祭祀歌舞，民间俗称“打丧鼓”，其中的舞姿顺、曲、颤的态势明显是模仿虎的姿势形态，有些舞蹈动作以虎命名，如“虎抱头”“猛虎下山”等。第二，白虎图腾是土家族文化的重要素材。长阳山歌、都镇湾故事、长阳竹枝词等土家文学中，均有白虎文化的体现。长阳民歌中的“三梦白虎当堂坐，当堂坐的是家神”；都镇湾故事中的《廪君化白虎》；长阳竹枝词中反映祭祀文化，如“家礼亲丧儒士称，僧巫法不到书生，谁家开路添新鬼，一夜丧歌唱到明”（徐明庭 等，2007）。从古至今，土家族器物中虎纹是重要的表现方式。古时，巴人将虎铸于军乐器上，考古界将其称为虎钮錞于，截至2003年，在湘鄂川黔相邻地带发现的虎钮錞于共计162件（黄柏权 等，2003）。而今，长阳土家族地区处处可见虎纹图案，如西兰卡普的“台台花”图案就是模仿虎的造型。

2. 崇尚武力

土家族崇尚武力的原因，首先，从生活的环境来看，长阳崇山峻岭，野兽众多，巴人需要强健的体魄和勇猛顽强的精神来维持生存。其次，多虎的环境，以虎为图腾，无论是对虎力量的强大的敬畏，还是对战胜虎的渴望，都激发出巴人对勇武的力量的崇拜。再次，狩猎活动是主要的生活方式，远古时代推举首领以“掷剑”“浮舟”为衡量标准，一是说明狩猎技巧对巴人及其后裔生活的重要性；二是说明从远古时代起，人们就开始以“勇武有力”者为尊，奠定了土家族对勇气力量的推崇。第四，从元朝开始的土司制度，实行寓兵于农、兵民合一，提高了整个族人的勇武气概和战斗力水平。

土家族崇尚武力的表现有以下三方面。

第一，巴人及其后裔在历史上能征善战，以勇武著称。《华阳国志·巴志》记载：“周武王伐纣，实得巴蜀之师，著乎《尚书》。巴师勇锐，歌舞以凌殷人，前徒倒戈，故世称之曰‘武王伐纣，前歌后舞’也”。隋朝杨素破陈水军，也得益于巴兵。北宋时，设“荆湖义路军”，被称为“土兵”“土丁”“土军”，多为巴人后裔组成。明嘉靖年间，为抵抗倭寇，朝廷从湘鄂地区征调几万土军，取得王江泾战役的重大胜利，史称“东南战功第一”。

第二，土家崇拜以武力和勇气为代表的神祇，民间祭祀的神祇有向王天子、白帝天王、梅山神等。其中，向王天子和白帝天王均是由白虎神演变而来，相传向王天子开拓清江有功，白帝天王则是战神的化身。梅山神是土家族崇拜的猎神，她机智勇敢，能够擒住野猪、豹子、狗熊、老虎等凶猛的动物，为了除去伤害百姓的野畜在搏斗中摔下山崖。土家族将她视为狩猎英雄，重要的文化风俗活动“赶仗”活动之前，要为她烧香化纸，隆重祭祀。

第三，土家族民间文学中，有众多歌颂英雄的题材。长阳非物质文化遗产都镇湾故事中有端公降服精怪的故事集；在长阳土家族流传的神话传说有《虎儿娃》，民间故事有《巴蔓子》《战胜客王》《秦良玉的传说》等；革命斗争故事有《田思群》《火烧覃侯伯》《林之华》等。这些故事和题材或表现土家人反抗压迫的斗争，或表现土家人征服战胜大自然的勇气。

3. 形象思维

形象思维（imaginal thinking）是指用直观形象和表象解决问题的思维。长阳土家族先民生活在武落钟离山地区，群山环绕，清江川流而过，林深树密，加上喀斯特地貌发育，溶洞较多。在生产力低下和野兽密布的环境中，土家先民生活的环境相对封闭，阻隔了与外界的交流。世代生活在同一片土地之上，他们见到的是周围的高山清流、茂密的丛林、种类繁多的动植物，日常交流的是亲眷宗族，听到的是世代流传的奇闻怪谈，不需要与外界交流竞争，最大的愿望不过是家室兴旺、子孙绵延、老有所养、邻里和睦。这样的自然环境、经济环境和价值观念决定了形象思维是他们的主导思维方式，他们思考的对象离不开周围的人和物。形象思维的表现有以下几方面。

首先，在信仰崇拜的神祇上，他们的形象思维方式导致他们的信仰崇拜不同于西方庞大体系完整的“奥林匹斯山”式的神仙体系，也不同于中原儒家文化为主导的君权王权的绝对权威，土家族没有完整的神仙体系，他们的信仰多来源于周围的环境，来自对周围事物的直接感知，在生产力水平低下时期表现为万物有灵和英雄先祖崇拜。白虎图腾直接来源于多虎的环境，白虎图腾和祖先崇拜相结合，构成土家族最主要的信仰图腾；对先祖、英雄人物的事迹神化提升，使其神迹化、权威化，如巴务相、向王天子。其次，土家族众多传说故事中的题材，反映了土家族先民的认识方式和表达手段的单一，体现在对日常生活事物的直观表达。都镇湾故事中精怪故事较多，体现出土家族社会“物老成精”和“万物有灵”的认识方式：从日常生活用品的“扫帚精”“桌子精”“筷子精”；到长久不腐价值较高的“金条银条精”；到吃的食物“腊肉精”；再到自然环境中的动植物，如“癞蛤蟆精”“何首乌精”“毛狗子精”“蛇精”等，题材广泛，不仅能够直接反映生产劳动环境、日常生活场景，还是土家族的思维认知方式离不开周围人和物的直接体现。第三，土家族传统文化的代表西兰卡普的题材选择贴近生活，图案风格简单抽象，色彩艳丽，配色浪漫大胆，突出反映了形象思维的特点。在题材的选择上，西兰卡普的图案直接来源于土家族的生活环境，多表现为野生花卉、虫形鸟姿、生灵万物和生活用具等，如植物图案“九朵梅”，动物图案“石毕花”“阳雀花”“马毕花”“燕子花”“猴面花”“蝴蝶花”等，生活用具“桌子花”“椅子花”“粑粑架花”“梭子花”“船船花”“锯齿花”等。在图案风格上，由于受编制方法和工艺手段的限制，以自然形象为依据，图案线条化、粗略化、符号化，使其适应工艺需求，演变成以直线和斜线为主的较抽象的几何图形。西兰卡普色彩鲜艳浓丽，取法自然，在图案花纹的配色上不考虑事物对象原本所具有的颜色，多依据制作者的主观意愿，加以装饰。

4. 浪漫乐观

由于传统生活环境的封闭，对外缺乏交流和竞争，加上思维方式的简单形象，土家族传统文化缺乏思辨和实证性，以直接感知和经验为主。崇山峻岭、奇峰秀石，澄明的天、清澈的河、蒸腾的云雾、葱茏的草木，让土家人产生了许多奇思妙想；山高林密远离统治中心，专制伦理纲常对其思想上的影响薄弱；浪漫多彩的楚文化，与土家族文化互相渗透和影响，由此，产生了土家族文化的浪漫基因。土家族文化受巫术的影响较大，崇拜信仰无确定性，祭祀文化在文化中占有重要地位，并产生出与祭祀相关的舞蹈、音乐及民俗活动，营造出土家人能歌善舞、载歌载舞的文化氛围。在土家族日常生活中，女孩会大胆追求心爱之人，体现出对浪漫爱情的向往；土家山歌、薅草锣鼓、撒叶儿嗬的曲调风格都以浪漫风格为主。日常吃饭喝酒，招待客人人情豪放，肉要用大块肉，叫镰刀肉，喝酒时用竹管置于酒坛之中，大家轮流吸饮，文人作诗“万颗明珠共一瓯，王侯到此也低头，五龙捧着擎天柱，吸尽长江水倒流”（胡绍华，2003）。不在乎王权富贵，重视世俗欢乐，开怀畅饮的豪气尽显于上。

长阳土家族文化在长期历史发展过程中形成了以白虎图腾为核心的文化特质。长阳土家人在多虎环境的挑战中，勇敢应对，顽强生存，形成了积极尚武的民族性格。生活环境塑造了土家族形象思维的方式，将外在实体白虎神化，与对祖先的敬畏崇拜相结合，形成了土家族的民族图腾信仰。土家以虎为尊，氏族标志和祖先英灵结合，加以权威化、神灵化；在巫文化的影响下，用歌舞祭祀增强仪式感，衍生出长阳深厚的歌舞文化氛围。总之，长阳土家族的文化特质是在长阳地区独特的自然地理环境和历史发展过程中逐步形成的，是一个相互关联统一和谐的文化整体。文化特质是保证土家族之所以为土家族的文化基因。在当前文化多元化格局之下，分析长阳土家族深层次的文化基因，识别长阳土家族文化特质，不仅能增强长阳土家族的民族自信心，强化土家族文化认同，而且能促进长阳文化特质的开发和保护，保证长阳土家族文化血脉的传承。

第三节　长阳土家族文化资源的旅游开发价值

法国社会学家皮埃尔·布迪厄（Pierre Bourdieu）在《资本的形式》中第一次完整地阐述了文化资本的基本概念，并提出文化资本理论。他认为，资本包括经济资本、文化资本和社会（关系）资本，文化本身具有价值并能转化成经济价值。文化还能通过影响人们的知觉、思维、情感、行为方式来影响人们的精神活动。不同地域不同类型的文化会对人们的价值观、人生观、思维方式、道德情操、民族性格、审美情趣、宗教感情等产生不同的影响。因此，根植于不同地域文化资源的文化产品具有不同的旅游价值，能使消费者或旅游者达到愉悦身心的目的。追求身心健康和放松心灵、体验大自然和文化之美是旅游者出游的最重要目的。在旅游休闲逐渐成为大众化需求的现代社会，将文化资源转化为文化产品和旅游产品，并通过文化和旅游产业发展来实现其价值是文化资源永续利用的重要形式。长阳县土家族民俗风情、节事活动和文化遗址等十分丰富，资源品位较高，文化内涵丰厚，在适度开发、转变为文化旅游消费产品并供游客游览、观赏和体验之后才能显现其游憩价值。不同类型的文化旅游资源具有不同的游憩功能和价值。长阳县文化资源核心价值对照见表 4.6。

表 4.6　长阳县文化资源核心价值对照

文化旅游资源项目	对应的核心价值
长阳山歌、薅草锣鼓、清江号子、长阳吹打乐、长阳竹枝歌、长阳道教科仪音乐、土家族撒叶儿嗬、长阳花鼓子、长阳巴山舞、皮影戏、旱龙船、长阳南曲、咚咚喹、长阳渔鼓、抵杠、高脚马、跷旱船、打陀螺、土家建筑、哭嫁、土家打喜、岁时节令（过赶年等）、倒影峡及巫灵大佛、长阳石刻、观音阁石刻、盐井寺河神亭、石柱观、观音阁、天柱山古建筑群、鸣凤塔、龙王洞庙	游憩价值
民间中医正骨疗法、传统中药文化	健康价值
彩扎、剪纸、门匾、西兰卡普、数花、陶瓷、土家建筑、天柱山古建筑群、白虎图腾、向天王子、长阳石刻	美学价值
“长阳人”遗址、伴峡小洞遗址、鲢鱼山旧石器遗址、榨洞、桅杆坪遗址、西寺坪大溪文化遗址、沙嘴遗址、深潭湾大溪文化遗址、香炉石遗址、驰滩岩屋遗址、千渔坪遗址、南岸坪遗址、外村里遗址、关口化石洞、和尚坟遗址、磨家溪遗址、白虎垄、天池口东汉墓葬、唐墓、陈家沱东汉墓、州衙坪六朝中期墓、固仓坪六朝中期墓、静安六朝中晚期墓、李易氏家族墓	科学研究价值
麻池革命旧址、七十七烈士纪念碑、向日岭党支部旧址、枝柘坪红三军军部旧址、红六军军部旧址、抗日将士阵亡纪念碑、李发轫夫妇墓、红军漫画、红六军军长李勋墓、长阳首次党代会旧址、荣超殉国纪念碑、自在宫墓、天主教堂、“长阳人”遗址	历史文化教育价值

一、文物资源的旅游价值

文物资源是在一定历史时期形成和存留下来的，作为历史的传承者和见证者，饱含历史、文化和教育价值。追溯长阳历史，探究巴楚文化发源地，长阳文物资源都提供了良好的佐证，“长阳人”遗址和不同时期的文化遗址、墓葬，反映了长阳历史时期的人类活动。长阳县古遗址类文化遗产 17 处，其中“长阳人”遗址在早期人类活动中具有典型性，“长阳人”是长江以南最早发现的远古人类之一，是古人类活动的印记，该遗址是长江流域远古人类遗址的重要代表，目前已被列为国家级文物保护单位，具有珍稀度和稀缺度，其观赏价值较高。香炉石遗址是长阳县代表性文化资源，遗址面积 3 万多平方米，距今 4 000 余年，已出土的文物高达万余件，文化遗存丰富且具明显的巴文化特征，既不同于清江流域及附近长江三峡地区一些史前新石器时代晚期的文化遗存，又不同于北方黄河流域夏、商文化的类型，其珍稀度相对较高，具有独特的观赏价值和考古价值，目前已被列为湖北省省级文物保护单位。县级文物保护单位中的沙嘴遗址、和尚坟遗址、磨家溪遗址、千渔坪遗址和南岸坪遗址也具有较高的游览价值。随着经济社会的发展，还有一些古遗址将会被发现和发掘。通过对清江沿岸挖掘的古遗址和出土的文物研究，可以更加精确探究长阳不同历史时期人类活动的状况。

建筑是为满足人们生活、生产或其他活动需要而创造的实体空间环境，是工程技术、建筑艺术、装饰艺术和园林艺术的结合。建筑通过其独特的功能及建筑智慧、艺术等给人以美的感受，尤其是古建筑渗透着古朴自然的艺术之美。长阳县保存较好的古建筑有 6 处，其中盐井寺河神亭和天柱山古建筑群为省级文物保护单位，石柱观、鸣凤塔和观音阁石刻为市级文物保护单位。盐井寺始建于唐，宋重修，是鄂西南建造年代较早的佛教寺庙之一，较完整地保存了一批青砖石雕和碑亭塔林。天柱山古建筑群分为六大宫（殿）：南岩宫（祀观音）、三帝宫（祀元始天尊、道德真君、灵宝道君）、玉虚宫（祀玉皇大帝）、灵官殿（祀先天主将王善）、地母宫（祀母娘娘）和伽蓝祠（祀僧伽蓝摩），整个建筑群错落有致，古色古香。鸣凤塔兴建于清同治四年（1865），为七级宝塔，取名来源于《诗经》的“凤凰鸣矣，于彼高冈，梧桐生矣，于彼朝阳”。

土家族吊脚楼源于古代的干栏式建筑，是鄂、湘、渝、黔土家族地区普遍使用的一种民居建筑形式，距今已有四千多年的历史。它作为一种特殊的物质文化现象，犹如一部传世的史诗，多层次、多侧面、多角度地反映出土家族的历史发展、文化心态和创造才能。除安居的实用功能外，吊脚楼选址、布局和营造方法独特，既具有自然环境美，又具有建筑结构的几何形状之美，体现了土家先民追求人与自然的和谐及天人合一的建筑思想，具有极高的观赏游憩价值和科学研究价值。

二、非物质文化遗产资源的旅游价值

长阳土家族传统文化中的音乐、舞蹈、戏剧、曲艺、美术、传统技艺、传统医药等，转化为不同形式的旅游产品后能给游客带来意想不到的视听觉冲击和美学享受。土家传统技艺中的西兰卡普、数花、彩扎、剪纸和陶瓷等手工技艺，在织锦、刺绣和陶瓷文化中别具一格，图文精美且赋予土家族文化含义，具有极高的观赏价值、美学价值和科学研究价值。

（一）民间艺术类

长阳是“中国民间艺术之乡”，土家族居民能歌善舞，留下了丰厚的舞蹈、戏剧、曲艺和音乐等非物质文化遗产。长阳舞蹈主要有撒叶儿嗬、长阳花鼓子和长阳巴山舞。撒叶儿嗬，又叫“打丧鼓”，是土家族民间悼念死者，为死者送行的一种隆重的送葬仪式舞蹈。撒叶儿嗬的舞蹈语汇十分丰富，如“四大步”“吆莲儿嗬”“哑谜子”“幺姑姐”“摇丧”“倒杈子”等二十多种套路，其舞姿的顺、曲、颤态势，表现出藏缅语族舞蹈的特点；演唱内容有祖先崇拜、狩猎、农耕、猜谜、情歌等；音乐以高腔为主，节奏有2/4、4/4和6/8拍。长阳花鼓子是土家人原始的“交谊舞”，被学术界、舞蹈界称为土家族摆手舞的姊妹艺术。花鼓子伴生着土家族的乐观、豁达大度，传达了土家人在艰苦的劳动环境中谦虚、勇敢、热爱生活、敢于追求真爱的生活态度，它无论表演形式，还是演唱内容，不仅传递了历代土家人的很多历史文化信息，而且有利于民族民间舞蹈的创新发展。长阳巴山舞属于广场舞，是在广泛收集、深入挖掘、整理研究传统跳丧舞、花鼓子舞等民间舞蹈的基础上编创、发展而来的一种新型的群众性的具有健身和交谊功能的舞蹈，长阳巴山舞由8节舞蹈组成，每节的肢体动作各具特色，分而可以独立，合而可以联袂。

长阳土家的戏剧和曲艺以长阳南曲、皮影戏、旱龙船等为代表。长阳南曲是湖北省省级非物质文化遗产，也是长阳文化三件宝之一。长阳南曲以小三旋为主要伴奏乐器，另加擅板、二胡配合伴奏。其擅板打法亦不同于戏曲和其他曲种的“一眼三板”，而是“一板三响”。即头板重敲、二眼停顿、三眼四眼各响一轻板，如此往返重复。由此而展现出它的强烈韵味和艺术魅力。皮影戏又叫灯影戏、皮灯影，以兽皮刻出人物道具，投影于灯前帷幕上，配以音乐对话，简便易行，是民间喜庆娱乐的一种重要表演艺术形式。长阳的皮影剧本多从南剧移植，常演的剧目有《薛刚反唐》《宝莲灯》《走洪关》《罗通扫北》《二虎山》《紫阳山》《九华山》《四状元》等。皮影的造型（主要是人物造型），因服装不同而各具风貌。人物形态及神态也因人物的身份、地位而异，且各具鲜明的特征。特别是头像，忠、奸、善、恶和喜、怒、哀、乐等脸谱及表情让人一目了然。旱龙船，又称龙船，流传于榔坪、鸭子口、贺家坪、高家堰、麻池等乡镇，是一种曲艺说唱艺术，在20世纪60年代前，是民间艺人谋生的手段。旱龙船的起源已无史志记载可考，但传说与悼念屈原有关，是由划龙舟演变过来的。旱龙船有独特的地域特点，总是伴随着请神求愿的巫祝活动，或求子、或祈雨、或祈求财福。旱龙船的演唱内容，多是艺人的即兴之作，旱龙船艺人即兴编创的能力都很强，唱段内容有追述、纪念先师的，有歌颂屈原、恭喜发财、求子等。

长阳音乐以长阳山歌、薅草锣鼓、清江号子、长阳吹打乐和长阳竹枝歌为代表。长阳山歌在全县各个乡镇广泛流传，目前已收录一千四百余首，分为在田间边生产边喊歌和边劳动边打锣鼓喊歌两种类型，又以号子类和锣鼓调子类为主，号子类有山号子和水号子之分。长阳山歌按其内容可分为10个类型，创世歌、劳动歌、时政歌、婚嫁歌、丧鼓歌、风情歌、情歌、苦歌、儿歌和杂歌。长阳山歌旋律高亢嘹亮，节奏自由奔放、悠长，旋律进行多为级进，音域多在八度与十一度之间；长阳山歌开门见山的七度大跳，先声夺人，加之山歌甩腔中的颤音，具有浓郁的特型音调和山野气息。田间劳作的薅草锣鼓和清江赶船的清江号子都属于长阳山歌，这种即兴和豪迈的山歌，能给旅游者带来悦耳的震撼人心的听觉享受，极大地增强文化旅游的参与感和体验感。

（二）传统美术类

传统美术主要包括彩扎、剪纸和门匾。

彩扎工艺是一种篾骨纸裱的艺术，一般以篾扎纸裱而成，彩扎品常用作春节、元旦、端午节等节日喜庆的游艺道具及观赏品，如各种彩灯、彩门、彩船、彩马等，扎成鱼形、鸟形、物形等形态。这些传统彩扎制品技艺精湛，既是道具，也是美术品，在各地广为流传。

剪纸以窗花最富特色，仅结婚喜庆的双喜窗花图案，花样就有“喜鹊闹梅”“金鱼戏水”“鸳鸯戏水”“双凤朝阳”“二龙戏珠”等。此外，服饰、头饰、门帘、手帕、荷包、鞋袜底等物上，先剪纸后托绣的图案也花样繁多，小巧玲珑，美不胜收。

门匾按其形式分为竖匾和横匾两种，根据全国各地现存匾额的分析，悬挂门匾的主要为宫廷、寺观及部分园林。长阳门匾主要是有关庙堂和姓氏匾额，目前保存较好的有：磨市、龙舟坪地区“陇西世家”，磨市地区“内黄世泽”，大堰地区的“京兆世家”“清流兴风”，渔峡口、贺家坪地区的“离光朗照”“离光生辉”，长阳杨氏“四知世家”“四知家风”，麻池吕氏“大衍齐龄”，长阳张氏的“百忍遗风”“百忍世家”。这些门匾各具特色，直接点名氏族，各种花纹和字体也独具一格。

（三）传统技艺类

传统技艺主要是指手工技艺，织锦中以西兰卡普最具代表，除此之外还有数花、盆景等。

西兰卡普的制作与数花、篾片穿花、草编穿花原理相似，不过西兰卡普是以简单的木制机械织成的，比篾编、草编要方便得多，工艺要求更精细。西兰卡普的图案题材、纹样和色彩具有极高的旅游观赏和审美价值，其图案题材广泛，内容几乎涉及土家人生活的方方面面；图案纹样风格独特，其纹样是在借鉴各历史时期经典图案的基础上，经艺术变形、技术处理挑织而成，整个图案既富有生活情趣，又具有鲜明的民族特色；色彩运用上既五彩缤纷，又素雅大方，总体上崇尚红色、黑色，间之以黄色、蓝色、白色参差点缀。

鄂西的数花是土家工艺的精品。数花是在直纱布上以不同色彩的线索，顺着布上横纱直纱，数着根数的多少而下针，这样做成的花样谓之数花，其特点是背面上露出的线索全是上下针法，不见一根横线。土家人喜爱在手巾上、包头上和吊把围裙上挑花，这种挑花就是数花。白布数蓝花，蓝布数白花，尽管布料不好，因是干活所用，可谓粗蓝白布，但数花很精致，或草木花鸟，或人物故事，均不能数错一根纱。

长阳盆景以高家堰、龙舟坪等镇最为集中。高家堰盆景有树桩盆景、山石盆景等。树桩盆景以古朴多姿为特色，一般选用金弹子、六月雪、罗汉松、银杏、紫薇、贴梗海棠、梅花、火棘、茶花、杜鹃等；山石盆景则以气势雄伟取胜，多以砂片石、钟乳石、云母石、砂积石、龟纹石，以及新开发的品种为制作石材。高家堰盆景十分重视古树和山石自然的形态和个性，具有形神兼备的特点。

（四）传统医药

长阳拥有丰富的土家族传统医药，尤其是长阳民间正骨疗法和传统医药文化很有特色，在长阳县域传播广泛。全县有大规模中医药种植园，能让游客参与中医药文化体验，通过发展中医药文化旅游，可充分发挥其医疗康养价值。此外，长阳土家族饮食文化、酒文化和茶文化历史源远流长，地域特色鲜明，蕴含着朴素的养生之道和科学的现代营养学理论或方法，能为健康生活奠定坚实的文化基础。

第四节　长阳土家族文化资源的旅游产品转化途径

充分挖掘长阳县的文物资源和非物质文化遗产资源，在旅游体验的全过程中融入土家族文化元素，形成极具特色的文化旅游景区、历史文化展示点、特色文化体验空间、主题文化旅游设施、特色文旅商品、主题文化旅游活动等，是文化旅游产品转化的一般路径。其中，对于非物质文化遗产资源的转化，通过生产性保护方式来实现产品转化和产业发展尤其重要。具体转化途径有以下 6 种。

一、塑造文化旅游景观

景观一词，最早出现于希伯来文版的《圣经》（*kethubhim*）中，用于对圣城耶路撒冷总体美景（包括所罗门寺庙、城堡、宫殿在内）的描述。19 世纪初，德国地理学家、博物学家亚历山大·冯·洪堡（Alexander von Humboldt）将景观作为一个科学名词引入地理学中，并将其解释为“一个区域的总体特征”，后来逐渐形成“景观是指土地及土地上的空间和物质所构成的综合体”的地理学观点。《中国大百科全书（地理学）》（1990 年出版）概括了地理学对景观的几种理解：①某一区域的综合特征，包括自然、经济、文化诸方面；②一般自然综合体；③区域单位，相当于综合自然区划等级系统中最小的一级自然区；④任何区域单位。一般认为，景观可以分为自然景观和文化景观两大类。自然景观是指很少受到人类活动干扰影响的自然综合体。文化景观则是指人类活动所塑造并具有特殊文化价值的景观，既有由历史文化遗存、文物、历史遗址、遗迹等人类文化遗产及其所依存的周边环境构成的景观，也有依托这些原生的遗产景观进行创意开发塑造的次生人文景观，二者均能反映出某种文化体系的特征和一个地区的地理特征。长阳丰富的文物资源和非物质文化遗产资源蕴含了独特的地域文化特征，文物及其依存的环境、活态的非物质文化遗产本身就是带有强烈的区域文化符号的景观，但由于缺乏展示利用和充分有效的解说，人们往往感知不到和识别不出这些文化景观。还有更多的非物质形态且非活态的文化遗产，由于缺乏挖掘和有效利用，同样未能转化为传承、展示和传播载体的文化景观，所以，创意文化旅游景观，将文化显性化和活态化，才能让其更容易被欣赏。

塑造文化旅游景观的方式很多，适用于塑造土家族文化旅游景观的常见方式主要有以下 4 种。

其一，在乡村振兴中，开发建设一批特色文化村镇（乡镇、村落或特色小镇）。如长阳经过近几年的引导，结合乡村扶贫和美丽乡村建设，已经初步形成南曲文化村、山歌文化村、都镇湾故事文化村、土家农民书画文化村、吹打乐文化村、花鼓子文化村、土家撒叶儿嗬文化村等一批土家特色文化村。每个特色文化示范村都完成了“八个一”建设工程，即一个群众文体广场、一个“非遗”项目等民族民间文化传习堂、一个特色文化展览陈列室、一批文化领军人物、一支骨干文艺团队、一个文化节庆品牌、一个文旅产业和一套文化发展合作社或文化传承工作机制，通过对相对集中的土家族非物质文化资源的挖掘利用，形成了一系列主题特色鲜明、功能区划明显的土家族特色文化村落。

其二，重点围绕 4 项国家级非物质文化遗产和 5 项省级非物质文化遗产，深度挖掘文化内涵，与现有景点整合利用，将其融入周边旅游产品的开发中，丰富旅游活动内容，深化产品的文化内涵和提升其文化品位。

其三，围绕游客需求，将长阳县特色文化渗透到旅游活动的各个环节之中，打造文化旅游的产业链。提炼文化元素，在基础设施及服务设施建设、人文景观塑造等各个方面都融入文化元素。

其四，对标识系统、景观小品、餐饮购物娱乐等设施进行文化软包装，利用建筑装饰、雕塑、特色服饰、美食等多种形式将土家族文化表现出来，让游客感受到浓厚的特色文化气息。

二、建设文化旅游景点

土家族文化资源经开发建设后可直接转化为旅游景点。一是可以改造一批特色博物馆，如按照“一馆一特”的原则，建设一批品位高、专业分工明确、个性特色鲜明的博物馆，如长阳民间故事博物馆、长阳山歌博物馆、长阳巴山舞博物馆、长阳曲艺博物馆、长阳民俗博物馆、长阳土家音乐博物馆、长阳清江石博物馆等。按照生态博物馆理念，将天柱山古建筑群直接转化为景点，与清江画廊景区整合利用。博物馆建设可与非物质文化遗产传习所、非物质文化遗产传承人培育项目、美丽乡村、特色小镇或城市的游客中心整合。二是保护性开发一批遗址展示中心。严格保护一批具有较高的历史研究价值和重大社会影响的文化遗址项目，如“长阳人”遗址、鲢鱼山旧石器遗址、榨洞、桅杆坪遗址、西寺坪遗址、沙嘴遗址、深潭湾大溪文化遗址、香炉石遗址等，在科学保护这些清江流域沿岸古文化遗址的基础上，开发形成一条文化遗址景点群，完整地展示长阳新旧石器的人类活动和发展，形成极具特色的历史博物馆群。依托这些文化遗址保护工程，建设一批遗址展示中心，配套必要的旅游设施后逐步转型为遗址考古公园。重点依托国家级文物保护单位“长阳人”遗址，开发形成国家遗址考古公园、建立遗址博物馆等。三是在长阳城区建设土家族非遗小镇，将长阳县“中国民间艺术之乡”的形象发扬光大。四是建设红色文化体验线路，串联长阳博物馆及各红色旅游资源点。通过旅游与文化产业的融合，活化旅游景点，通过景区门票、文创旅游商品等的收入提升文化产业附加值。

三、创建文化产业园区或特色文化街区

挖掘、整合土家族文化资源，加强文化创意，通过文化、旅游和科技融合，形成文化产业集聚开发空间，促进文化资源的深度利用，是文化产业发展的必然趋势。文化产

业的集聚开发，既可以形成主题鲜明的文化产业园区，又可以形成产业集聚发展的带状空间，还可以与城市历史街区或特色商贸街区结合形成文化特色突出的特色文化街区（综合性游憩街区）。

（一）建设文化产业园区

文化产业园区是文化主题形象鲜明、文化产业规模集聚、文化产业链条相对完整的特定地理区域，区内包括了集文化创意研发、文化产品设计、文化产品生产、文化产品销售发行、文化休闲消费等相结合的较完整的文化产业链，有些规模较大的园区甚至包括了文化会展、文化论坛、主题酒店、文化教育及与旅游业相结合的多种业态，可常年举办国内及中外文化学术交流。长阳县土家族文化底蕴深厚，具备策划并建设文化产业园区和相关特色产业园区的文化基础和相关条件，可以引进科研机构和影视、动漫等新媒体类的文创企业，吸引高科技人才返乡创业，建设集土家族文化展示、土家族文化学术交流、土家族文化产品研发设计与生产、产品发布、文化休闲体验等功能于一体的文化创意产业园。现有的长阳巴土文化产业园已经具备较好的基础，已完成以巴人展览馆、彭秋潭纪念馆、汪国新书画馆、三峡奇石馆和巴土文化研究院“四馆一院”为核心的园区硬件设施建设。自该园建设以来，长阳歌舞团在园区内的清江古城剧院成功上演了《江山美人》舞台剧，该剧讲述巴人祖先巴王廪君与盐水女神的亘古爱情传说，经过两年精心打造，将现代舞台表现手段和中国传统文化内涵巧妙合二为一，打造精美绝伦、极具民族风格的独舞和双人舞表演，同时将有着“音乐活化石”之誉的长阳南曲和最具巴人特色的“跳丧舞”等素材融入舞台剧当中。

（二）建设特色历史文化街区

特色历史文化街区通常是指具有历史风貌建筑、传统民俗风格、地方文化特色，可同时满足游客观光、文化休闲及购物商贸体验等多方面需求，具有一定规模和较高知名度的街区。街区一般具有较悠久的历史、主题鲜明的文化特色或地方商业特色，能集中反映地方或民族的风貌；街区内文物古迹、历史建筑保存较完好，或具有一定规模的特色商业建筑。街区内原有的历史文化和社会生活具有延续性，通常居住着较多的原有居民，具有可持续发展的社会功能和经济文化活力。一个城市可能有多处特色街区，但每个街区均有独特的文化主题，通常是按照“一街一特、一街一景”的原则，将文化遗产保护、游憩商业、旅游休闲等功能融为一体来进行建设的。

四、创作文化旅游演艺

旅游文化体验的方式很多，除了静态的文化展示，还有很多动态的可参与的体验方式，主要有实景演艺、实景影画、舞台剧、沉浸式演艺、激光秀等。可以充分利用长阳县非物质文化遗产资源如都镇湾故事、廪君传说、长阳山歌、薅草锣鼓、撒叶儿嗬、长阳巴山舞、皮影戏、旱龙船、长阳南曲、彩扎、剪纸、西兰卡普等，在各类文旅活动空间进行不同形式的展示。例如在歌舞、故事、传说、婚丧习俗等方面，较为常见的是把文化资源转化为旅游产品的方式，有文艺演出、影视、音像、动漫等。

（一）实景演艺

实景演艺是一种独特的文化演出模式，其舞台、背景、环境是真实的场景，或山水实景，或乡村场景，或城市景观，表演主题与内容主要选自当地经典的历史故事、特色文化事件或民风民俗，演员主要来源于当地的百姓。一台好的实景演艺，能够凸显地域文化中的个性魅力，展示地域文化的独特形象，具有地方性、唯一性、艺术性、震撼性、民族性的特点，既是对传统文化演艺的革命，也是对视觉艺术的革命。开创实景演艺新模式的是中国第一部山水实景演出《印象·刘三姐》，后来逐渐形成印象系列演艺项目，包括《印象·大红袍》《印象·丽江》《印象·普陀》《印象·武隆》等，也产生了《禅宗少林·音乐大典》《大宋·东京梦华》《井冈山》《中华泰山·封禅大典》《成吉思汗》《刘海砍樵》《道解都江堰》等一系列大型山水实景演艺项目。

国家5A级景区恩施大峡谷景区自2014年开始推出了一部土家族文化实景演艺《龙船调》。《龙船调》原是恩施民歌，20世纪80年代被联合国教科文组织评选为世界25首优秀民歌之一。实景剧《龙船调》自同名民歌改编而来，以恩施地区土司时代的一对土家男女的爱情故事为蓝本，描写他们挣脱封建束缚、追求自由爱情的感人故事。全剧不仅充分展示了极具恩施地方特色的土家民族音乐元素，同时结合恩施大峡谷的山水景观，借助现代高科技舞台特效技术，营造出一场奇幻绚丽、生动感人的艺术盛宴。

（二）实景影画

实景影画是运用高端科技灯光、现代音响、机械装置设备及多媒体投影技术、剧院技术和蒙太奇等电影表现手法，将虚拟文化景观、电影画面与舞台戏剧等融合在一起，进行历史场景或故事再现的文化演艺产品模式。其特点主要是山水实景、历史场景营造与高科技立体舞台装置相结合，视觉、听觉效果十分震撼。

国内首创的大型实景影画是由陕西旅游集团在西安事变爆发地华清宫景区推出的《12·12》，全剧通过烽火古城、矛盾激化、匆匆密谋、箭在弦上、枕戈待旦、大战在即、枪声破晓、统一战线、世事沧桑等十幕剧情，利用高科技舞台手段，结合电影艺术和戏剧艺术的表现方式，真实而生动地场景式再现了西安事变鲜为人知的部分历史。全剧故事跌宕起伏，人物形象鲜活生动，剧情细节感人，并融合多元化舞台手段，以令人震撼的视觉、听觉效果，从不同视角展现了一个民族在最危难时刻的命运抉择。

（三）舞台剧

舞台剧，实际上是通过舞台呈现的戏剧艺术，既有喜剧，又有悲剧，也有正剧。根据表现形式，通常可以分为歌剧、舞剧、话剧、哑剧、诗剧、偶发剧、木偶剧等。随着一系列高科技的应用，现代舞台剧发展很快，如灯光的旋、扫、闪，装置的升、移、摇，音效可以在剧院环绕，影像可以在舞台升腾，舞台可以横移、旋转甚至根据剧情需要进行自由组合，也可以云山雾罩、呼风唤雨等。舞台剧的剧情可以根据民间故事、民间传说或根据土家族居民的生产生活进行原创，也可以根据已有的文学作品、电影、电视剧、动漫等进行改编。景区的舞台剧可以是多种呈现方式的，如室内剧场、半开放式剧场、室内外舞台等。

长阳在舞台精品艺术演出方面已经开始了积极探索并初步取得了市场的认可，如大型婚俗舞蹈剧《土里巴人》、大型民族舞蹈诗画《梦幻土家》《中华情·巴土恋歌》等。还可以充分挖掘和利用土家族非物质文化遗产资源，策划推出一批特色舞台演艺节目，按照“一月一戏、一景一演”的原则，创作一批具有浓郁地方特色、深受游客喜爱的舞台艺术类文艺精品，丰富长阳旅游的文化娱乐活动；文艺精品和旅游演艺节目均应与长阳文化艺术中心或综合性表演场馆建设整合，充分利用现有的文化设施，提高利用率、知名度。依托在国内文艺界具有广泛影响的文艺精品节目《中华情·巴土恋歌》等打造成旅游者喜爱的演艺节目。

（四）沉浸式娱乐体验

《体验经济》的作者美国学者约瑟夫·派恩和詹姆斯·吉尔摩曾经大胆地提出，体验经济将是继农业经济、工业经济和服务经济之后出现的第四种新经济形态。体验经济能通过五感体验，让人们进入忘我状态，进而产生无与伦比的心理体验和畅爽的心理感受。随着现代技术的不断更迭，体验娱乐的方式不断创新，近几年，沉浸式娱乐体验在文化旅游领域快速发展，显示出其强大的生命力和市场感召力。“沉浸体验”一词源于著名心理学家米哈里·契克米哈赖于1975年提出的“心流理论”，是让人专注于某种虚实结合的人工情境，获得的一种身临其境和无与伦比的神奇体验。自沉浸体验被应用到文化旅游领域以来，出现了沉浸式展览、沉浸式演艺、沉浸式夜游及其他沉浸式娱乐活动，甚至出现了将沉浸体验与常规的旅游六要素相结合，形成的沉浸式购物、沉浸式游览、沉浸式交通、沉浸式餐饮、沉浸式酒吧茶廊、沉浸式客房、沉浸式游戏娱乐、沉浸式主题秀场等，并频繁出现在各类城市文化场馆和旅游景区等场所。沉浸是一种展示方式和手段，其实质仍然是数字技术与文化内容的结合。在沉浸式体验场景和氛围营造、数字文化内容的创造过程中，可能应用的现代技术包括了5G、AR、VR、MR、人工智能、全息投影技术、裸眼3D技术、互动体验技术及数字动画技术等一系列高新技术，这些技术的日益成熟为沉浸式娱乐体验的创新发展提供了强有力的技术支撑。

从文化旅游演艺项目策划角度，长阳可供选择的文化资源十分丰富，如廪君传说、撒叶儿嗬、薅草锣鼓、长阳山歌、长阳南曲、长阳吹打乐、长阳花鼓子、旱龙船、长阳渔鼓、民间故事、民间谚语、谜语、歇后语、楹联、土家婚俗、丧葬习俗等。举办文化旅游活动的场所不限于城市剧场，还可在各个景区景点、特色小镇、美丽乡村、农业园，以及各处文化广场、街区、临时舞台等场所举办，还可以结合每年度定期举办的土家女儿会、土家民间艺术节等旅游文化节庆，开展多种形式的演艺、展览和体验性活动等，扩大宣传。

五、开发文化创意旅游商品

依托自身的文化资源优势，研制开发一系列凝聚长阳土家族文化特质、具有高附加值、工艺精湛的特色文化旅游商品。将特色文化融入旅游商品的制作中，通过文化品牌的注入、创意包装、创意产品设计等方式，研发销售系列特色文化旅游商品，延伸文化旅游链，壮大文化旅游产业。

依托土家族文物，研制开发文物复制品；依托巴楚文化、土家族文化的代表性器物和文化符号开发带有土家族文化特质性标志的旅游纪念品，以土家族的生产生活物资为依托开发特色土家族文化旅游商品，大力发展工业品、农副土特产品、纪念品和工艺品等旅游商品的设计、开发、生产与销售。依托民俗文化开发一系列如陶器、工艺摆件、文化衫，以及与特色农产品相关的商品；依托如都镇湾故事、孙家香故事、长阳竹枝词、廪君传说等民间文学开发相关的书籍、影音制品；依托长阳山歌、薅草锣鼓、清江号子、长阳吹打乐、长阳竹枝歌、长阳道教科仪音乐等传统音乐资源开发相关书籍、影音制品；依托彩扎、剪纸、西兰卡普等传统美术和传统技艺资源开发生活类文创旅游商品；依托长阳土家民间中医正骨疗法和传统中药文化资源开发养生类文创旅游商品；依托土家饮食、土家茶和土家酒文化等资源开发土特产类文创旅游商品，如根据土家族饮食习惯，可将土家格子蒸肉、懒豆腐、油汤茶和炸辣椒等美食开发为美食类健康养生食品，同时树立饮食品牌，如八丰薯业、“土家嫂”特色食品、土家熏腊肉和清江鱼虾等；依托长阳土家族抵杠、高脚马等传统体育、游艺与杂技的体育类非遗资源开发系列化体育健身用品，并开发旅游娱乐活动。通过文创商品的研发、销售，可提升文化产业的附加值。依托土家族文化名人，开发人物纪念品和故事动画片，在各种旅游工艺品、日常用品和礼品中体现土家族文化（表 4.7）。

表 4.7　土家族文化旅游商品转化一览表

资源类型	商品类别	具体形式
“长阳人”遗址等古遗址文化	旅游纪念品	日常生活用品、摆件、工艺品等
	影音制品	科普书籍、影像等
艺术文化	旅游纪念品	饰品、工艺品及摆件、文化衫、吉祥物等
	影音制品	影音制品、书籍等
土家体育文化	旅游日用品	带有土家传统民俗运动印记的相关用品、运动手环、带有土家传统体育符号的日常用品等
	旅游纪念品	带有土家传统体育符号的日常生活用品、小饰品等
	运动设备	传统体育运动装备、户外运动装备等
红色文化	旅游纪念品	带红色印记的日常生活用品、办公用品、名人工艺品、摆件、服饰鞋帽用品等
	影音制品	科普教学材料
民俗文化	旅游纪念品	带有土家民俗文化符号的日常生活用品、民间服饰、装饰品、小摆件等
	影音制品	影音制品、书籍等
	生活器具	日常生活用品、茶具、穿戴用品、家庭生活用品等

六、挖掘名人文化，提升长阳旅游形象

名人文化资源的物质载体既有名人纪念馆、名人故居、名人祠堂、名人墓地、名人经历点等有形的资源，也有依托名人的生平、事业、学说、伟绩等留下来的永不泯灭的思想观念、精神意识及政治主张等无形的精神财富。旅游与名人文化既可以物化方式融合，也可以非物质形式利用。依托名人文化遗存，通过融入旅游活动，赋予其文化旅游功能，更加形象、生动地展示历史名人的文化遗产的精神文化内涵，从而满足旅游者多样化的精神文化需求。具体表现方式有以下几方面。

其一，依托已有的名人文化物质遗存，包括名人故居、纪念馆、庙宇、名人陵墓及人造景观，在保存其原始形态和风貌的前提下，通过融入名人精神理念，借助图片、书籍、用具器物，并配以多媒体等现代技术手段，丰富展示内容，利用科技手段将声光电的技术手段融汇于物质遗存中，加入动态演艺的方式，赋予这些名人文化旅游功能，增加旅游的互动性及参与性，将其打造成为旅游景点。

其二，立足于名人文化的软性资源，开发图书制品、影音制品、名人著作、纪念品、工艺品、书画、生活用品等旅游商品。

其三，依托文化等软性资源，通过营造人文氛围，运用现代技术和文化理念演示名人故事，并通过多样的演艺表演互动形式，深化游客对名人文化的认识。

其四，充分利用长阳土家族文化资源，采取政府推动、社会参与、市场运作、规范管理的运作方式，深挖名人文化内涵，培育一批文化底蕴深厚的特色旅游节事活动，丰富节庆活动内容，举办多种类型的节庆活动，深化旅游的参与性；巩固已有的文化旅游节会，将这些节庆培育成文化特色鲜明，与旅游、经贸活动紧密结合，互动互彰，充分展现当地人文优势、生态优势和特色资源优势，有力促进地方经济社会发展，并能取得显著的经济效益和社会效益的常年性品牌节庆活动。创新开发一批文化旅游节会，如依托土家女儿会，提升形成面向国际市场的国际旅游节。

其五，充分挖掘名人文化资源，借助广播电视、电影、新闻出版、网络等文化传播媒介推广区域旅游形象。如在长阳，廪君作为巴人首领和土家族祖先，在湘鄂黔土家族集中聚居区影响力巨大，应以廪君传说神话故事、向天王子、白虎图腾等神话传说为依托，创作和加工相关影视作品，进一步宣传廪君，弘扬土家族历史文化，提高长阳的知名度和影响力。在革命历史上，长阳也留下了丰厚的红色文化遗产，如1928～1933年贺龙九进九出长阳，发动工农开展土地革命，特别是1929年7月9日在长阳麻池组织领导发动西湾起义，建立了“土家第一军”，成立了中国共产党长阳县委及县苏维埃政府，并以麻池古寨为中心开展革命，为建立湘鄂川黔革命根据地积蓄了力量和经验。可以利用这些宝贵的红色文化资源，以革命先烈为感召，以长阳革命历史为线索，以建立纪念馆或主题展厅、创作和拍摄相关影视作品等方式，传承颂扬土家人的红色精神。

第五章　基于 AR 应用的土家族文化旅游产品系统

第一节　土家族 AR 文化旅游产品系统构建

一、AR 文化旅游产品系统的界定

系统是由一组相互依存、相互作用和相互转化的客观事物所构成的具有一定目标和特定功能的整体，各构成单元之间通过物质、能量、信息、人员和资金等的流动，实现有机结合，使整个系统的目标和功能得以体现（顾培亮，1998）。基于 AR 应用的 AR 文化旅游产品系统正是这样一个具有特定目标和功能的复杂系统，其开发过程就是在 AR 技术支撑下，围绕优化文化旅游产品结构、完善旅游产品功能，从旅游消费的新需求和新形势出发，寻求将文化旅游资源转化为可视化文化旅游产品的过程。研究 AR 文化旅游产品系统问题，必然要落实到一个特定的空间，即通常所说的区域，而区域作为一个客观存在的地域单元，是由区域的经济、社会、文化、生态环境等因素耦合而成的具有地域特色的区域复杂系统，亦称为区域可持续发展系统。因而，从区域系统的角度而论，AR 文化旅游产品系统是特定区域旅游发展系统的子系统，本书选取长阳土家族为案例区域，通过对土家族文化旅游发展环境的总体分析，在深入研究土家族文化旅游需求的基础上提出土家族 AR 文化旅游产品系统建设方案，促进土家族地区文化旅游融合发展，实现文化遗产资源的保护、传承和合理化利用，推动土家族地区文化旅游业的可持续发展。

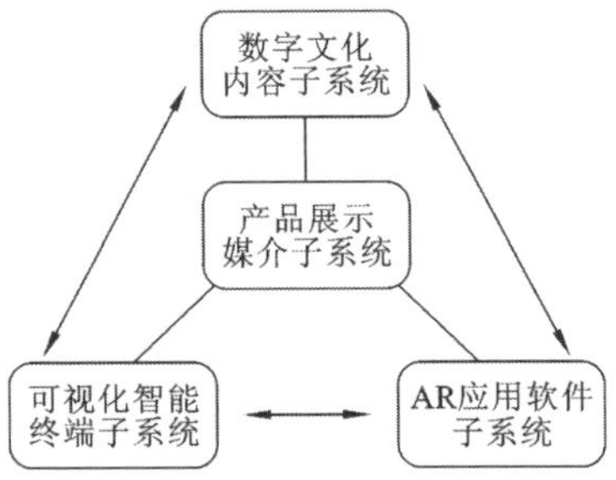

图 5.1　AR 文化旅游产品系统构成

AR 文化旅游产品系统是一个由多要素组成的多输入、多输出、多控制变量的可控制的开放系统（图 5.1），包括数字文化内容子系统、可视化智能终端子系统、AR 应用软件子系统和产品展示媒介子系统 4 个子系统。旅游者及其消费行为特征的多样性和复杂性决定了 AR 文化旅游产品系统结构的复杂性，4 个子系统中的任一子系统及其要素的变化都将影响其他子系统并干扰整个系统的结构和功能。

（一）数字文化内容子系统

AR 文化旅游产品展示需要丰富的数字文化内容支撑，包括以文本、声音、图像、影像、动画等多媒体形式存在的文化信息。根据文化信息的存在形态，可将其分为物质文化信息和非物质文化信息。文化信息是指文化本体及其生存环境所蕴含的各类信息，如文化的形成过程、历史变迁、文化特征、文化传播、文化价值、文化环境演变等；AR 文

化旅游产品系统需要对这些文化信息进行数字化和可视化表达。

（二）可视化智能终端子系统

AR文化旅游产品展示需要特定的智能终端展示系统，可以是手机、平板、计算机、AR眼镜、投影或其他形式的智能终端展示系统。这些智能终端展示系统还需要搭配显示器或显示屏、摄像机、跟踪与传感系统、计算机网络及特征标识物等才能组成可视化智能终端子系统，满足智能终端硬件需求。

（三）AR应用软件子系统

AR文化旅游产品展示需要系统完善、功能强大、技术先进的若干AR应用软件支持，包括AR应用开发平台系统（如Metaio SDK、Vuforia SDK和D'Fusion工具）和基于这些开发平台研发的专用AR应用APP、网络服务、内容服务器等。

（四）产品展示媒介子系统

AR文化旅游产品展示需要特定的媒介或场所，可能是文化遗址、历史建筑、文博场馆、各类纪念地或纪念设施，也可能是旅游景点或旅游商品、纪念品，甚至可能是旅游全过程中所有可能使用和接触到的设施设备和用品，如交通工具、酒店设施、餐饮设施、娱乐设施和相关产品等。文化旅游产品展示媒介子系统也具有一定的组成、结构和功能，是一个多功能、多层次、多类型的子系统。产品展示媒介子系统选取的关键是通过研究旅游者的旅游动机、行为方式等找出旅游消费需求规律，用以指导可视化文化旅游产品开发。

二、AR文化旅游产品系统的结构与功能对应关系

AR文化旅游产品系统具有两大功能，即促进系统运转和表现系统特质的内部功能、增进系统的稳定性和可持续利用的外部功能，不同的系统功能要求有不同的系统结构，主要表现为4种结构与功能的对应关系。

（一）同构异功或一构多功

对于同一AR文化旅游产品，不同的参与者将能获得不同的旅游体验，一个AR文化旅游产品往往可以满足多种旅游需求，也可以满足不同层次的旅游者的需要。同构异功或一构多功就是指这种由相同媒介、相同的终端设备、相同的数字文化旅游内容等组成的产品系统具有不同功能的对应关系。这一特点对于AR文化旅游产品开发中的体验设计具有重要意义。

（二）同功异构或一功多构

同功异构或一功多构是指相同功能的系统具有不同结构的对应关系，AR文化旅游产品系统的这一特征提供了AR文化旅游产品的差异化设计、可替代性产品开发和旅游需求市场细分的思想。开发中，很多具有替代性特征的AR文化旅游产品，其功能一致但观览环境、观览方式、文化场景等各不相同，出现功能相同但系统结构不同或一种旅游功能对应多种系统结构的情况。

（三）同构同功

同构同功是指相同结构的系统具有相同的功能。土家族地区很多文化环境相同，活动场景相同，文化活动内容也基本相同，为游客提供的旅游体验也基本一致，是具有完全替代性的 AR 文化旅游产品，很容易同构同功，在土家族 AR 文化旅游产品开发中应该尽可能避免这类产品的重复。

（四）异构异功

异构异功是指不同结构的系统具有不同的功能。AR 文化旅游产品系统的异构异功特征要求不同类型的 AR 文化旅游产品应该有不同的展示方式和展示媒介，突出文化特色和文化个性。

由于存在上述多种对应关系，以及土家族 AR 文化旅游产品开发涉及所在区域的经济、社会、文化及环境等问题，在具体的开发过程中将出现多个利益相关者的矛盾，必须运用系统的思想，对 AR 文化旅游产品系统进行整体研究来解决。

第二节　土家族 AR 文化旅游产品系统特征

AR 文化旅游产品系统具有地域上和功能上的完整性。从地域角度来看，该系统展示了不同区域的特色文化。从功能角度来看，该系统是围绕旅游者在土家族地区的旅游活动而将各组成要素相互联系、相互作用构成的一个有机整体，包括上述 4 个子系统，各子系统内又包括诸多要素，这些要素相互关联、彼此制约。该系统既具有一般系统特征，又具有复杂系统的特征，主要特征有以下几个方面。

一、整体性和集合性

AR 文化旅游产品系统是有机联系的整体，是一个由多目标、多个子系统、多因素等组成的复杂的动态系统。该系统的开发必须考虑整个系统的运行，包括各子系统，从产品可持续利用的整体出发，以系统优化为目标。

二、动态性和开放性

作为一个具有独特结构和功能的系统，AR 文化旅游产品系统与环境进行着物质和能量的交换，系统内部各要素之间也处于不断的运动变化之中，如文化信息的多少、硬软件系统的稳定性、数字内容的丰富程度、体验方式和质量的好坏等都直接影响系统功能的发挥。时间、媒介、内容和方式等不同，产品系统的状态就不同，AR 文化旅游产品开发时应注意系统内外之间的协调发展和各子系统间及子系统内部各要素间的关联性和协调性。

三、反馈性和可控性

反馈是动态平衡系统的一种固有性质，AR 文化旅游产品系统的发展和演化将受到多个因子的影响，有些影响因子甚至成为制约系统发展的阈值。当 AR 文化旅游产品系统偏离稳定发展状态时，正反馈将促使其返回原有状态；否则将加速系统的崩溃。AR 文化旅游产品系统的发展演化过程实质上是一个自组织/组织合作的过程，人们可以进行干预，并将对 AR 文化旅游产品系统产生双向调控作用，可能促进 AR 文化旅游产品系统，也可能延缓或破坏 AR 文化旅游产品系统。AR 文化旅游产品系统管理应以旅游消费行为趋势为导向，不断调整、修改和完善系统的结构和功能，并通过数字文化内容、展示地点及观览方式等的调整，不断完善产品结构和功能，以适应旅游体验需求的变化。

第三节　土家族 AR 文化旅游产品系统目标

对 AR 文化旅游产品系统的组织、结构和功能进行改进和优化，有效控制系统运行方向，实现系统耗散最小而效率最高、效益最大，是 AR 文化旅游产品可持续利用的重要保障。AR 文化旅游产品系统运行中常常会出现各种各样的问题，如文化展示的内容单调、展示方式单一、游客的体验感较差等。不同 AR 产品的问题各不相同，且问题的表现形式和程度均不一样，这类问题在 AR 技术应用初期的土家族地区表现尤为明显。由于 AR 文化旅游产品利用方式不当，产品定位不准确，展示内容和方式不合理，AR 文化旅游产品的内容、形式及表达方式和旅游者的需求脱节。建立一个怎样的 AR 文化旅游产品系统目标，才能有效缓解和解决这些问题？

由于 AR 文化旅游产品开发涉及投资人、经营者、资源所有者、旅游者等多个利益主体，不同利益主体的目标诉求各不相同，如投资人更加注重产品的经济效益，政府部门更注重产品的社会效益，即文化资源的保护、传承与展示效果，游客则关注产品的功能及旅游体验质量等。动因不同，则目标价值取向不同，AR 文化旅游产品开发要充分考虑各利益相关者的利益诉求，才能促进产品的可持续发展。其可持续发展以游客的满意度最大和文化资源的可持续利用两个次级目标来实现（图 5.2）。

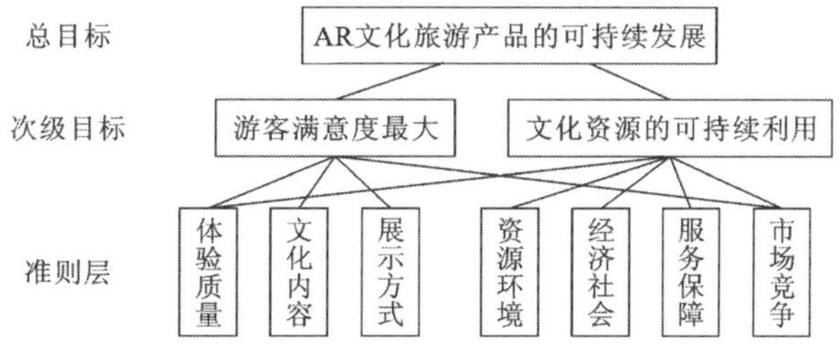

图 5.2　AR 文化旅游产品系统的目标准则体系

第四节　土家族 AR 文化旅游产品游客满意度评价

AR 文化旅游产品系统运行过程中，需要及时对其运行状态及运行结果进行评判，并根据评判结果来调整和优化产品系统，是产品决策和行业监管的重要基础工作。通过系统评价，将系统运行问题状况的分析过渡到系统目标的确认过程，将人们对系统运行状态的评估结论应用到系统协调与控制，对 AR 文化旅游产品开发方向的准确性、目标的合理性、技术方案的可行性及投资的经济性等进一步地分析，协调系统运行，以确保 AR 文化旅游产品系统的健康、持续和稳定发展。针对 AR 文化旅游产品系统进行评价，既可以采用模糊综合评价法，也可以采用可持续发展评价和游客满意度评价等角度和方法来进行，本书选取游客满意度的评价视角和方法。

一、游客满意度的含义

顾客满意度理论在西方学术研究中具有悠久的历史和社会背景。早在 1802 年英国学者本瑟姆（Bentham）就提出用户满意问题，但并没有得到学术界的认可。20 世纪中期，随着人类行为学（human behavior）理论的发展，以及市场经济条件下消费者地位的不断提高，顾客满意度研究逐步受到重视。1965 年美国学者卡多萨（Cardozo）将顾客满意（customer satisfaction，CS）概念引入产品质量和竞争力分析之中，顾客满意度问题才受到广泛的重视。20 世纪 80 年代末，该理论开始在西方发达国家的各行业服务及企业产品质量评估中应用。国外最早的顾客满意度测评模型是费耐尔（Fornell）于 1989 年以顾客期望、顾客感知、顾客满意、顾客忠诚、顾客抱怨 5 个因素设计的瑞典顾客满意度晴雨表（Sweden customer satisfaction barometer，SCCB）模型。随后，费耐尔（Fornell）、约翰森（Johnson）、艾德尔森（Aderson）、查（Cha）和布赖恩特（Bryant）用感知质量、感知价值、顾客期望、顾客满意、顾客忠诚、顾客抱怨之间的关系建立了美国顾客满意度指数（American customer satisfaction index，ACSI）的计量经济学模型。1999 年约翰森（Johnson）、古斯塔夫森（Gustafsson）、安迪森（Andreasson）、莱维克（Lervik）和查（Cha）以顾客忠诚为顾客满意度指标，考察了顾客满意、公司形象、良好承诺、质量因素、化解抱怨等因素与顾客忠诚之间的关系，提出了对 ACSI 的修正和改进模型，并通过挪威的实证研究提出了欧洲顾客满意度指数（European customer satisfaction index，ECSI）模型（简彩云，2005）。在 SCCB、ACSI 和 ECSI 三个模型中，以 ACSI 模型运用最为广泛。我国在 20 世纪 90 年代开始了顾客满意度理论研究工作，目前已经形成了可以应用于多个行业的中国顾客满意度指数（Chinese customer satisfaction index，CCSI）模型。

尽管顾客满意度研究已开展半个多世纪，但针对旅游活动过程中游客满意度的研究成果却并不多见。20 世纪 90 年代后期，美国、英国、墨西哥、印度尼西亚等国家对旅游地顾客满意度进行了实证探索。国内学者连漪和汪侠（2004）也提出了旅游满意度测评的指标体系和测评模型问题。上述讨论推动了旅游满意度测评的进展，但过多地依赖于现有的针对一般服务产品或工业产品的顾客满意度测评理论与方法，未能体现旅游产品的特色。由于旅游活动本身的复杂性，游客对旅游产品的满意度主要受各种体验的影响，而这种体验又产生于旅游服务的全过程，并受制于游客的综合感知印象，使旅游满意度的测评不同于一般服务产品。基于游客感知的旅游满意度测评能够帮助管理者及时了解游客对各项旅游服务的需求及满意程度，对于合理利用资源、丰富旅游产品、改进旅游服务、增强游客的旅游体验和促进旅游业的可持续发展等具有十分重要的理论意义和现实意义。

二、游客满意度测评的概念模型

AR文化旅游产品开发的目标就是要为游客提供满意的旅游产品，游客满意度实际上是游客对其所体验的AR文化旅游产品各项服务的综合感知。汪侠等（2005）借用ACSI模型的核心概念和架构，结合旅游景区的特点对部分变量进行了调整和更新，构建了旅游景区的顾客满意度指数模型，该模型将影响顾客满意的前提因素（如顾客期望）和结果变量（如顾客投诉）等作为变量纳入评估指标体系，用来测量景区游客的满意度。由于顾客忠诚或顾客投诉均是顾客满意与否的结果，不宜作为评估满意度的指标，而顾客预期虽然在一定程度上可能影响满意度测评，但它的影响是借助游客对各项服务的感知质量评价来完成的，也不宜作为评价指标，顾客在完成旅游活动后会修正其业已形成的景区原生形象，从而形成新的景区形象，因此将景区形象作为游客满意度的评价指标也不合适。ACSI模型提出了6个测量顾客满意度的指标，分别是感知质量、感知价值、顾客期望、顾客满意、顾客忠诚和顾客抱怨。实际上，这6个指标之间是互为因果关系的，感知质量是影响顾客满意度的关键因子，顾客的感知质量又受到感知价值和顾客期望的影响，顾客的满意度决定了顾客抱怨和忠诚度。

因此，AR文化旅游产品的游客满意度主要受到游客感知质量的影响。根据费耐尔的顾客满意度指数理论和旅游体验过程中涉及的若干要素，在继承ACSI模型的核心概念和架构的基础上，考虑游客从产生观赏动机到观赏决策、游览体验、结束观赏等过程是一个动态的连续的体验过程，按照产生游客综合感知的这个动态过程，可以构建AR文化旅游产品游客满意度指数测评模型，如图5.3所示。AR文化旅游产品体验产生于消费全过程之中，从AR展示环境、AR可视化智能终端、AR可视化应用软件和AR数字内容等，每一个环节的服务均将影响到游客的体验质量。因而，通过对AR展示环境、AR硬件设施、AR应用软件到AR数字内容等的测量即可得出游客的满意度。除以上4个影响

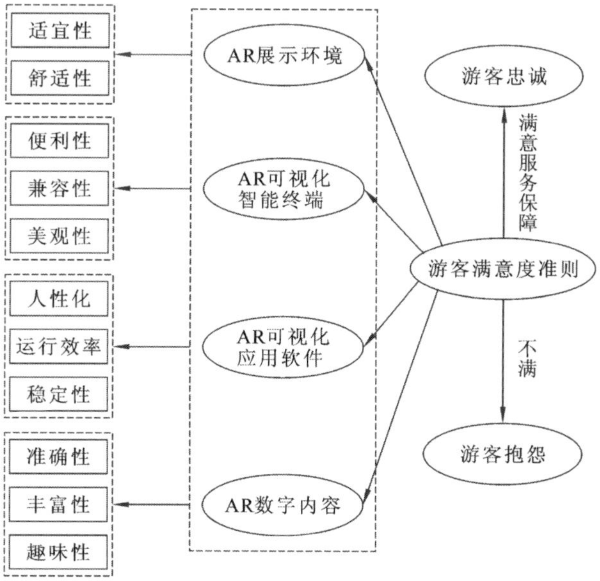

图5.3　AR文化旅游产品系统的游客满意度指数测评模型

游客满意度的变量以外，期望值和服务产品的价格也将影响游客的满意度。期望值越高，游客对服务质量的要求越高，评估标准也将提高；价格越高，游客对服务质量的要求也会相应提高。期望值、服务价格与服务质量之间呈负相关，期望值与服务价格之间也呈负相关。

三、游客满意度测评指标、权重确定及评价赋分

（一）指标体系的构建

根据图 5.3 的游客满意度指数测评模型，本小节将游客满意度测评指标体系分为三个层次，即测评目标、评价因素和评价指标。游客满意度指数是总的测评目标，为一级指标，即第一层次；AR 展示环境、AR 可视化智能终端、AR 可视化应用软件和 AR 数字内容为二级指标，即第二层次；按照旅游体验规律，将各二级指标展开，形成三级指标，即第三层次，见表 5.1。

表 5.1　游客满意度测评指标体系及其权重

测评因子	测评变量	权重
Q1 AR 展示环境	Q11 适宜性	应用专家评判法确定各测评变量的权重
	Q12 舒适性	
Q2 AR 可视化智能终端	Q21 便利性	
	Q22 兼容性	
	Q23 美观性	
Q3 AR 可视化应用软件	Q31 人性化	
	Q32 运行效率	
	Q33 稳定性	
Q4 AR 数字内容	Q41 准确性	
	Q42 丰富性	
	Q43 趣味性	

（二）权重确定及赋分方法

不同的评价因子、要素及指标对满意度具有不同的影响，在满意度测评中的权重不同。按照专家评判法对各评价指标进行权重确定，当一个观测变量受多个因子影响时，应先通过层次分析法获取每个因子的权重，再加权平均求出该观测变量的评估分值。实际调查时，借用五级利克特量表（five-point Likert scale）制作评分表，让游客对每个问题进行赋分评价，将每个观测变量评估分划分为 5 档，级差为 1，最高 5 分，最低 1 分。在调查表中设置评分栏，由被调查者根据自己的感知在相应的分值上选择赋分，得出每

张赋分的调查表。实际测评时，根据游客满意度指数测评模型和指标体系，设计游客满意度调查问卷，选取适当的调查方法组织调查，运用 Excel 统计软件对问卷调查的数据进行处理，应用加权平均法计算出游客满意度。总的测评指数被分为 5 档，分别对应不同的测评结论，见表 5.2。

表 5.2 满意度指数解释

项目	分值				
	0～1.00	1.01～1.50	1.51～3.00	3.01～4.50	4.51～5.00
满意度	很不满意	不满意	较满意	满意	很满意

（三）测评结果的计算与解释

由于被调查者的赋分是针对测评指标的，统计测评结果时，既可以对每张调查表的总测评值进行独立统计，也可以按照不同的评价要素对调查表进行分类均值统计后再计算总测评值，即满意度指数。前一种统计方法更适宜于总体评价结论的获取，后一种统计方法更适宜于针对评价要素进行满意度分析。因本评价体系采用了终极权重方法，故具体计算过程可以简化为

$$T=\sum_{i=1}^{3}\left(\sum_{j=1}^{n}Q_jW_j\right)$$

式中：T 为总测评值；$\sum_{j=1}^{n}Q_jW_j$ 为三大感知变量的测评值；Q_j 为各测评变量的赋值；W_j 为各测评变量的权重；i 为测评因子数。

而各测评变量的值是由其对应的测评指标加权求和而得。如对于 AR 展示环境，先从适宜性和舒适性两个方面按照 1～5 的档次进行评分，再根据各自的权重加权平均计算出评估值指数；对于 AR 可视化智能终端，先从便利性、兼容性和美观性三个方面按照 1～5 的档次进行评分，再根据各自的权重加权平均计算出评估值指数；对于 AR 可视化应用软件，先从人性化、运行效率和稳定性三个方面按照 1～5 的档次进行评分，再根据各自的权重加权平均计算出评估值；对于 AR 数字内容，先从准确性、丰富性和趣味性三个方面按照 1～5 的档次进行评分，再根据各自的权重加权平均计算出评估值。

T 作为总测评值，代表游客满意度指数，该指数对应的满意度评价结论有很不满意、不满意、较满意、满意、很满意 5 种（表 5.2）。除计算满意度指数外，还可以计算每个测评变量或测评指标的游客满意率，即某指标的游客评分值与应得分值的比例。

第六章　基于 AR 应用的文化旅游产品体系及创意策略

利用 AR 技术对土家族文化资源进行产品转化和产业化开发，是涉及多领域、多学科和多业态交叉与融合的数字文化产业的创新开发模式。借助 AR 技术对文化资源，尤其是非物质文化遗产资源进行传承、传播、展示及产业化开发，可以弥补传统技术手段对非物质文化遗产资源进行保护和开发的缺陷，对文化资源进行更有效的保护和利用，还可以带动文化创意产业、文化旅游产业的快速发展，促进文化资源富集地区的经济社会繁荣与和谐发展。

第一节　基于 AR 应用的文化旅游产品分类

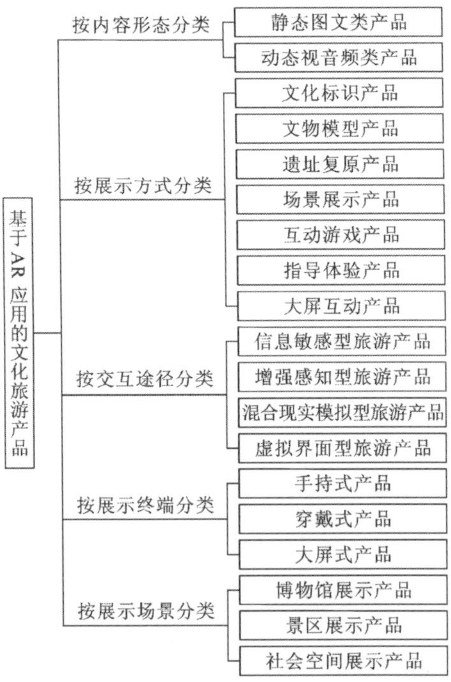

图 6.1　基于 AR 应用的文化旅游产品分类图

基于AR应用的文化旅游产品有多种分类方法，见图 6.1。

一、按内容形态分类

借鉴美国数字资源分类标准研究的框架，从文化资源类型出发，可将 AR 展示内容分为静态图文类产品与动态视音频类产品。静态图文类产品，包括叠加在特定现实空间的虚拟文字与图片内容，更加符合传统游客的游览习惯，所传递的文化内容也更加真实；动态视音频类产品，以更加生动的方式展现文化事物，文化传播受众更广泛，更能调动游客游玩的情趣。

二、按展示方式分类

从 AR 产品的表现形式角度看，可将 AR 文化旅游产品分为文化标识产品、文物模型产品、遗址复原产品、场景展示产品、互动游戏产品、指导体验产品、大屏互动产品 7 类。文化标识产品，包括基于真实事物对文物、文化现象的事实图文、视音频说明；文物模型产品，包括珍贵文物的 3D 模拟、细节放大、旋转观察等，一改文物“只可远观，不可细看”的现状；遗址复原产品，包括运用数字技术对残缺遗址的补全、不同历史时期面貌重现等；场景展示产品，包括叠加在现实空间的历史场景再现、神话传说中的故事演绎等；互动游戏产品，包括主题探险、探秘寻宝等，通过与虚拟空间交互，让游客不知不觉融入文化，增强游客游览的参与感；指导体验产品，包括传统手工艺指导、实践知识说明等；大屏互动产品，主要通过虚拟角色与真实场景中多位游客的同屏互动，实现文化的“一对多”式扩散。

三、按交互途径分类

AR技术能够让看不见的文化资源变为人眼可以直接观看的事物，让游客获得更加直观的实时交互式文化体验，按交互途径，可将AR文化旅游产品分为信息敏感型旅游产品、增强感知型旅游产品、混合现实模拟型旅游产品和虚拟界面型旅游产品4个类型。信息敏感型旅游产品又包括文化解说产品、文字翻译产品和特色文化旅游商品三类。增强感知型旅游产品又包括主题线路导览产品、知识传授型产品、传统工艺体验产品、美食文化产品等。混合现实模拟型旅游产品又包括历史建筑复原观光产品、历史场景再现产品、神话故事演绎产品、虚拟文化导游产品、专项摄影旅游产品、文化互动娱乐系统等。虚拟界面型旅游产品关注的是提供以数字形式控制现实世界物体的新方式的AR技术，本质上说，这类技术让通过虚拟界面调整、控制真实物体的混合现实成为可能，该类产品主要包括AR虚拟购物平台、AR虚拟社交平台等交互性产品。

四、按展示终端分类

从终端设备的角度来看，大致可分为手持式产品、穿戴式产品、大屏式产品三类。以新一代智能手机为代表的手持式设备，占有庞大的市场基数，便于相关产品的推广与应用，包括AR旅游商品推广等；以眼镜为代表的穿戴式设备，具有更好的沉浸式体验，能够基于真实的文化空间给予游客更加真实的文化体验及个性化的旅游体验；以户外大屏幕为代表的大屏式产品，凭借众多的文化受众，将成为文化推广传播、旅游宣传营销的重要法宝。

五、按展示场景分类

旅游产品按展示场景可分为博物馆展示产品、景区展示产品、社会空间展示产品。博物馆展示产品，注重文物、文化的解释与说明，灵活运用虚拟空间，拉近游客与珍贵文物的距离，促进知识性与参与性的全面提升；景区展示产品，注重个性体验与开放体验的协调统一，尊重文化原真性的同时适当融合娱乐元素，提升游玩体验；社会空间展示产品，以大屏播放推广为主，通过具有文化特色的虚拟角色与现实空间的游客互动，传播文化的同时吸引游客，促进旅游业的发展。

第二节　基于 AR 应用的文化旅游产品体系构建*

AR 技术能够让看不见的文化资源变为人眼可以直接观看的事物，让游客获得了更加直观的实时交互式文化体验，必将引发整个文化旅游领域的巨大变革。本节通过对一定数量的 AR 创新案例进行梳理，基于 AR 技术的交互途径，将 AR 文化旅游产品分为信息敏感型、增强感知型、混合现实模拟型和虚拟界面型 4 个类型（图 6.2），从而构建土家族 AR 文化旅游产品体系（图 6.3）。

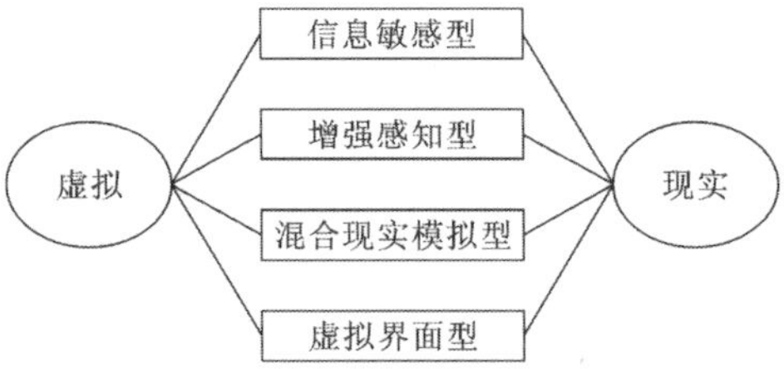

图 6.2　AR 交互途径分类示意图

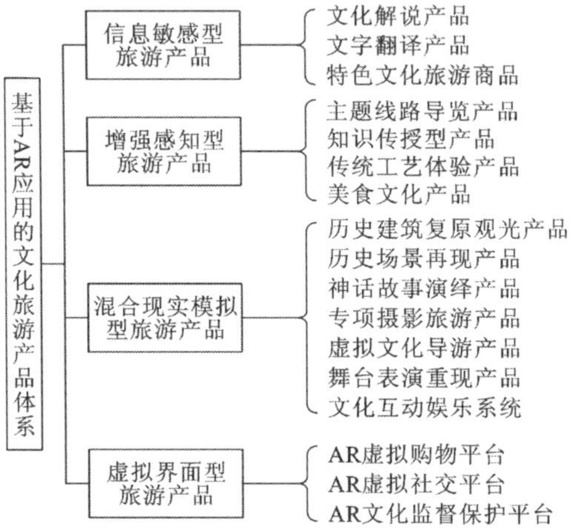

图 6.3　基于 AR 应用的文化旅游产品体系结构图

一、信息敏感型旅游产品

信息敏感型旅游产品，即在恰当的时间地点出现的能够根据特定情境轻松获取互联网已有静态数据的产品。游客通过移动终端扫描带有文化标签或场地标记的场所或物体，将现实世界与虚拟空间相联系，将数字化的文化信息等叠加，为特定的文化资源进行解说。文化解说产品主要是对视野内出现的物质/非物质文化事物在虚拟空间叠加实时的静态数据予以解释说明、科普宣传，让游客告别走马观花的参观模式和固定呆板的标识牌解说模式。文字翻译产品是只要将终端对准需要翻译的界面，终端便会将此信息翻译成用户使用语言，并且字体与文字所在界面与真实界面完全一样。特色文化旅游商品是将 AR 标记应用于旅游商品，用于展示商品背后的文化内涵或商品本身的使用方法。从 AR 技术层面来说仅叠加互联网静态信息只是 AR 的最初级阶段，虚拟功能拓展有限，但正是因为其相对简洁单一，能让游客更加关注现实世界的旅游感知，获得更加纯粹的文化旅游体验。

二、增强感知型旅游产品

很多文化资源具有非物质性，游客在有限的游览时间内很难凭借自身的感知能力去

* 本节内容引自：吴逸云，张立明，黄金彦. 基于 AR 应用的土家族文化旅游产品体系研究：以长阳土家族自治县为例，湖北大学学报(自然科学版)，第 40 卷第 5 期，有修改。

认知其内涵，实际游览时仅能凭空想象。因此，应用 AR 技术，通过叠加传感器收集的动态数据，游客能更直观地欣赏文化资源。主题线路导览产品是按农耕、民俗等主题打造主题文化旅游线路，结合 AR 技术实现实时实景导览，让游客能在游览过程中获得更好的个性化体验。知识传授型产品是在真实的特定场景中展示具有民族性的自然认知与实践，让游客直观真实地去理解该文化认知或文化行为与地理环境的关系。传统工艺体验产品是在特定的环境下通过数字化 AR 传统工艺制作过程指导，帮助游客亲手完成传统工艺制作，参与体验加深文化理解的同时获得成就感，进一步激发游客的参与性。美食文化产品是通过在菜单或餐盘上附加 AR 标记，展示特色菜肴的食材来源、烹调方法等，增强游客对特色美食的味觉感知。

三、混合现实模拟型旅游产品

在现实中探索虚拟，即在现实环境中混合叠加虚拟的空间信息，增强特定旅游场景的真实性体验。历史建筑复原观光产品让游客通过在真实的遗址上叠加虚拟的完整建筑数字信息，领略遗址昔日的辉煌或不同历史时期的建筑特点。历史场景再现产品是通过活体影像、动态影像等 AR 技术，使静态的文化资料得以动态展现，还原历史场景，真正做到使游客“身临其境”。神话故事演绎产品是基于神话故事历史发生地，用数字手段在虚拟空间演绎神话传说，让游客直观看到神话人物在发生地真实场景中的动态演绎。舞台表演重现产品有效规避大型实景舞台剧的缺点，跳出时间与空间的限制，随时在空舞台上进行虚拟民俗表演，给予游客更加人性化的个性体验。虚拟文化导游产品是叠加在真实场景中的虚拟解说员，可以是民族代表角色也可以是卡通造型，与导览系统配套，整合解说与人机交互系统，给游客更加真实的游览互动体验。专项摄影旅游产品是基于 AR 建筑与场景复原产品，打造将虚拟空间与真实空间融合后的创意摄影产品。文化互动娱乐系统是将 AR 游戏与导览产品相融合，基于文化内容，通过角色扮演或者寻宝等设定，在游览的过程中不断完成任务，取得成就的同时增强游客的角色代入感，获得更加深刻的文化体验。

四、虚拟界面型旅游产品

虚拟界面型旅游产品呈现的是通过虚拟界面调整来控制真实物体的混合现实技术。搭建 AR 虚拟购物平台，在游客停留区域布局 AR 标记，游客通过 AR 平台操作虚拟界面，可完成文化产品的购买，并在离开景区或回到家时收到实体商品。搭建 AR 虚拟社交平台，游客通过 AR 进入景区专有虚拟社区分享游玩攻略、心得，并提供“到此一游”服务，让游客在虚拟空间留下“足迹”或视频，让其故地重游时能更加真实地回忆。搭建 AR 文化监督保护平台，通过 AR 的实时实景特性，实现游客之间对于损坏文物等不文明行为的相互监督与记录，有效实现文化资源的保护，促进文明旅游的发展。

第三节　影响 AR 文化旅游产品创意的因素

AR 文化旅游产品与一般旅游产品的主要区别在于，AR 文化旅游产品必须依托某种特定设备实现虚实交互的增强现实旅游体验，其虚拟数字内容的设计和增强现实技术的实际呈现效果将直接决定旅游体验效果。影响游客体验的因素可以从主体和客体的角度来分析，也可以从情感体验、行为体验、感官体验、交互体验和可靠性体验等方面来探讨。从旅游主体和旅游客体两方面来分析，旅游主体即游客自身的主观因素，包括游客对 AR 旅游产品的使用意愿、使用态度、接受程度及其他个人主观因素等；旅游客体即景区和旅游产品的客观因素，包括 AR 智能终端的稳定性、流畅度、视觉感官界面、人机交互设计、展示功能实现、用户情感体验、文化展示场景等。AR 技术应用于旅游中的文化展示尚处于探索阶段，并未得到大规模的推广应用，产品本身的功能、性能对旅游体验影响更大。因此，从旅游客体的角度分析影响 AR 文化旅游产品体验的因素对当前 AR 文化旅游产品开发更具有指导意义。从旅游客体的角度来看，影响 AR 文化旅游产品体验的因素主要有 AR 智能终端性能、视觉感官界面、人机交互方式、展示功能实现、用户情感体验、文化展示场景等。

一、智能终端性能

应用 AR 技术进行文化可视化展示的智能终端硬件设备有多种，如 PC、平板、手机、可穿戴设备及其他显示终端等，应用软件也是根据文化展示的内容和方式来设计的，实际使用过程中还受到展示场景的环境条件限制。AR 智能终端硬件设备、AR 应用软件及展示的环境条件等组成了 AR 智能终端系统，该系统运行的稳定性既受到硬件的稳定性制约，也受到 AR 应用软件运行的稳定性制约，还受到展示环境条件的稳定性及与硬软件的环境适应能力的影响。硬件运行速度、稳定性，软件运行的流畅程度、界面设计的人性化程度，以及与展示环境的协调程度等都将影响游客的旅游体验。

二、视觉感官界面

视觉感官主要指 AR 文化旅游产品带给游客的视听体验，强调舒适性。作为基于特定设备的增强感官科技型旅游产品，不论是使用手持终端、大屏终端还是可穿戴的终端设备，AR 文化旅游产品必然要通过特定的界面，让游客能够真正接触到那些在虚拟空间中的文化内容。物质形态的感官界面主要指 AR 设备的物理形态，包括外观、材质、质感、佩戴舒适度等。虚拟感官界面则是指游客使用增强现实设备时，眼睛、耳朵等身体感觉器官直接接受视觉、听觉、触觉等虚拟内容相关信息的层面。它是游客直接接受增强现实信息的媒介，很大程度上直接影响了游客在进行增强现实文化体验时的旅游体验感受。

三、人机交互方式

人机交互主要指 AR 文化旅游产品带给游客的操作体验，强调易用性。增强现实最突出的技术特点是脱离实体输入设备的限制，让游客在真实环境中与虚拟信息进行实时交互。随着手势识别、语音识别、眼球追踪等技术的逐步成熟，增强现实的交互方式呈现更为多样化的发展。抛开具体技术呈现效果差别，只有结合具体的旅游环境合理选择适当的交互方式，才能让游客获得更好的旅游体验。

四、展示功能实现

展示功能实现主要指 AR 文化旅游产品带给游客的使用体验，强调实用性。开发一款 AR 文化旅游产品首先要考虑 AR 是否能够帮助游客解决文化体验的实际需求。AR 文化旅游产品的功能体验就是指产品能够给游客提供什么样的内容和功能。使用价值是价值的物质承担者，AR 文化旅游产品只有通过将无形的文化内容进行可视化展示，满足游客的文化需求，才能更好地优化旅游体验。功能体验的好坏取决于是否真正便捷好用，也就是不要让游客花时间去考虑某个功能该如何实现，尽可能实现“傻瓜式”引导，解决游客的旅游体验需求。

五、用户情感体验

用户情感体验主要指 AR 文化旅游产品带给游客的心理体验，强调精神认同。根据马斯洛需求理论，人类的情感诉求是人们精神层面的高级需求。AR 文化旅游产品除了需要满足游客功能性需求及界面交互的理性诉求，更应注重旅游产品的感性诉求和其能带给游客的情感共鸣，传递 AR 文化旅游产品的精神属性，彰显其所包含的文化象征意义和文化表现能力，提高其文化情感附加值，让游客通过 AR 文化旅游产品与旅游地文化空间建立起具体的感情联系。

六、文化展示场景

文化展示场景的环境条件变化亦将影响游客体验，强调客观环境的作用。AR 旅游产品的开发应比其他科技产品多一个使用场景维度，因为基于特定位置开发的 AR 产品必然受特定使用场景的环境条件限制。AR 旅游产品和游客的互动不再局限于专门的移动电子设备，它未来甚至可能会是文化展馆的玻璃、文化景观的标牌、旅游商店中的文化旅游商品等现实中的物体。因此除了使用场景的无线信号条件，具体使用场景的周边环境、光照条件、温度、湿度等，可能都会对 AR 设备或 AR 展示效果产生较大影响，如在户外强烈阳光照射下如何看清设备屏幕信息等。

第四节　AR 文化旅游产品创意的原则与步骤

一、创意原则

游客为本原则。这是以人为本原则在文化旅游领域的具体应用，AR 文化旅游产品体系的构建和产品创意开发过程中要始终将游客需求放在第一位，创意人员和开发人员要始终思考游客需要了解什么文化，需要通过什么途径和形式来了解文化，以及对产品的功能需求是什么等，在产品创意和开发的整个过程中均应该针对游客的需求和理解能力及评价标准进行不断的调整和协调，特别要注意游客情感方面的需求，在结合新的科技手段实现可视化的同时让游客易于理解文化内涵和文化精神，以便获得更加深入的游览体验。

内容导向原则。基于游客为本的理念，AR 文化旅游产品系统构成中最核心和最关键的要素是数字化文化内容，展示方式和展示环境是为展示内容服务的。没有丰富深厚的文化内容，再好的展示环境、再新颖的展示手段也无济于事，创意开发人员必须清楚地认识到这一点。尽管通过 AR 技术手段将虚拟的多媒体文化数字内容叠加到真实环境之上，能极大丰富文化展示的手段与方式，为文化本身的延续与发展带来无限可能，但只有基于对文化资源本身内容的深入研究，深度挖掘出文化内涵和文化精神，准确提取出不同区域的地方文化特质，并运用科学的艺术化的方法，开发出具有个性化的无可替代的文化旅游产品，才能实现从文化遗产资源到文化旅游产品的有效转化，实现文化、旅游与科技三者的完美结合，实现文化的可视化展示与传播。

功能多样原则。AR 文化旅游产品的受众是游客，而游客的来源十分广泛，游客的来源地、年龄、文化程度、出游目的、兴趣爱好、价值取向等都会影响其对产品的喜好和评判。游客由于旅游偏好、出游方式、支付能力等不同，对 AR 文化旅游产品消费的类型选择、场所选择等也是不相同的。因此，要基于不同类型 AR 文化旅游产品的特点，针对不同层次的游客群体打造功能多样的 AR 文化旅游产品体系，以便让更多不同的游客群体获得所需要的优质旅游体验，以促进少数民族文化的传播与发展。而且游客对旅游产品的消费意向也总是在不断变化的。这就要求对 AR 文化旅游产品的设计内容要丰富，类型要多样，同时还能根据游客的消费动向做出及时的调整和升级优化。

动态更新原则。与时俱进、创新发展既是这个时代的要求，也是不断变化追求新奇的游客所需。当今世界正处在大发展大变革的时期，科学技术日新月异，产品更新迭代速度较快。以人工智能、5G、物联网、虚拟技术、增强现实技术、全息技术等为代表的新一代信息技术与文化旅游及现代生活的快速融合，能为游客提供智能化、便捷化、个性化的文化产品和旅游服务。AR 文化旅游产品创意开发人员必须顺应时代的发展，迅速对接已经快速融入现代生活的各项新技术，迅速找准不断变化的游客需求，对展示方式、展示环境、展示媒介等进行动态调整，不断提高游客的观赏体验和参与度。

二、创意步骤

根据 AR 技术的基本原理和虚实融合、三维注册、实时交互三个基本特点，AR 文化旅游产品创意步骤包括文化特征信息提取、AR 文化旅游产品需求及功能创意、产品内容及体验方式设计、产品展示环境测试及游客体验反馈、产品上线及动态更新等。

（一）文化特征信息提取

通过文化资源分析研究，主要解决 AR 文化旅游产品中的文化传播内容，为文化内容的数字化确定对象。重点是开展文化资源的基础调研分析，对土家族文化资源进行全面调查，在提炼文化基本信息和特征信息的前提下，进行文化特质分析，挖掘代表性特征文化符号，为文化数字内容的设计、生产及表达提供基础资料。

（二）AR 文化旅游产品需求及功能创意

AR 文化旅游产品创意环节，主要是开展两个方面的研究。一是开展游客需求研究，主要是通过结构性访谈、市场抽样调查、网络问卷调查及初步产品的体验测试等方法，了解游客对于 AR 文化旅游产品的需求总量、消费意愿等需求特征及初步产品测试体验后的真实感受，准确把握游客对AR文化体验的需求，为AR文化旅游产品的开发指明方向。二是通过收集需求、筛选需求、确定需求优先级、测试需求等一系列步骤，明确产品功能。从大的功能范围来看，AR文化旅游产品可分为通过不断进行虚实交互的“任务流”实现产品功能的交互型 AR 旅游产品，以及通过单方面传递虚拟“信息流”的非交互型AR旅游产品。对于交互型AR旅游产品，应当明确产品的功能规格，对产品能通过什么功能解决什么样的文化需求进行详细说明。而对于非交互型 AR 旅游产品，则是要求对文化需求的内容进行详细描述。

（三）产品内容及体验方式设计

经过创意环节，明确目标游客群体、产品开发方向、功能需求，以及需要展示的文化内容、展示方式、展示环境的要求等，在此基础上开展 AR 文化旅游产品的数字内容设计、交互体验设计和体验界面设计。

数字内容设计。该板块主要任务是解决更精准的细节问题，主要由框架设计、导航设计和信息设计三个方面构成。不管是交互型产品还是非交互型产品，都必须要完成信息设计，包括数字内容生产和表达方式设计两个方面。对于交互型产品，该板块还包括框架设计，合理布局能让游客与系统功能产生互动的元素。对于非交互型产品，相应的界面就是导航设计，通过关键元素的组合引导用户在信息架构中自由跳转。

交互体验设计。AR文化旅游产品开发从相对抽象的决策转移到更具体的因素上的第一步，即交互设计（影响游客操作）层面，确定各个将要呈现给游客的选项的交互方式模式和顺序。相比传统实体界面的二维交互方式，AR文化旅游产品将不再限于主动点击式的交互方式，将更多地支持三维层面的立体交互方式，将游客的双手彻底解放出来。与此同时，不同的交互方式准确对应相应的交互内容，这就要求对庞杂数字文化内容有一个清晰的逻辑结构。在旅游环境中的 AR 文化旅游产品交互设计，应关注描述可能的游客行为，并定义系统配合这些游客行为进行虚拟内容展示。

体验界面设计。作为整个体验产品设计流程的最后一站，界面设计直接决定了产品最后是如何被游客的感觉器官感受到，即给游客什么样的体验。不论交互型产品还是非交互型产品，都需要给游客一个美好的享受。硬件方面包括设备的材质、外观等，软件方面包括窗口设计、页面用户界面设计等。严格来说，AR文化旅游产品不仅可以通过增强视觉感官来提升旅游体验，还可以从听觉、触觉、嗅觉和味觉等多方面同时增强游客感知，真正做到虚实混合的沉浸式体验。值得注意的是，为避免增强现实界面导致视觉混杂引起的疲劳或者眩晕，AR文化旅游产品的框架层设计以干净简洁为佳。

（四）产品展示环境测试和游客体验反馈

作为基于现实环境拓展虚拟空间的科技型旅游产品，在完成原型产品开发后，需到相应的文化现场实地测试，综合考虑具体场景的各方面环境条件，对 AR 文化旅游产品的各方面参数进行相应调试，以确保其功能的有效实现。值得注意的是，在结合现实场景进行调试时，应整合分析不同光照条件、气候条件等自然特征条件下，景点自然标识物的特点，建立标识物数据规范标准。采集和建立景区内所有景点基于自然特征标识的图形数字化数据，搭建基于自然特征的景点标识物数据库。

旅游产品开发的最终目的就是给游客更好的旅游体验。经过前期的调试，只是在理论上完成原型产品的开发过程。至于产品的实用性、易用性、体验效果，只有经过一段时间的游客试用体验，及时收集游客体验反馈信息，真正满足游客文化体验需求，得到游客认可的 AR 文化旅游产品才是好的旅游产品。

（五）产品上线及动态更新

根据 AR 文化旅游产品系统运行的要求，AR 文化旅游产品需要通过不断的反馈与负反馈，进行自我更新与系统修正，才能保持系统的稳定性与可持续性。AR 文化旅游产品的开发也是一个不断循环开发的持续性过程。在前一个周期的产品投入使用后，应及时跟进收集新的游客需求、产品体验信息等最新动态消息，为新一轮的旅游产品战略定位和开发流程设计提供依据。同时，前期在满足基本功能性需求的基础上，后期的 AR 文化旅游产品内容制作要更加关注人的情感体验，以为游客创造更多的精神享受为目标，力求实现游客与产品的情感共鸣。AR 文化旅游产品在优化升级时主要是对虚拟内容进行更新，所以在进行产品更新迭代时，具有方便、快捷、低成本的先天优势。因此，AR 文化旅游产品开发模型各个层次并不是相互独立的，每个层次都会向上或向下辐射，相互影响和完善。

第五节　基于 AR 应用的长阳土家族文化旅游产品框架

为充分展示长阳土家族文化资源，可围绕土家族发祥地这一垄断性文化特色，塑造长阳作为巴国故都的文化旅游主题形象，不断放大和完善“清江画廊”品牌效应，全力打造清江画廊和土家族文化发祥地两大核心品牌，结合 AR 技术深入挖掘土家族文化内涵，构建 AR 文化旅游产品框架体系，促进文化、科技与旅游的有机结合。基于 AR 应用的长阳土家族文化旅游产品框架如表 6.1 所示。

表 6.1　基于 AR 应用的长阳土家族文化旅游产品框架

产品主类	产品亚类	产品内容	产品示例
信息敏感型旅游产品	文化解说产品	对于视野内出现的物质/非物质文化事物在虚拟空间叠加实时的静态数据予以解释说明、科普宣传	土家族文化解说系统
	文字翻译产品	为用户提供少数民族文字、外文翻译服务。通过扫描文字界面，翻译内容就会叠加于原始文字内容并显示在屏幕上	由于土家族没有自己的文字，此处可以打造外文翻译产品
	特色文化旅游商品	将 AR 标记应用于旅游商品，用于展示商品背后的文化内涵或商品本身的使用方法	文化旅游纪念品上附上 AR 标记。如西兰卡普，通过虚拟空间展示工艺流程与工艺细节

续表

产品主类	产品亚类	产品内容	产品示例
增强感知型产品	主题线路导览产品	按农耕、民俗等主题打造主题文化旅游线路，结合AR技术实现实时实景导览，让游客能在游览过程中获得更好的个性体验	清江画廊—武落钟离山土家族寻根游线路、民俗观赏游线路等
	知识传授型产品	通过AR技术，基于实景展示具有民族性的自然知识认知与实践，让游客直观真实地去理解该文化认知或文化行为与地理环境的关系	土家族民间中医正骨疗法指导体验、传统中药文化体验
	传统工艺体验产品	在特定的环境下通过基于AR的数字化传统工艺制作过程演示，帮助游客完成传统工艺制作流程，亲手完成传统工艺制作，参与体验加深文化理解的同时获得成就感，进一步激发游客参与性	西兰卡普、数花、陶器、门匾、剪纸等的制作过程与细节虚拟展示
	美食文化产品	通过在菜单或餐盘上附加AR标记，展示民族菜肴的食材来源、烹调方法等，增强游客味觉感知	制作《舌尖上的长阳》纪录片，通过AR技术叠加在与之相对应的菜品上
混合现实模拟型产品	历史建筑复原观光产品	在真实的遗址上叠加虚拟的完整建筑数字影像，让观者领略遗址昔日的辉煌或不同历史时期的建筑特点	土家吊脚楼
	历史场景再现产品	基于真实场景，通过活体影像、动态影像等AR增强现实技术，将静态的文化资料得以动态体现，还原历史场景，真正做到“身临其境”	“长阳人”遗址原始人生活场景复原
	神话故事演绎产品	基于神话故事历史发生地，用数字手段在虚拟空间演绎神话传说，让游客直观看到神话人物在发生地真实场景中的动态演绎	在盐女岩展示盐水女神化作盐女岩的AR演绎
	舞台表演重现产品	有效规避大型实景舞台剧的缺点，跳出时间与空间的限制，随时在空舞台上进行虚拟民俗表演，给予游客更加人性化的游客体验	清江画廊景区入口舞台
	虚拟文化导游产品	叠加在真实场景中的虚拟解说员，可以是民族代表角色也可以是卡通造型，与导览系统配套，整合解说与人机交互系统，给游客更加真实的游览互动体验	“廪君带你游览他的王国”，将导游的角色设定为“廪君”
	专项摄影旅游产品	基于AR建筑与场景复原产品，打造将虚拟空间与真实空间融合后的创意摄影产品	我与“长阳人”合影、“历史中的武落钟离山”摄影比赛
	文化互动娱乐系统	将AR游戏与导览产品相融合，基于文化内容，通过角色扮演或者寻宝等设定，在游览的过程中不断完成任务，取得成就的同时增强游客的角色代入感，获得更加深刻的文化体验	AR寻宝游戏，挖掘土家族宝藏

续表

产品主类	产品亚类	产品内容	产品示例
虚拟界面型产品	AR虚拟购物平台	通过在游客停留的区域布局AR标记，让游客在闲暇时能够通过AR平台操作虚拟界面，完成文化商品的购买环节，并在离开景区或回到家时拿到实体商品	基于AR虚拟操作界面的文化产品导购系统
	AR虚拟社交平台	游客通过AR进入景区专有虚拟社区分享游玩攻略、心得，并提供“到此一游”服务，让游客在虚拟空间留下“足迹”或视频，让其故地重游时能更加真实地回忆	基于AR虚拟操作界面的旅游社交系统
	AR文化监督保护平台	通过AR的实时实景技术，实现游客之间对于损坏文物等不文明行为的相互监督，促进文化遗产的监督与保护	基于AR虚拟操作界面的土家族文化保护系统

第七章　基于 AR 应用的非遗文化旅游产品创意设计

第一节　土家吊脚楼传说 AR 文化绘本创意设计

一、土家吊脚楼传说简介

吊脚楼是具有典型的土家族文化风格的居住建筑，是土家人居住生活的场所，一般与土家人生活的山地自然环境融为一体，多依山就势而建，呈虎坐形，以“左青龙，右白虎；前朱雀，后玄武”为理想建筑选址，十分注重建筑的朝向，或坐西向东，或坐东向西。吊脚楼的结构一般为一正屋二厢房，正屋均直接建在实地上，厢房多以吊脚楼形式，依据地势而建，可能与正屋相连建于实地，也可能悬空而建，靠柱子支撑。高悬地面的厢房既通风干燥，又能防毒蛇、野兽，还可饲养牲畜或堆放杂物。依建设场地条件不同，吊脚楼的建筑形式多种多样，主要有单吊式、双吊式、四合水式、二屋吊式和平地起吊式 5 种。关于吊脚楼的来历，有多种传说，传说土家人祖先因家乡常年遭受水灾侵扰，逐渐迁往鄂西山地，因鄂西山地平均海拔较高，森林茂盛，人们居住在山地坡地地区可以避免洪水侵扰，但这里山高路远，荆棘丛生，豺狼虎豹等野生动物遍地都是，土家先祖们居住在这里又常受到各种野生动物的侵袭，人们为了安全就烧起树蔸子火，里面埋起竹子节节，火光和爆竹声可以吓走野兽。野兽侵袭的问题解决了，但人们很快又发现山区潮湿不通风，还常常受到毒蛇、蜈蚣等的威胁。后来土家先祖们利用树木做支架，依山就势修起了大大小小的悬空或半悬空的住房，成功地避开了毒蛇猛兽的袭击，也避开了潮湿和蚊虫叮咬，这种依山就势建造的悬空或半悬空的住房后来逐渐演变成了传承至今的吊脚楼。

应用 AR 技术，将土家吊脚楼传说制作成 AR 绘本，可以将吊脚楼的传说故事用更生动的可视化方式进行表达，更易于传播。该方法可以推广到所有传说类、故事或其他适宜用绘本方式进行展示的文化。

二、土家吊脚楼传说绘本文化标签创作

根据土家吊脚楼传说故事情节，将故事内容分成 8 个部分：①洪水袭击土家人；②鄂西丛林猛兽多；③猛兽袭击土家人；④土家人智斗猛兽；⑤蛇虫侵袭土家人；⑥搭建“空中住房”；⑦吊脚楼雏形初现；⑧现代吊脚楼建立。每个部分均可设计制作可识别的文化标签识别图案一个，另外可设计封面和封底可识别的文化标签识别图案各一个。设计制作的封面封底及 8 个可识别的文化标签识别图案如图 7.1～图 7.10 所示。

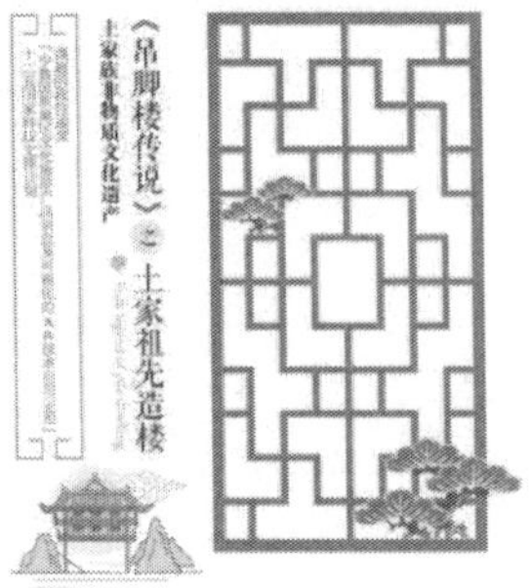

图 7.1　智能绘本封面文化标签

图 7.2　“洪水袭击土家人”文化标签

图 7.3　“鄂西丛林”文化标签

图 7.4　“猛兽来袭”文化标签

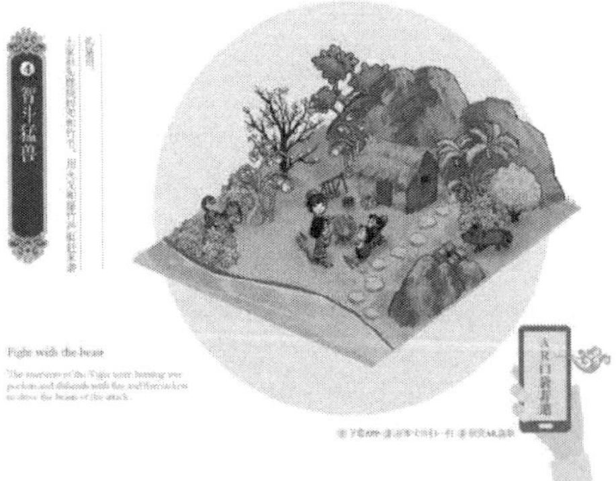

图 7.5　“智斗猛兽”文化标签

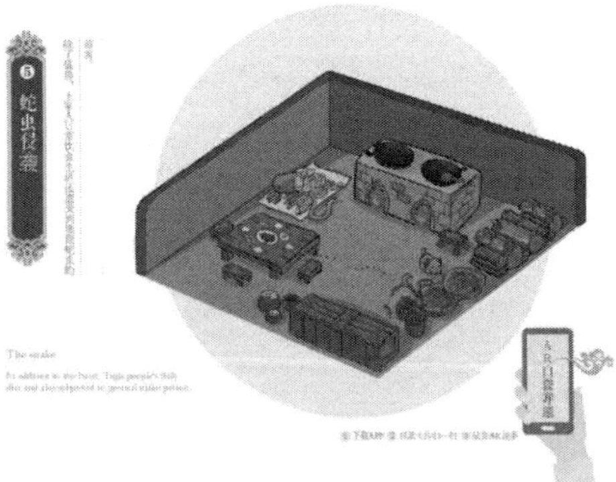

图 7.6　“蛇虫侵袭”文化标签

图 7.7 “搭建‘空中住房’”文化标签

图 7.8 “吊脚楼雏形初现”文化标签

图 7.9 “现代土家吊脚楼”文化标签

图 7.10 “土家祖先造楼”封底文化标签

三、土家吊脚楼传说 AR 文化创意产品可视化数字内容制作

由土家吊脚楼传说故事内容发展的 8 个阶段，其中设计制作 8 个场景模型展现土家吊脚楼传说故事每个阶段的土家风貌和文化特色，另外设计制作了一个凸显土家人智慧结晶的功能成熟完善的土家吊脚楼场景模型。由此共设计制作 9 个场景模型。设计制作的 9 个场景模型如图 7.11～图 7.19 所示。

图 7.11 “完整吊脚楼”场景模型图

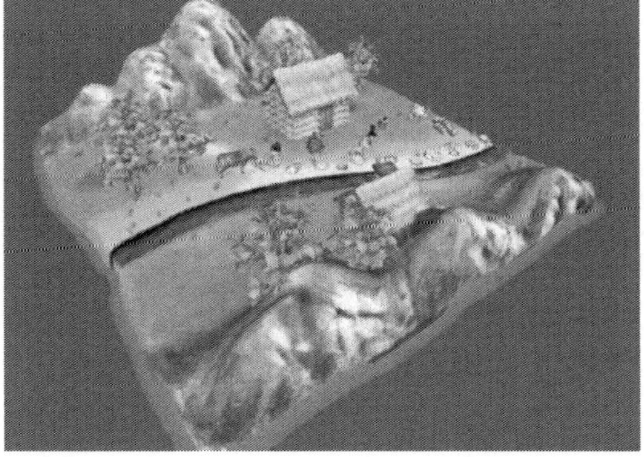

图 7.12 “洪水袭击土家人”场景模型

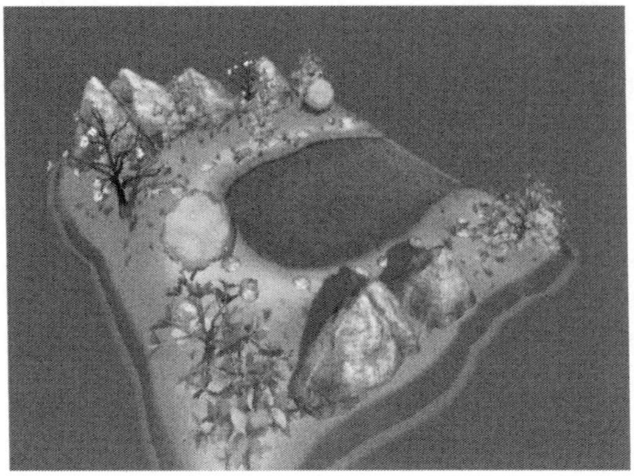

图 7.13　“鄂西丛林猛兽多”场景模型

图 7.14　“猛兽来袭”场景模型

图 7.15　“智斗猛兽”场景模型

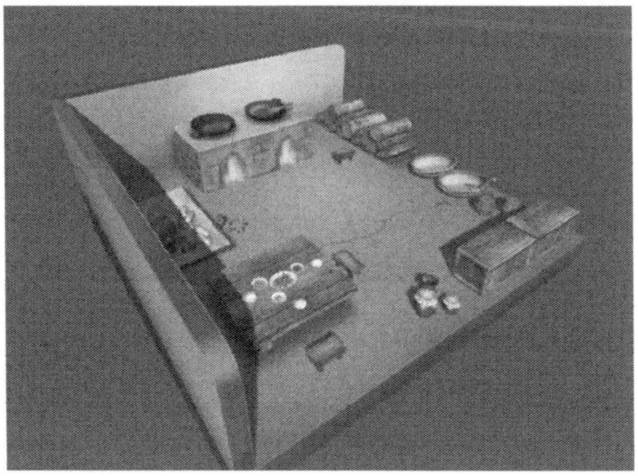

图 7.16　“蛇虫侵袭”场景模型

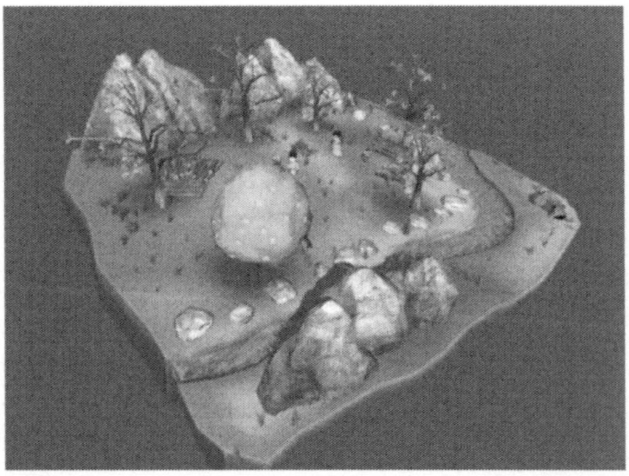

图 7.17　“搭建‘空中住房’”场景模型

图 7.18　“吊脚楼雏形初现”场景模型

图 7.19 “现代吊脚楼建立”场景模型

四、土家吊脚楼传说 AR 文化创意产品 UI 设计

按照土家吊脚楼的文化特色及设计制作的模型，设计带有土家族文化特色风格的主 UI 界面，如图 7.20 所示。另外设计开启摄像头后的界面 UI（摄像头 UI）。在摄像头 UI 界面中设计 5 个功能按钮，分别是退出、刷新、简介、帮助、确认。其中，帮助是用来提示帮助用户熟悉和了解整个软件的操作，简介则是以简短的文字来介绍土家族文化特征，确认则是起到一个辅助的作用，用来开启和关闭叠加的数字内容。

图 7.20 “土家吊脚楼”主界面 UI

土家吊脚楼传说 AR 绘本软件模块设计，整体架构可分为三个部分：可视化数字内容加载模块；摄像头位姿计算模块；数字内容显示叠加模块。当用户开启此软件后，软件在初始化的同时预加载数据库中存放设计制作的数字内容。预加载可以减少移动端 CPU 的压力，提高画面流畅度。在软件初始化的同时会进行摄像头的位姿计算，计算出摄像头位置、姿态等信息，这一过程是决定虚实融合精准性，也是衡量用户体验的重要指标。最后虚实融合是衡量制作的数字内容质量的指标，图形处理器（graphics processing unit，GPU）强

大的渲染能力将叠加的数字内容绘制在屏幕上合适的位置（位置由 CPU 进行不断地计算）。整体的软件模块图如图 7.21 所示。

将设计制作好的 9 张识别图（1 张封面，8 张正文）分别对标识识别、脱卡识别、交互脱卡识别三种状态进行测试，为了增强交互性与娱乐性，对识别叠加的数字内容分别设计了不同的交互内容，包括对场景中的人物、动物缩放，以及开启关闭对场景故事背景介绍，为了便于用户仔细观察吊脚楼文化特征，设计场景可旋转和缩放效果。其测试效果图如图 7.22～图 7.48 所示。

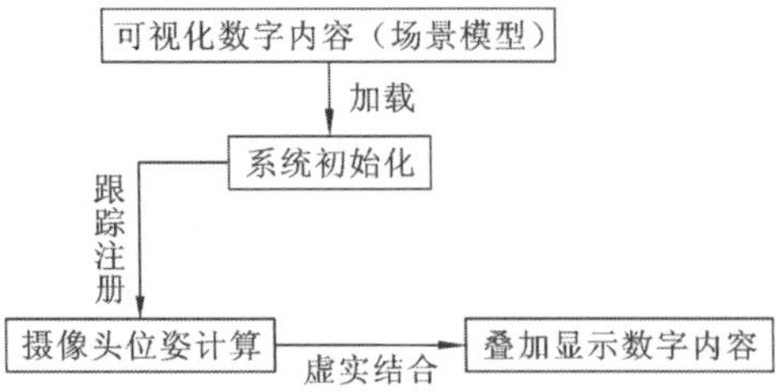

图 7.21　长阳非遗智能绘本软件模块图

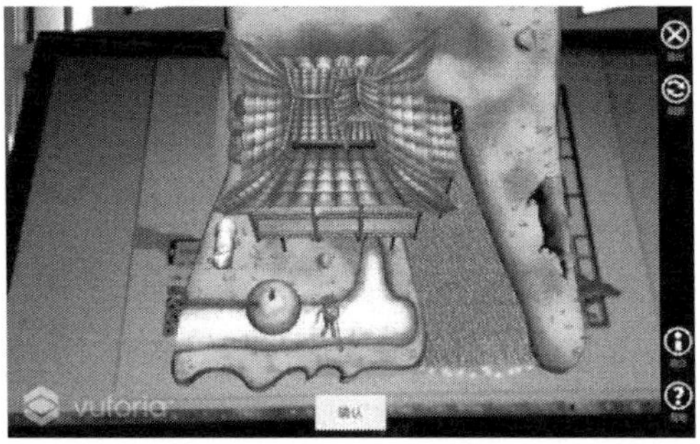

图 7.22　识别叠加“土家祖先造楼”场景模型

图 7.23　脱卡识别叠加“土家祖先造楼”场景模型

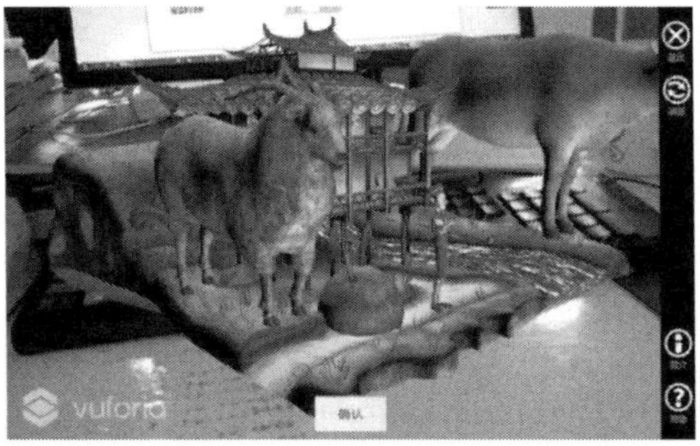

图 7.24　交互脱卡识别叠加“土家祖先造楼”场景模型

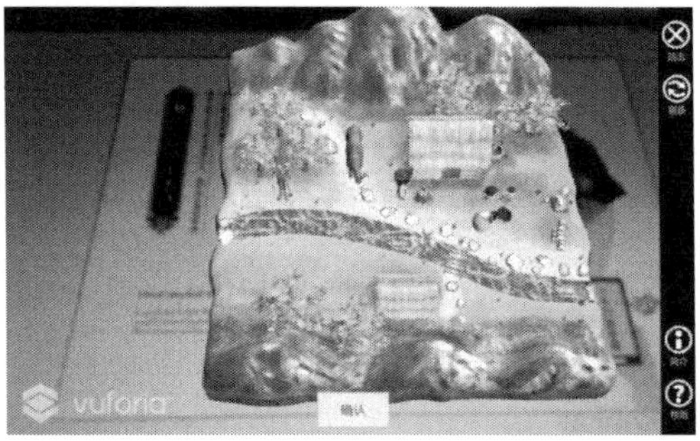

图 7.25　识别叠加“洪水袭击土家人”场景模型

图 7.26　脱卡识别叠加“洪水袭击土家人”场景模型

图 7.27　交互脱卡识别叠加“洪水袭击土家人”场景模型

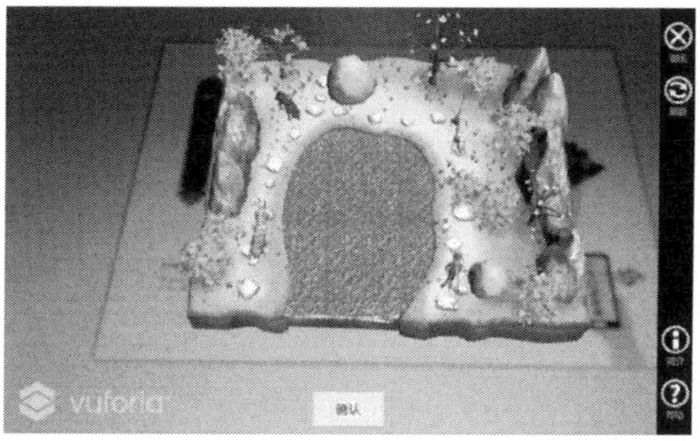

图 7.28　识别叠加“鄂西丛林”场景模型

图 7.29　脱卡识别叠加“鄂西丛林”场景模型

图 7.30　交互脱卡识别叠加“鄂西丛林”场景模型

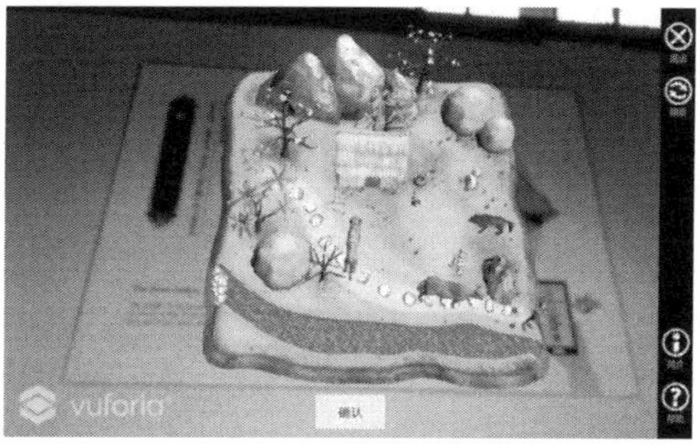

图 7.31　识别叠加“猛兽来袭”场景模型

图 7.32　脱卡识别叠加“猛兽来袭”场景模型

图 7.33　交互脱卡识别叠加“猛兽来袭”场景模型

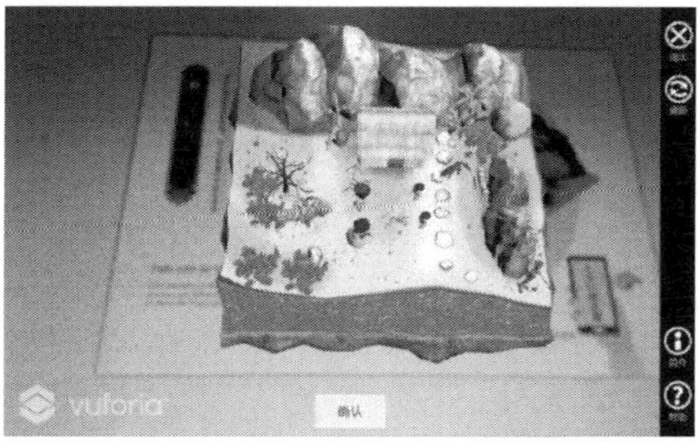

图 7.34　识别叠加“智斗猛兽”场景模型

图 7.35　脱卡识别叠加“智斗猛兽”场景模型

图 7.36　交互脱卡识别叠加“智斗猛兽”场景模型

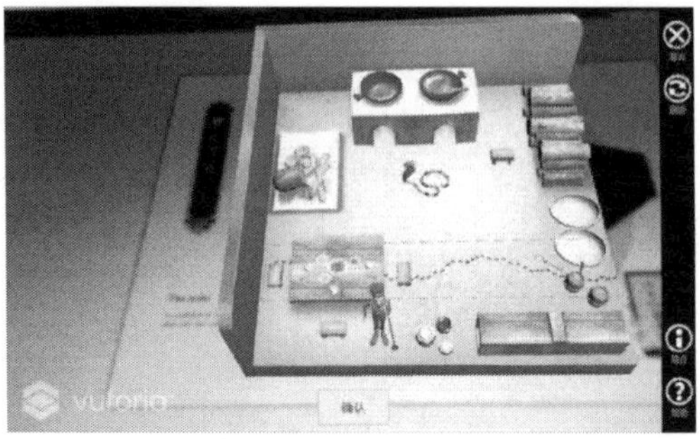

图 7.37　识别叠加“蛇虫侵袭”场景模型

图 7.38　脱卡识别叠加“蛇虫侵袭”场景模型

图 7.39　交互脱卡识别叠加“蛇虫侵袭”场景模型

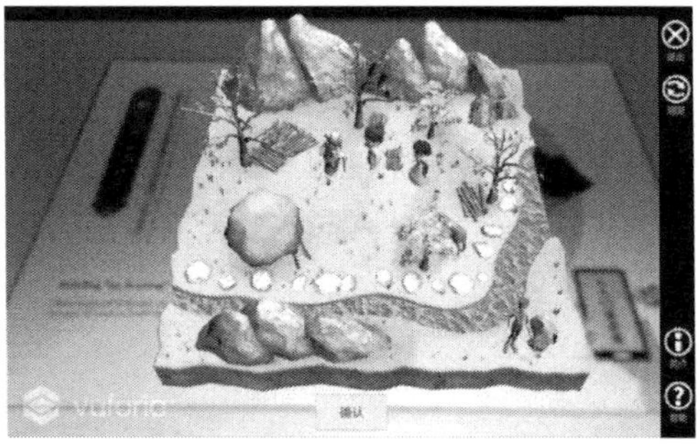

图 7.40　识别叠加“搭建‘空中住房’”场景模型

图 7.41　脱卡识别叠加“搭建‘空中住房’”场景模型

图 7.42　交互脱卡识别叠加“搭建‘空中住房’”场景模型

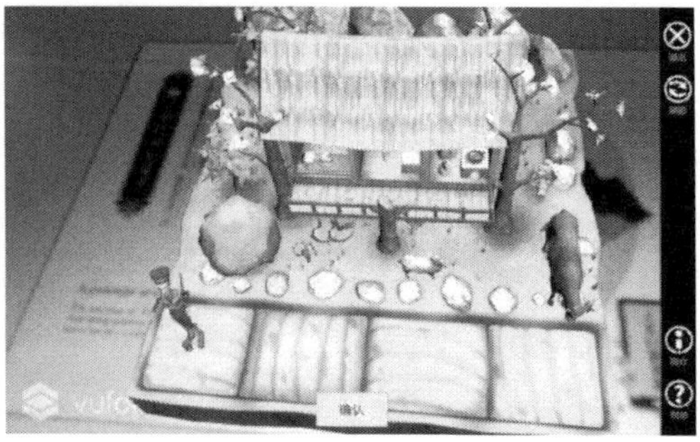

图 7.43　识别叠加“吊脚楼雏形初现”场景模型

图 7.44　脱卡识别叠加“吊脚楼雏形初现”场景模型

图 7.45　交互脱卡识别叠加“吊脚楼雏形初现”场景模型

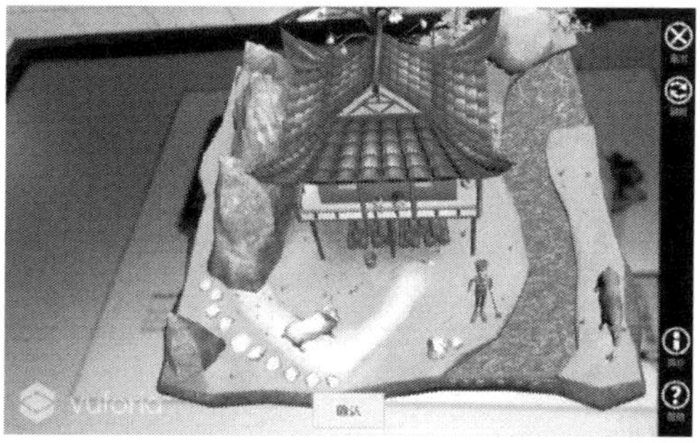

图 7.46　识别叠加“现代土家吊脚楼”场景模型

图 7.47　脱卡识别叠加“现代土家吊脚楼”场景模型

图 7.48　交互脱卡识别叠加“现代土家吊脚楼”场景模型

第二节　土家西兰卡普 AR 文化旅游产品创意设计

一、西兰卡普简介

西兰卡普是土家族的传统手工织锦，是土家族姑娘用一种古老的木腰机，以棉纱为经，以五彩丝线、棉线、毛线为纬，完全用手工织成的手工艺术品。土家织锦的历史源远流长，最早可上溯到距今四千多年的古代巴人时期。作为土家族先民的古代巴人，除从事农业生产外，还善于纺织，其“桑蚕”“麻”甚至成为了贡品。《后汉书·南蛮西南夷列传》所说哀牢夷“织文革绫锦”的“兰干细布”，就是西兰卡普的前身，称“武陵蛮”有着“织绩木皮，染以草实”“好五色衣服”“衣裳班兰”的习尚。至今，土家族还保持着“好五色衣服”的习俗。土家织锦民间称为“打花”，传统织锦多作为铺盖，在土家语里，“西兰”就是铺盖的意思，“卡普”是花的意思，“西兰卡普”即土家人的花铺盖，因此它又称为土花铺盖。土花铺盖历来受到土家人民的珍爱，并逐渐演变成土家服饰，是土家人民智慧的结晶，被称作“土家之花”。

西兰卡普以美丽鲜艳的花纹图案著称，其图案题材广泛，内容几乎涉及土家人生产、生活的各个方面，涵盖了土家族农耕文化、宗教信仰、民风民俗等方方面面，基本定型的传统图案已达四百余种，从题材的选取、花纹式样、色彩风格、图案构思到原料选取、织造技艺等方面都蕴含了深厚的土家族文化内涵。按照土家族习俗，土家姑娘出嫁时，都要亲手制作美丽的西兰卡普作为陪嫁品，婚后生小孩摇篮里的小儿被面、盖裙、背袋等物品，都得姑娘亲手编织。2006 年，土家族织锦技艺被列入第一批国家级非物质文化遗产名录。应用 AR 技术，将西兰卡普所蕴含的土家族文化信息进行可视化展示，既可以将丰富多样的西兰卡普用品转化为西兰卡普 AR 文化旅游商品，又可以将灿烂多彩的西兰卡普用品及其图案所对应的土家族文化数字化后，应用于土家族生产生活的方方面面，极大地拓展土家族文化传播领域和渠道。

二、西兰卡普 AR 文化标签创作

调研采集长阳清江流域西兰卡普的织锦工序。根据西兰卡普制作工艺共设计制作 14 张文化标签，1 张是对应西兰卡普工艺，其他 13 张分别是对应材料、织机及制作工序的 11 个步骤：织前准备、染色、穿筘、倒线、滚线、捡线、捡综、牵线、安杆、整理、上机织造。在设计制作文化标签时，首先将每个工序的典型场景或典型动作进行抽象提炼，再采用写实的手法进行抽象化艺术加工，形成能对应每个西兰卡普制作工序数字内容的文化标签，设计制作的西兰卡普文化标签如图 7.49～图 7.62 所示。

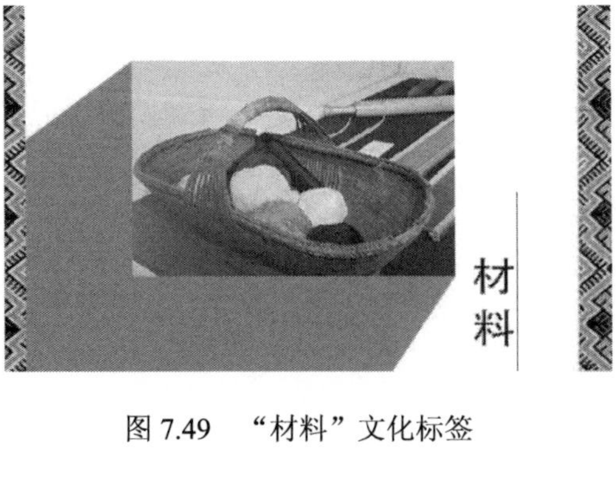

图 7.49　“材料”文化标签

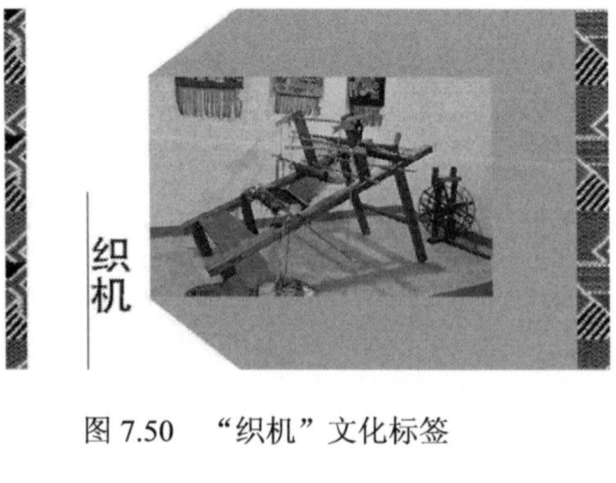

图 7.50　“织机”文化标签

图 7.51　“织前准备”文化标签

图 7.52　“染色”文化标签

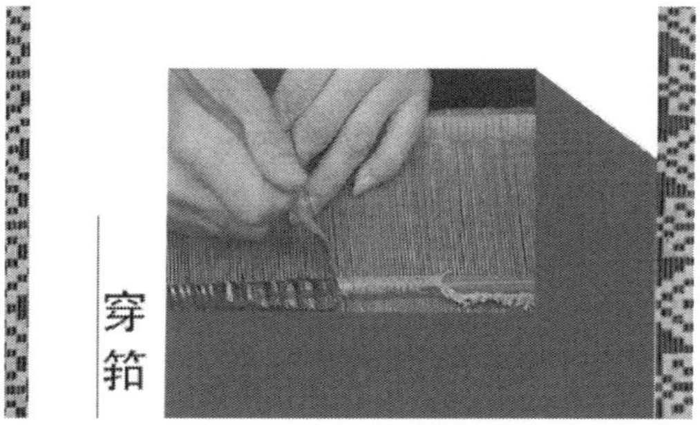

图 7.53　“穿筘”文化标签

图 7.54　“倒线”文化标签

图 7.55　“滚线”文化标签

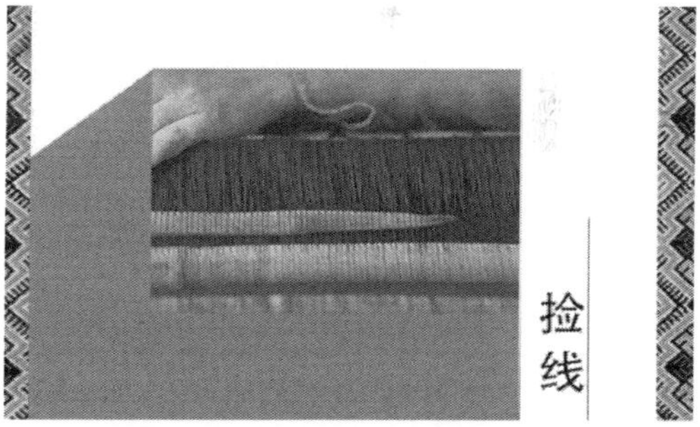

图 7.56　“捡线”文化标签

图 7.57　“捡综”文化标签

图 7.58　“牵线”文化标签

图 7.59 “安杆”文化标签

图 7.60 “整理”文化标签

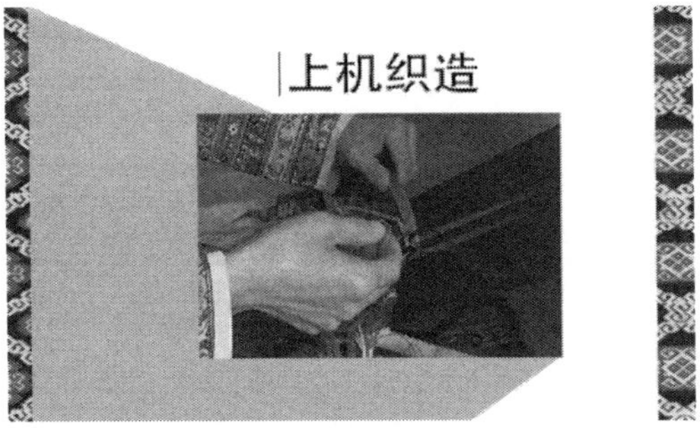

图 7.61 “上机织造”文化标签

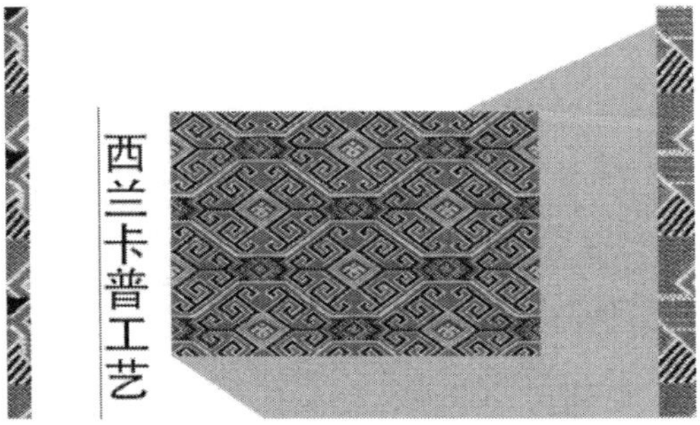

图 7.62 “西兰卡普工艺”文化标签

三、西兰卡普 AR 文化创意产品可视化数字内容制作

西兰卡普 AR 文化创意产品数字内容主要是以视频或动画展示的形式呈现，视频展示采用的是实景拍摄视频，将西兰卡普织锦的每一道工艺分开制作视频，分别以其工艺名进行命名，通过视频编辑软件为每一道工艺视频添加背景边框，并剪辑为时长 2 分钟左右的短视频。动画展示采用的是设计制作的西兰卡普织锦工艺动画，将每一道工艺分开制作成 1～2 分钟动画。

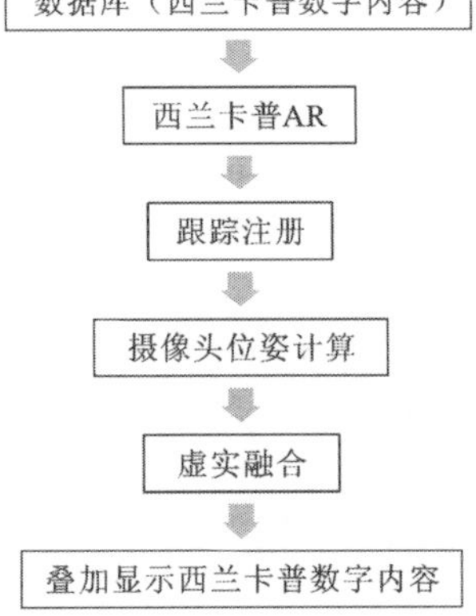

图 7.63 西兰卡普 AR 应用的模块结构图

四、西兰卡普 AR 文化创意产品 UI 设计

对于西兰卡普 AR 应用，最主要的作用是扫描文化标签叠加西兰卡普织锦工艺视频，因此在 UI 设计时应该简洁明了。西兰卡普 AR 应用的软件模块设计结构如图 7.63 所示。主要包括三个关键模块：数据库（西兰卡普数字内容）加载模块、西兰卡普 AR 应用摄像头位姿计算模块、西兰卡普数字内容叠加显示

模块。当用户开启西兰卡普 AR 应用后，开启摄像头 CPU 开始不断计算摄像头的位姿信息，当摄像头扫描识别到文化标签后即从后台数据库开始加载西兰卡普数字内容，这时 CPU 给 GPU 发送指令开始在屏幕上渲染叠加的西兰卡普数字内容。

五、西兰卡普 AR 文化创意产品集成测试与效果展示

当开启软件进入摄像头界面后，用户手持移动终端对准文化标签进行扫描即可自动叠加播放西兰卡普织锦的工序视频，当用户在摄像头界面点击 UI 上的简介时会弹出带有文字介绍西兰卡普织锦工艺的提示框。用户可以通过触摸的方式对叠加出来的视频或动画进行缩放，当然在脱离文化标签后，叠加出来的视频会自动脱卡显示到屏幕正中间。

第三节　清江流域 AR 文化旅游产品创意设计

一、长阳清江石简介

长阳清江石是长阳清江流域干支流中广泛存在的各种各样的怪石，是经过地质作用、风化剥蚀、雨水侵蚀、流水冲刷等形成的各种山川石、河流石，具有很高的观赏价值、收藏价值、科考价值和经济价值。长阳清江石具有质地美、色泽美、纹理美和造型美等特点，蕴含了丰富的地理环境信息和古生物信息。自古以来，人们就十分关注长阳清江石，从开采、产品研发设计、加工打磨到包装展示等形成了独特的奇石文化，融入土家民俗文化后造就了长阳独特的奇石产业，从最初的个人收藏把玩到产业化、市场化商品开发，已从单家分散经营走向集群产业化发展，长阳清江石产品现已销往美国、德国、日本、韩国等国家，以及我国港、澳、台等地区，成为长阳土家族自治县的重要经济支撑。

长阳清江石不仅是一个经济产业，更是一种文化现象。应用 AR 技术可将清江石蕴含的各种自然地理环境信息和经过人工作用形成的各种人文信息进行数字化再现、传承和展示，或将长阳土家族历史文化和民俗文化信息融入清江石的生产制作中，让石头“说话”，将石头转变为游客喜爱的清江石 AR 文化创意产品。

二、清江流域 AR 文化创意产品的文化标签创作

调研采集清江流域长阳清江石的手工艺制作工序和极具地方文化底蕴的山歌、舞蹈和传说故事等。根据清江石制作工艺共设计制作 5 张识别图，1 张全篇介绍清江石制作工序，其他 4 张分别是清江石制作工序的 4 个步骤：劈斩原石、角磨粗加工、水磨精加工、抛光上蜡，为了形象突出制作工序，在设计制作文化标签时采用素描的方式描绘出每个工序的制作场景，设计制作的清江石文化标签如图 7.64～图 7.68 所示。

图 7.64 “清江石工艺”文化标签

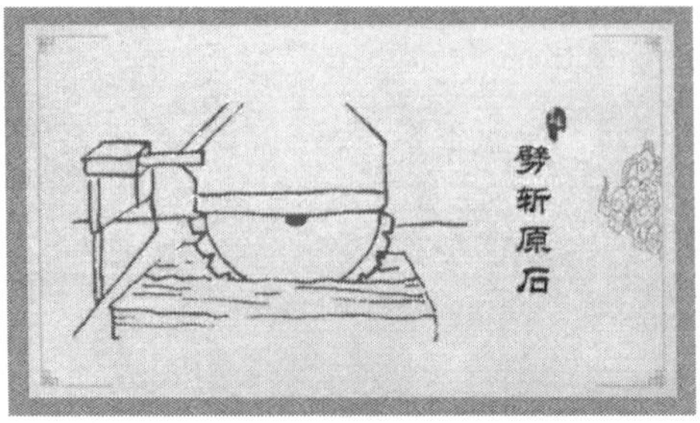

图 7.65 “劈斩原石”文化标签

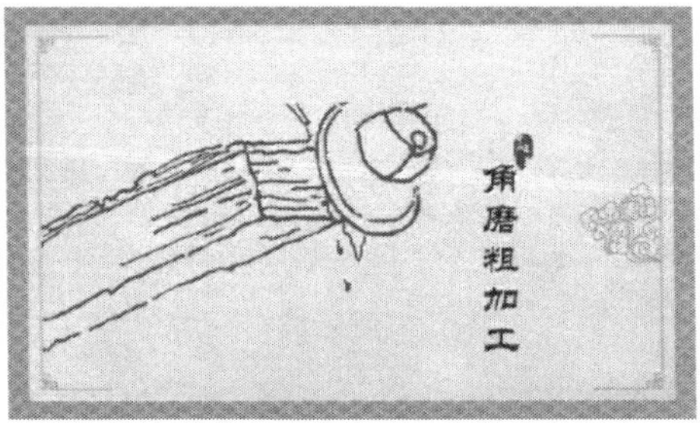

图 7.66 “角磨粗加工”文化标签

图 7.67 “水磨精加工”文化标签

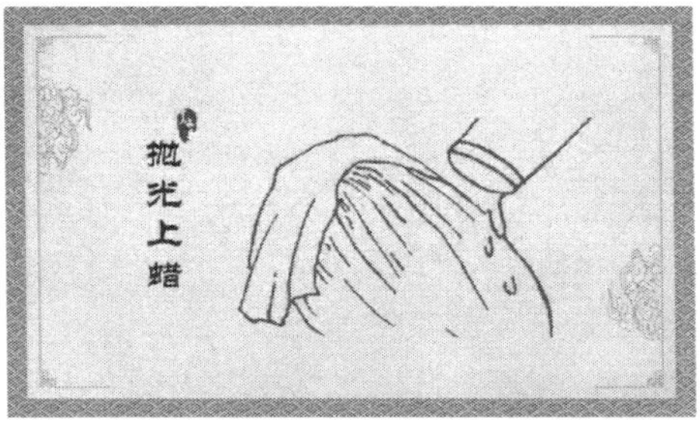

图 7.68 “抛光上蜡”文化标签

根据收集整理的长阳清江流域 5 首极具代表性的长阳土家族特色山歌设计制作了 5 个水彩风格的文化标签，为突出歌舞表演时人物动作神态所展现出来的思想与文化内涵，在设计制作文化标签时采取写实风格，其设计的文化标签如图 7.69～图 7.73 所示。

图 7.69 “花咚咚的姐”文化标签

图 7.70 “伙计歌”文化标签

图 7.71 “六口茶”文化标签

图 7.72 “细碗莲花”文化标签

图 7.73 “夷陵酒歌”文化标签

为了进一步挖掘长阳清江流域丰富的文化内涵，同时也为加深游客对长阳土家族非物质文化遗产的认识与理解，收集整理了 5 个关于都镇湾的家喻户晓的非遗故事。设计制作文化标签时，在遵循故事内容的前提下，为了增强游客对非遗文化的体验感，5 个文化标签设计为写实风格。其设计制作的文化标签如图 7.74～图 7.78 所示。

图 7.74 “粉嘴先生”文化标签

图 7.75 “婆婆的碗”文化标签

图 7.76 “骑虎上天”文化标签

图 7.77 “荞麦田里打死人”文化标签

图 7.78 “向王天子吹牛角”文化标签

三、清江流域 AR 文化创意产品可视化数字内容制作

关于清江石可视化数字内容制作，主要是拍摄一块原石在采捞后经过劈斩、角磨粗加工、水磨精加工、抛光上蜡等一系列的制作工序步骤。将拍摄的清江石制作工艺视频进行处理，数字内容制作如图 7.79～图 7.83 所示。

图 7.79 “清江石制作工艺”视频介绍数字内容

图 7.80 “劈斩原石”工艺视频数字内容

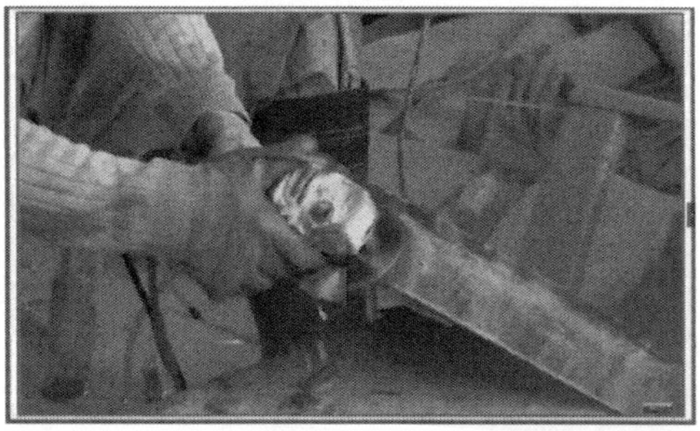

图 7.81 “角磨粗加工”工艺视频数字内容

图 7.82 “水磨精加工”工艺视频数字内容

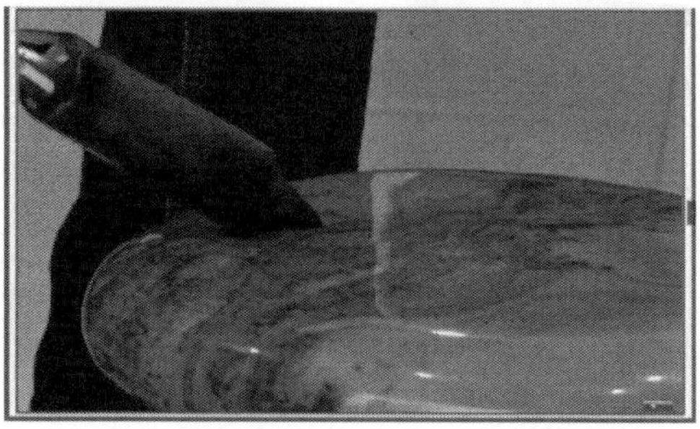

图 7.83 “抛光上蜡”工艺视频数字内容

5 首歌舞可视化数字内容制作，同样也是以先录制视频后播放的方式展现土家歌舞的风采。

关于 5 个当地非遗文化故事可视化数字内容制作，以视频方式拍摄长阳非物质文化遗产传承人刘泽刚老先生对每一个故事的讲解叙述。以蓝屏背景进行拍摄，并通过视频处理软件处理为黑白剪影带有 Alpha 视频通道的视频资料。其数字内容设计制作图如图 7.84～图 7.88 所示。

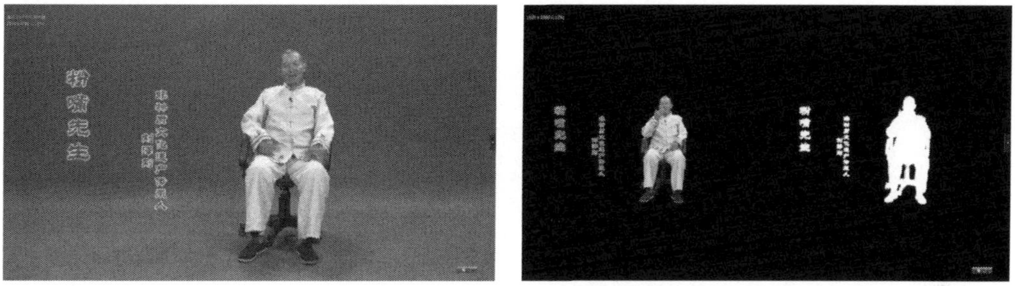

图 7.84　“粉嘴先生”视频数字内容

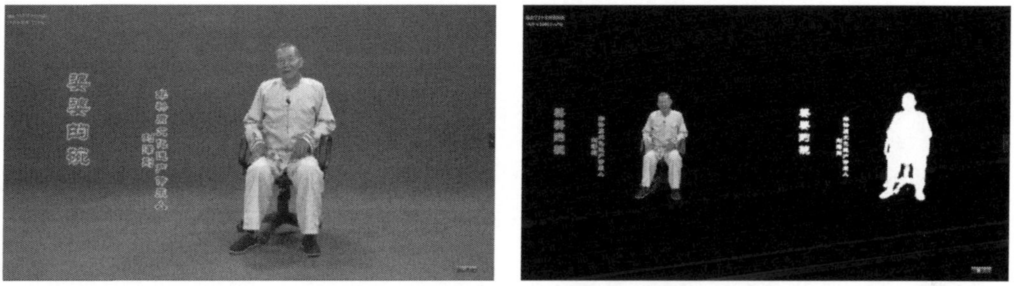

图 7.85　“婆婆的碗”视频数字内容

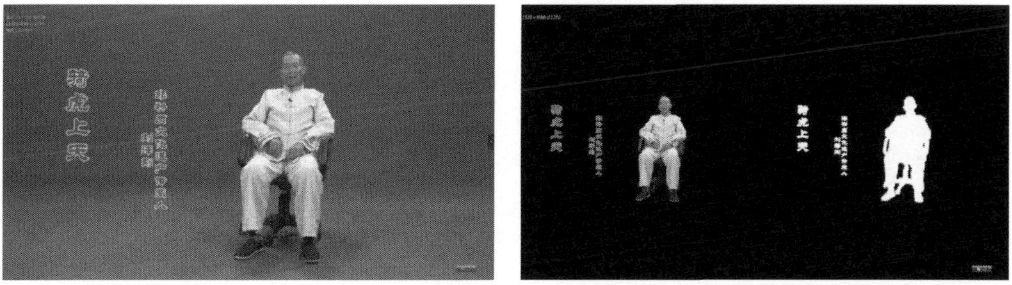

图 7.86　“骑虎上天”视频数字内容

图 7.87　“荞麦田里打死人”视频数字内容

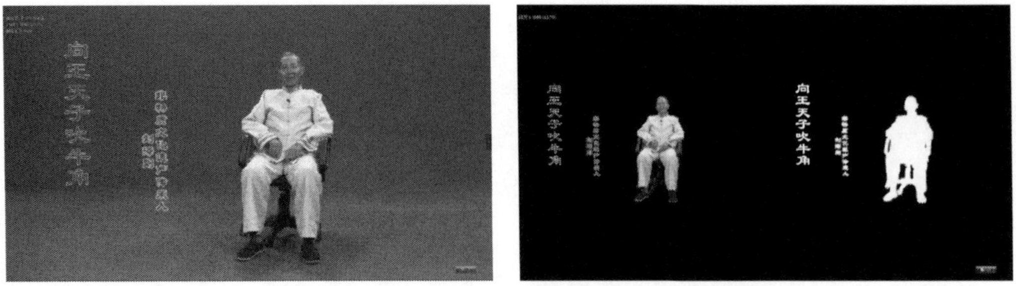

图 7.88 “向王天子吹牛角”视频数字内容

四、清江流域 AR 文化创意产品 UI 设计

结合长阳清江流域清江石、山歌、都镇湾故事的文化特色及设计制作的数字文化内容设计了一套带有土家族文化特色风格的 UI 界面，其中主要包含一个主界面 UI，如图 7.89 所示。另外设计了开启摄像头后的界面 UI（摄像头 UI）。在摄像头 UI 中设计了 5 个功能按钮，分别是退出、刷新、简介、帮助、确认。

图 7.89 “清江流域 AR 文化创意产品”主界面 UI

（一）软件模块设计

清江流域 AR 应用主要有三个板块：清江石、长阳山歌、都镇湾故事。每一个板块中又包含三个关键性模块：数字内容加载模块、摄像头位姿计算模块、数字内容叠加显示模块，其中数字内容加载模块是将需要叠加显示的数字内容放置于数据库中，当用户点击摄像头界面上的 UI 栏中的虚拟按钮，这时数字内容加载模块开始工作，加载相对应板块的数字资源。当用户在主界面选择任意板块进入时，CPU 即开始摄像头位姿计算，确定空间中摄像头的基本信息，由用户发送指令加载数据库中数据内容显示叠加在屏幕

上。模块如图 7.90 所示。

（二）清江流域 AR 文化创意产品集成测试与效果展示

将设计制作好的 15 张文化标签（5 张清江石文化标签，5 张山歌文化标签、5 个故事文化标签）分别进行标识、脱卡识别、脱卡交互识别三种状态测试，为了增强交互性与娱乐性，对识别叠加的数字内容分别设计了不同的交互内容，包括对叠加出来的数字内容视频进行缩放。其测试效果如图 7.91～图 7.102 所示。

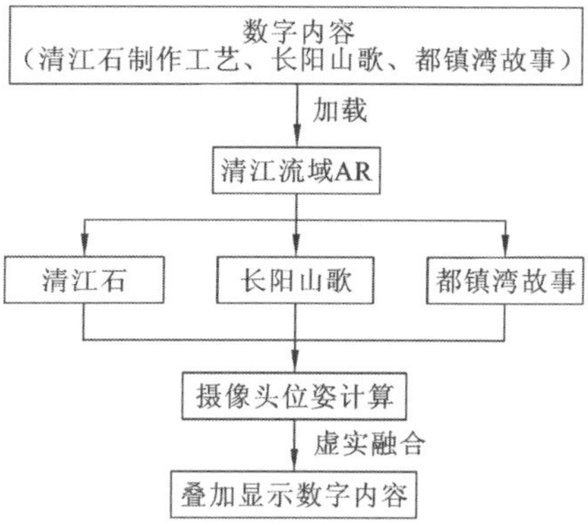

图 7.90　清江流域 AR 模块结构图

图 7.91　识别叠加“清江石工艺”视频

图 7.92　脱卡识别叠加“清江石工艺”视频

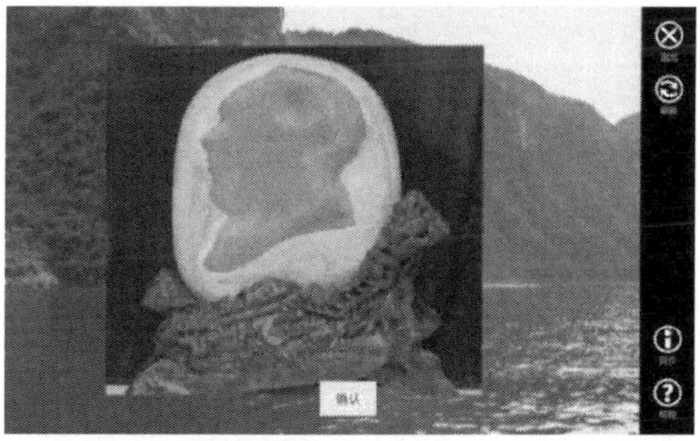

图 7.93　缩放叠加“清江石工艺”视频

图 7.94　识别叠加“水磨精加工”视频

图 7.95　脱卡识别叠加“水磨精加工”视频

图 7.96　缩放叠加“水磨精加工”视频

图 7.97　识别叠加“向王天子吹牛角”视频

图 7.98　脱卡识别叠加“向王天子吹牛角”视频

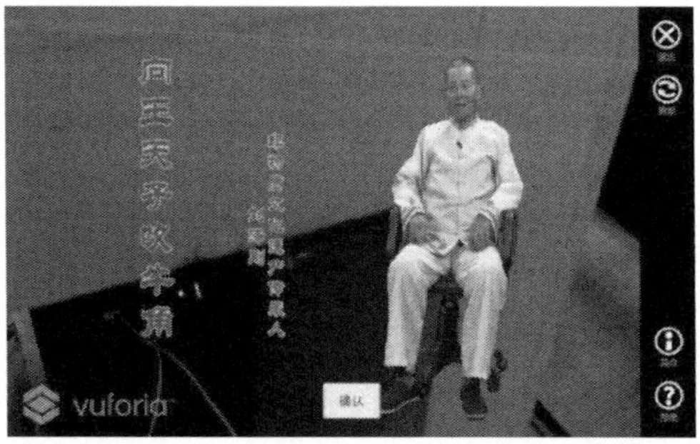

图 7.99　缩放叠加“向王天子吹牛角”视频

图 7.100　识别叠加“骑虎上天”视频

图 7.101　脱卡识别叠加“骑虎上天”视频

图 7.102　缩放叠加“骑虎上天”视频

第八章　基于 AR 应用的景区文化旅游产品创意开发

第一节　清江画廊景区概况

清江画廊景区位于湖北长阳土家族自治县，是因清江干流隔河岩大坝修建后形成的山水画廊，包括自隔河岩大坝上溯至水布垭大坝盐池温泉的清江水域及沿岸山脊线以内的旅游景点景观，沿岸主要有武落钟离山、倒影峡和仙人寨三大核心景点（图 8.1）。清江画廊是国家 5A 级景区、国家森林公园、国家地质公园、国家水利风景区和湖北省省级风景名胜区。2008 年荣膺全国民族文化旅游十大新兴品牌，2012 年入选首批全国智慧旅游景区。

清江画廊最核心的景点——武落钟离山，是巴人文化的发祥地，相传是廪君诞生和成长的地方，至今流传着诸多关于廪君的传奇故事。向王庙位于峰顶，内有廪君塑像，是土家儿女朝拜祭祖之地；石神台承载着古代巴人生殖崇拜的信仰；依稀可辨的赤黑二穴，见证了廪君的诞生与称王的传说；酷似土家少女的盐女岩，流传着一段盐水女神守望夫君的凄美故事；白虎堂临水而筑，若浮若定，彰显着土家人建筑艺术与智慧。

图 8.1　清江画廊景区旅游全景图

图片来源于湖北清江画廊旅游度假区官网，有修改

清江画廊景区自然山水景观奇特，土家族文化资源十分丰富。但景区在土家族文化主题挖掘方面明显不够，缺乏相应的支撑性文化旅游产品。在武落钟离山景点的 AR 可视化展示时，设计了一个虚拟的土家幺妹 3D 人物，游客每走到一处景点，可以采取自然场景识别、Marker 模式识别和 ZigBee 无线传感识别三种方式，开始 AR 虚拟导游。

第二节　武落钟离山景点 AR 文化标签创作

武落钟离山从山门至峰顶依次有白虎亭、赤穴、廪君塑像、廪君殿、盐女岩、向王庙、德济亭、石神台 8 个景点，山门前有巴人文化广场，适宜展示巴山舞。针对 8 个景点和巴山舞进行文化标签设计和可视化内容设计，将这 9 个展示点的文化特征进行提取并设计为动画与实物相统一的风格，力求色彩鲜明，突出每个展示点的文化特征，在标签底部以文字的形式展示每个景点和巴山舞背后的文化故事内涵。设计制作的文化标签如图 8.2～图 8.10 所示。

图 8.2　“廪君殿”文化标签

图 8.3　“白虎亭”文化标签

图 8.4　“石神台”文化标签

图 8.5　“向王庙”文化标签

图 8.6　“赤穴”文化标签

图 8.7　“盐女岩”文化标签

图 8.8　“德济亭”文化标签

图 8.9　“廪君”文化标签

图 8.10　“巴山舞”文化标签

第三节　武落钟离山景点文化可视化数字内容制作

武落钟离山景点文化可视化数字内容设计主要是以视频、音频、文字、图片、动画 5 种展示媒介为切入点，视频媒介主要是以实拍的形式拍摄导游讲解各景点的历史背景和文化特征，音频媒介是通过邀请专业播音人员讲解景点的历史背景，文字媒介是以文字的形式展现景点的文化背景，图片媒介是通过拍摄每个景点各个角度的照片来展现各景点独特的文化内涵，动画媒介是根据每个景点的历史和文化内涵，以动画的形式设计制作的可视化数字内容。以白虎亭景点为例，设计制作的数字内容如图 8.11～图 8.14 所示。

图 8.11　“白虎亭”景点视频

图 8.12　虚拟导游介绍视频

图 8.13 “白虎亭”景点图片

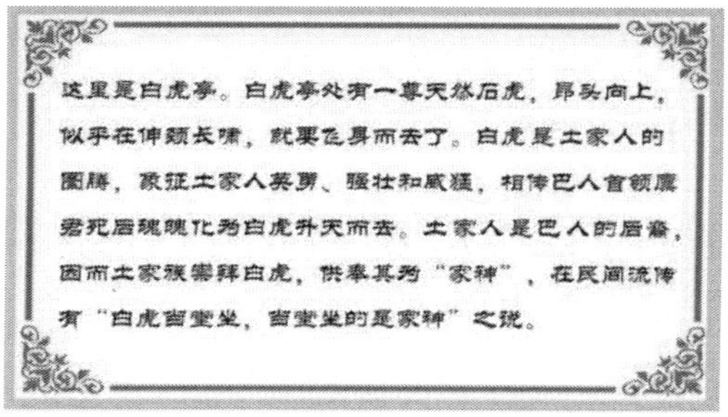

图 8.14 “白虎亭”文字介绍图片

第四节 武落钟离山景点 AR 文化创意产品 UI 设计

前期在设计武落钟离山景点 AR 应用架构时，考虑到该应用包含三种模式，即自然场景模式、Marker 模式、ZigBee 模式。因此，在进行主界面 UI 设计时应以三种应用模式为基础，再结合各模式的特点进行设计。当用户开启武落钟离山景点 AR 应用后，便会进入主界面，如图 8.15 所示，在主界面提供三种体验模式：①若用户选择自然场景模式进入，便会进入景点地标提示界面（图 8.16），当用户在提示界面点击选择任意景点地标，即可开启摄像头进入识别界面（图 8.17）；②若用户选择的是 Marker 模式的话，同样地，应用进入景点地标提示界面（图 8.18），当用户在提示界面点击选择任意景点地标，即可开启摄像头进入识别界面，与自然场景模式不同的是，在进入识别界面后，扫描到文化标签后即可在识别界面的底下出现设计的 UI 栏（图 8.19）；③若用户选择 ZigBee 模式进入，同样地会进入景点地标提示界面（图 8.20），若应用后台接收到 ZigBee 发射器发射的字符信号，相应的地标点会闪烁并有弹窗提示用户双击屏幕即可进入识别界面（图 8.21）。

图 8.15 主界面 UI

图 8.16 “自然场景模式”景点地标提示界面

图 8.17 “自然场景模式”识别界面

图 8.18 “Marker 模式”景点地标提示界面

图 8.19 “Marker 模式”识别界面

图 8.20　“ZigBee 模式”景点地标提示界面

图 8.21　“ZigBee 模式”识别界面

第五节　武落钟离山景点 AR 展示系统应用软件模块设计

武落钟离山景点 AR 按照识别性质可以分为三个模块：自然场景模式模块、Marker 模式模块、ZigBee 模式模块（图 8.22）。其中自然场景模式模块是基于无标识识别的，摆脱了文化标签的限制。Marker 模式模块主要还是利用二维平面的文化标签为标识，根据摄像头姿态信息来计算文化标签从自然空间到屏幕空间的转换，从而实现数字内容的虚实融合。ZigBee 模式模块是将无线传感器嵌入其中，通过对无线传感器发送的实时数据信号分析处理，从而在数字内容数据库当中加载相对应的可视化数据，在开启摄像头后 CPU 开始实时计算摄像头姿态信息，并将已加载的数字内容通过 GPU 渲染显示在移动智能终端或手持设备屏幕上。

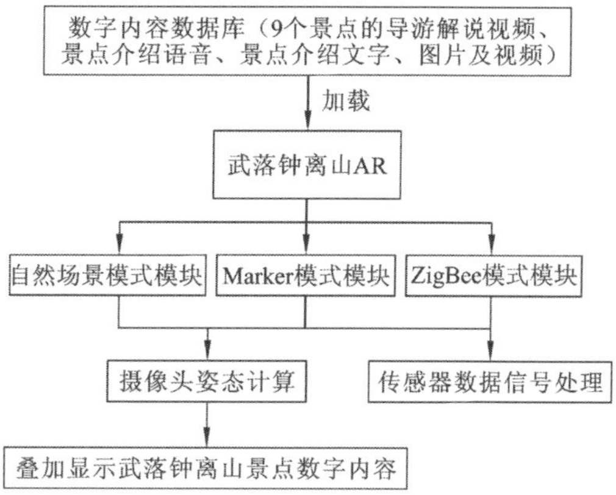

图 8.22　武落钟离山 AR 结构模块图

第六节　武落钟离山景点 AR 文化创意产品集成测试效果

对三种模式分别进行测试，测试内容包括图片、视频、文字、导游讲解 4 个方面。

图 8.23～图 8.26 呈现的是自然场景模式下分别叠加景点导游解说、景点视频介绍、景点图片和景点文字介绍等数字内容后的画面效果。

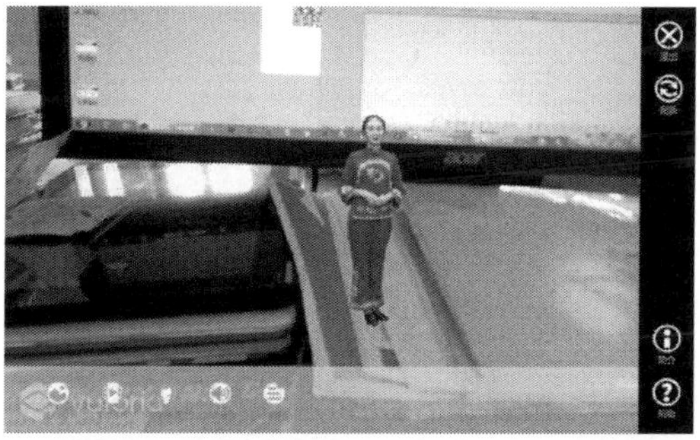
图 8.23　自然场景模式下叠加景点导游解说

图 8.24　自然场景模式下叠加景点视频介绍

图 8.25　自然场景模式下叠加景点图片

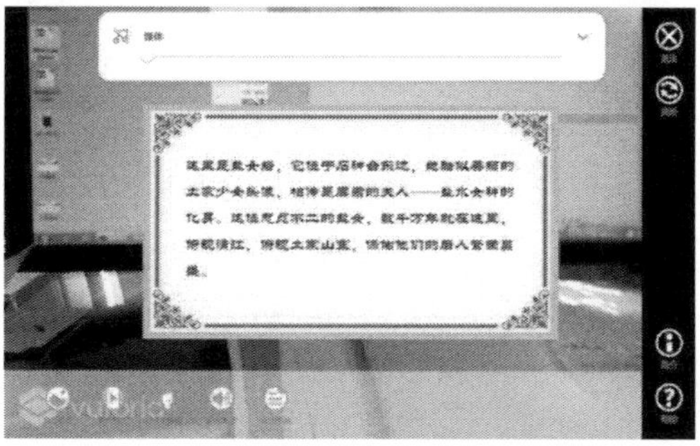
图 8.26　自然场景模式下叠加景点文字介绍

图 8.27～图 8.30 显示出 Marker 模式下分别叠加景点导游解说、景点介绍牌、景点图片和景点文字介绍等数字内容后的画面效果。

图 8.27　Marker 模式下叠加景点导游解说

图 8.28　Marker 模式下叠加景点介绍牌

图 8.29　Marker 模式下叠加景点图片

图 8.30　Marker 模式下叠加景点文字介绍

图 8.31～图 8.34 是 ZigBee 模式下分别叠加了导游解说、景点视频、景点图片和景点文字介绍等数字内容后的画面效果。

图 8.31　ZigBee 模式下叠加导游解说

图 8.32　ZigBee 模式下叠加景点视频

图 8.33　ZigBee 模式下叠加景点图片

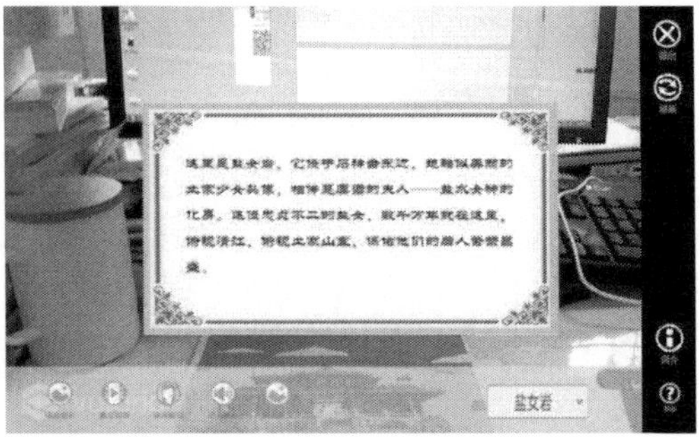

图 8.34　ZigBee 模式下叠加景点文字介绍

第九章　基于 AR 应用的文化旅游产品可视化展示

第一节　AR 文化旅游产品可视化内容与现实场景的精准叠加

一、基于自然场景的文化数字化内容的实时三维跟踪注册

通过摄像头实时动态地对自然环境帧图像进行采集，并提取分析帧图像中特征点，根据提取到的特征点来确定识别标识，并将其制作成数据集存放于本地，移动摄像头，当摄像头实时采集到的帧图像与存放于本地的数据集中的特征数据比对无误，即摄像头捕捉到识别标识即可进行叠加预先制作的数字内容，从而完成虚实融合。处理过程是根据方案设计来拟定处理过程，可将基于自然场景的文化数字化内容的实时三维跟踪注册技术处理过程分为三步。

第一步，利用 Unity 开发平台，借助于 VuforiaSDK 中的 ARCamera 的摄像头来动态实时采集自然环境图像帧，提取分析图像帧当中的特征点，并将其作为识别标识，存放于本地数据集中。

第二步，ARCamera 摄像头实时地采集自然环境信息，并在后台实时计算自身的姿态信息，从而确定世界空间坐标到屏幕坐标空间的转换矩阵，再通过转换矩阵将摄像头实时采集到的世界空间自然环境信息转换为二维平面数据信息。

第三步，通过二维平面数据信息与本地存放的预采集的数据信息进行比对，若比对无误，则可实现扫描识别，叠加相应的数字内容。

通过测试，发现通过处理过程，将开发生成的安卓应用程序包（Android application package，APK）进行安装测试。先开启摄像头，利用摄像头捕获图像帧提取特征点作为识别标识，当摄像头扫描识别到识别标识后则会自动叠加一个立方体（数字内容），如图 9.1 所示。

图 9.1　摄像头扫描到识别标识后叠加一个立方体

二、基于 ZigBee 无线传感技术的文化数字化内容实时跟踪注册

利用 ZigBee 无线通信技术发射数据信号短距离、低功耗的特点将其与增强现实技术进行结合，以实现无标识识别。通过 ZigBee 发射器实时发送数据信号，接收端实时分析接收到的数据信号，并通过数据信号进行相应的数据内容的加载，再利用摄像头将采集到的图像帧信息与本地数据信息进行比对，若比对无误则可实现虚实融合。

基于 ZigBee 无线传感技术的文化数字化内容实时跟踪注册技术处理过程分为三步。

第一步，让 ZigBee 无线传感器实时发送数据信号，将接收装置设计为 USB 接口，并将其置为移动终端的外接设备，通过 Unity 开发平台，实时接收传感器发送的数据信号，并对信号进行分析处理，从而加载数据库中相对应的数据资源。

第二步，利用 VuforiaSDK 开发工具中的 ARCamera 摄像头实时采集捕获图像帧，并在后台实时计算自身的姿态信息，从而确定现实环境空间坐标到屏幕坐标空间的转换矩阵，再通过转换矩阵将摄像头实时采集到的现实环境空间自然环境信息转换为图像帧信息。

第三步，ARCamera 摄像头实时地采集现实环境信息，并提取分析图像帧当中的特征点，将其与本地数据集中的数据特征点进行比对。若比对无误，则可实现虚实融合。

借助于 Unity 开发平台和 VuforiaSDK 开发插件来开发生成 APK，安装测试效果如图 9.2～图 9.4 所示。

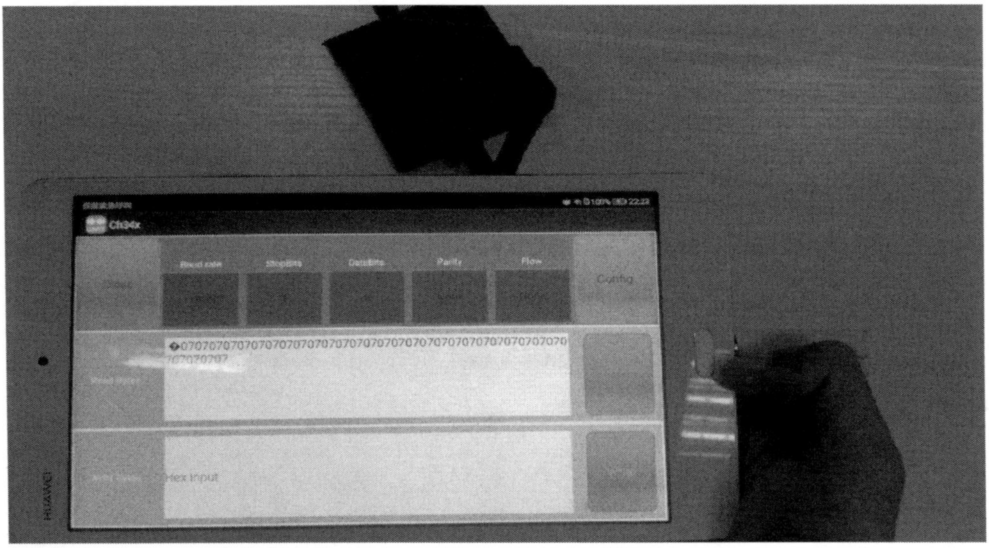

图 9.2　移动终端接收 ZigBee 发射的数字信号图

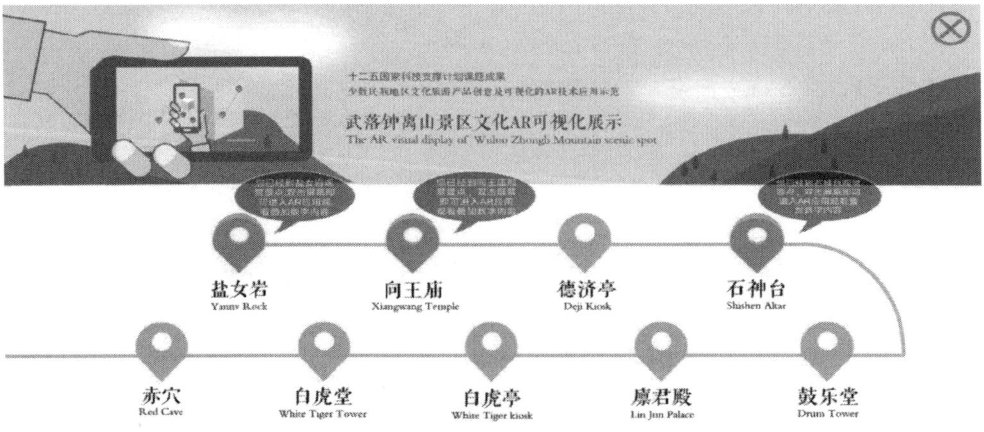

图 9.3　接收到的数据信号转换为地标点的提示图

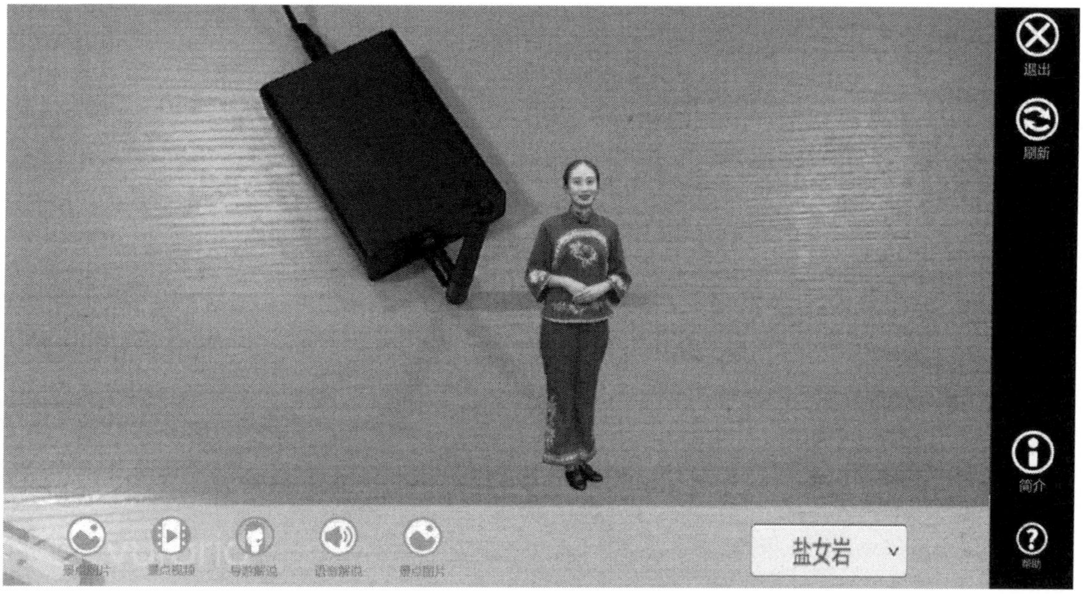

图 9.4　叠加显示数据资源

三、基于自然场景、文化标签与 ZigBee 的集成混合跟踪注册

基于自然场景跟踪技术是通过摄像头实时动态地对自然环境帧图像进行采集，并提取分析帧图像中特征点，根据提取到的特征点来确定识别标识，并将其制作成数据集存放于本地，移动摄像头，当摄像头实时采集到的帧图像与存放于本地的数据集中的特征数据比对无误，即摄像头捕捉到识别标识即可叠加预先制作的数字内容，从而完成虚实融合；基于文化标签跟踪技术则是通过摄像头实时动态地对自然环境帧图像进行采集，并提取分析帧图像中特征点，并与本地存放的数据信息特征进行比对，当摄像头实时采集到的帧图像与存放于本地的数据集中的特征数据比对无误，即摄像头捕捉到识别标识即可叠加预先制作的数字内容，从而完成虚实融合；基于 ZigBee 跟踪注册技术则是通过利用 ZigBee 无线通信技术发射数据信号短距离、低功耗的特点将其与增强现实技术进行结合，以实现无标识识别。通过 ZigBee 发射器实时发送数据信号，在接收端实时地分析接收到的数据信号，并通过数据信号进行相应的数据内容的加载，再利用摄像头将采集到的图像帧信息与本地数据信息进行比对，若比对无误则可实现虚实融合。将上述三种跟踪注册技术进行集成并作为文化可视化展示体验的三种模式。基于自然场景、文化标签与 ZigBee 的集成混合跟踪注册技术处理过程分为 4 步。

第一步，对于自然场景跟踪注册模块，使用 Unity 开发平台，借助于 VuforiaSDK 中的 ARCamera 的摄像头来动态实时采集自然环境图像帧，提取分析图像帧当中的特征点，并将其作为识别标识，存储于本地数据集中。在摄像机姿态不断发生改变的过程中实时采集图像帧并提取分析其特征点，将其与本地存储的数据进行特征点匹配。

第二步，基于文化标签跟踪注册技术的模块设计，首先，进行采集预处理文化标识上传至 Vuforia 官网并制作成识别图，然后将导入文化标签数据集导入 Unity 平台，同样地，借助于 Unity 开发平台，使用 VuforiaSDK 开发包中的 ARCamera 的摄像头来动态实时采集自然环境图像帧，提取分析图像帧之中的特征点，并与存储于本地的文化标签进行特征点配比。

第三步，在基于 ZigBee 无线传感技术的跟踪注册模块设计中，使 ZigBee 无线传感器实时发送数据信号，将接收装置设计为 USB 接口，并将其置为移动终端的外接设备，通过 Unity 开发平台，实时接收传感器发送的数据信号，并对信号进行分析处理，从而加载数据库中相对应的数据资源。

第四步，基于自然场景、文化标签与 ZigBee 的集成混合跟踪注册模块在开启摄像头后实时地采集现实环境信息，并提取分析图像帧当中的特征点，将其与本地数据集中的数据特征点进行比对。若比对无误，则可实现虚实融合。

借助 Unity 开发平台和 VuforiaSDK 开发插件生成 APK，安装测试效果如图 9.5～图 9.9 所示。

图 9.5　三种模式混合跟踪注册主界面图

图 9.6　自然场景跟踪注册测试结果

图 9.7　文化标签跟踪注册测试结果

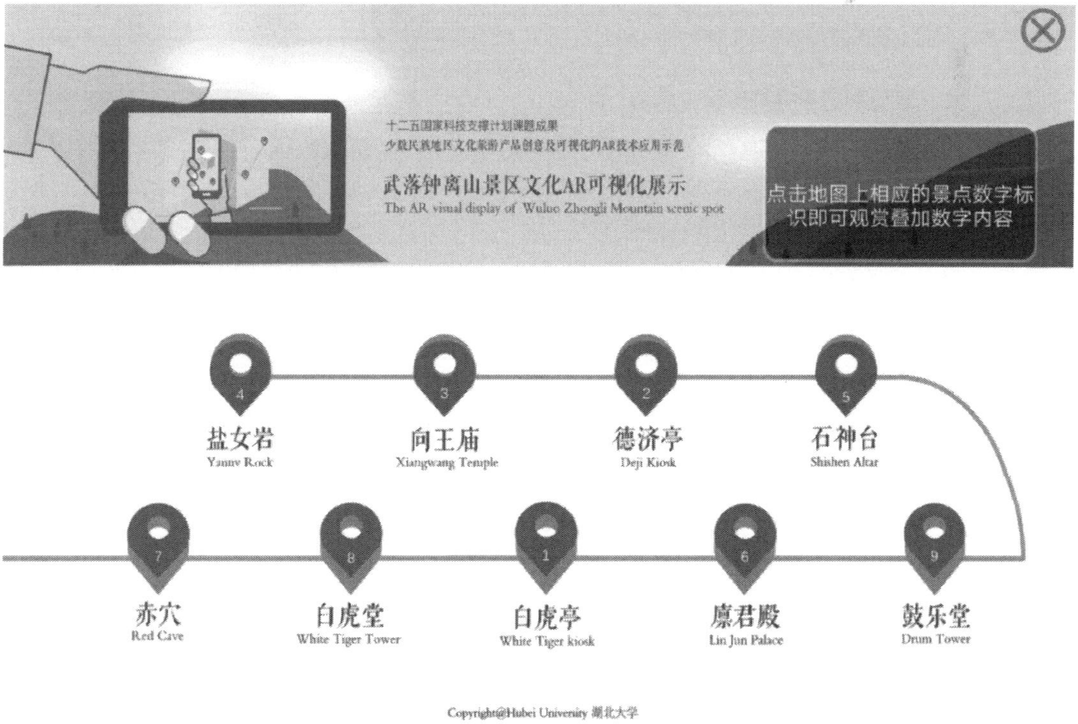

图 9.8　基于 ZigBee 无线传感器跟踪注册模式界面图

图 9.9　基于 ZigBee 无线传感器跟踪注册测试效果

第二节　AR 文化旅游产品可视化内容的实时渲染优化与交互体验

一、AR 应用中 3D 物体实时渲染与动态着色

对 AR 应用中数字 3D 模型的实时渲染算法、动态着色算法进行改进实验与测试。通过对改进的算法进行的 demo 测试，从测试效果来看，在 Marker 对象受到遮挡、环境光异常等环境变化的情况下，3D 物体的渲染、动态着色的实时性和鲁棒性较好。研究方案：一是将不需要移动的物体设为 Static，Static 在 Unity 中是指该物体的可移动状态；二是让引擎可以进行批处理，批处理是指可以多指令一起执行而减少其运行时间；三是尽可能不用灯光和尽可能共用材质，这样可以在运行的时候减少内存的占用，尝试用压缩贴图的格式，这样可以减少不必要的空间；四是在着色器（shader）中用贴图混合的方式去代替多重通道计算，这样可以进一步减少内存的占用。

研究方法：通过合并相近的模型，手动在模型编辑器中合并或者使用 Unity 的 Draw call 批处理（draw call batching）达到相同效果。在项目中使用更少的材质（material），将几个分开的贴图合成一个较大的图集等方式处理。尽量少用一些渲染步骤，如 reflections、shadows、per-pixel light 等。为了渲染物体输出到智能终端上，CPU 需要做一些工作，如区分哪个东西需要渲染、区分开物体是否受光照影响、使用哪个着色器并且为着色器传参、发送绘图命令告诉显示驱动，然后发送命令告诉显卡删除等。假设有一个上千三角面的模型却用上千个三角形模型来代替，在 GPU 上花费是差不多的，但是在 CPU 上则是极其不一样，消耗会大得多。为了让 CPU 更少地工作，需要减少可见物的数目。①合并相近的模型。②尽量使用更少的材质，如果需要通过脚本来控制单个材质属性，需要注意改变 Renderer.material 将会造成一份材质的拷贝。因此，应该使用 Renderer.shared material 来保证材质的共享状态。③尽量少用一些渲染步骤，如 reflections、shadows、per-pixel light 等。④Draw call 批处理的合并物体，会使每个物体（合并后的物体）至少有几百个三角面。假设合并两个物体（手动合并）但不共享材质，不会有性能表现上的提升。多材质的物体相当于两个物体不用一个贴图。所以，为了提升 CPU 的性能，应该确保这些物体使用同样的贴图。另外，用灯光将会取消（break）引擎的 Draw call 批处理。⑤使用相关剔除数量直接减少 Draw call 数量。

通过测试，Marker 对象在受到遮挡、环境光异常等环境变化的情况下，3D 物体的渲染、动态着色的实时性和鲁棒性相较之前的表现会有明显提升。

二、AR 应用中 Alpha 透明视频贴图

将 Alpha 透明视频贴图的基本原理、相关的最新算法应用于 AR 应用软件设计中，通过对最新透明视频贴图算法的实验测试与调试，实现这一技术在文化可视化展示与体验的移动智能终端平台应用的 demo 设计。在摄像机前播放部分透明的视频，让视频和相机中的场景有所交互。通过在 AE 中处理需要播放的视频，把视频处理成一边是正常视频，另一边是带 Alpha 通道的透明视频，然后在 Unity 中编写特定的 shader 文件来使处理好的视频进行叠加，最后完成透明视频的制作。一切都基于高通 VuforiaSDK 插件的运用，用到的是视频里面部分的内容。

研究方法：将视频分为两部分，左边部分为正常视频，右边部分为其黑白剪影。在 Unity 中通过着色器获取右边剪影响应位置的颜色信息，如果右边对应坐标的颜色值为黑色，则左边这部分响应 Alpha 值为 0（透明），反之为 1（不透明）。处理过程是首先准备视频素材。素材尽量做到“黑白分明”，不需要的部分尽量都用黑色，这样做出来效果比较好。这个素材不自带 Alpha 通道，要想办法让它变得有 Alpha 通道，如图 9.10 所示。

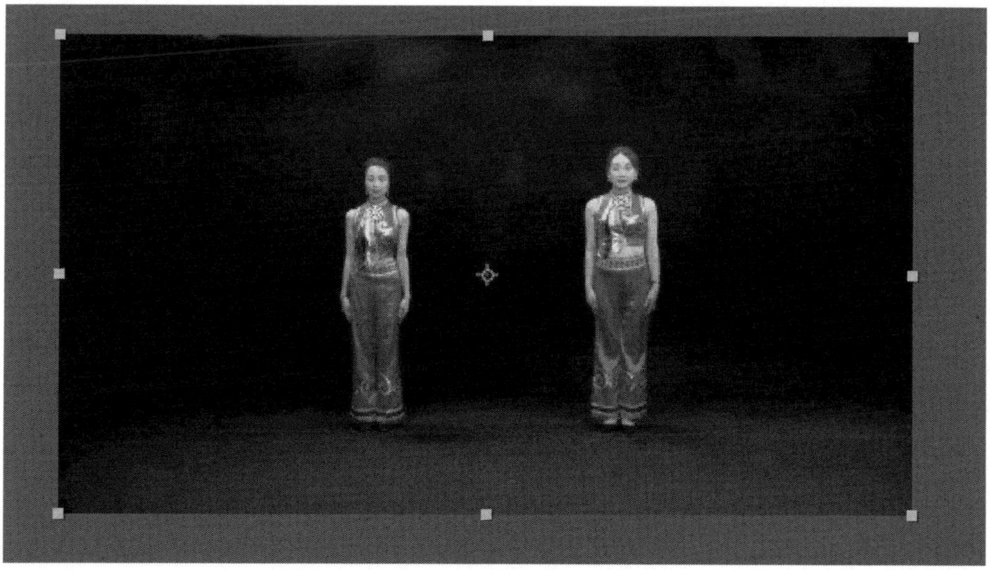

图 9.10　不自带 Alpha 通道的视频

因为视频本身没有 Alpha 通道，为了达到把黑色部分都透明掉，所以先给这个视频加一个特效“颜色键”，如图 9.11 所示。

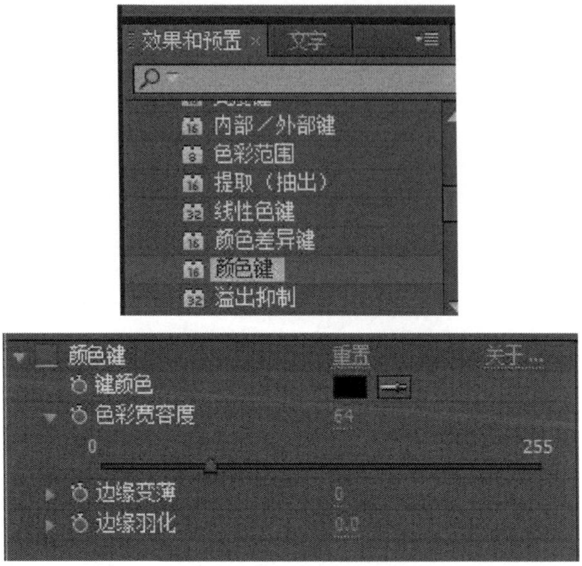

图 9.11　添加颜色键特效

键颜色选择黑色，然后调整参数，得到如图 9.12 所示的效果。

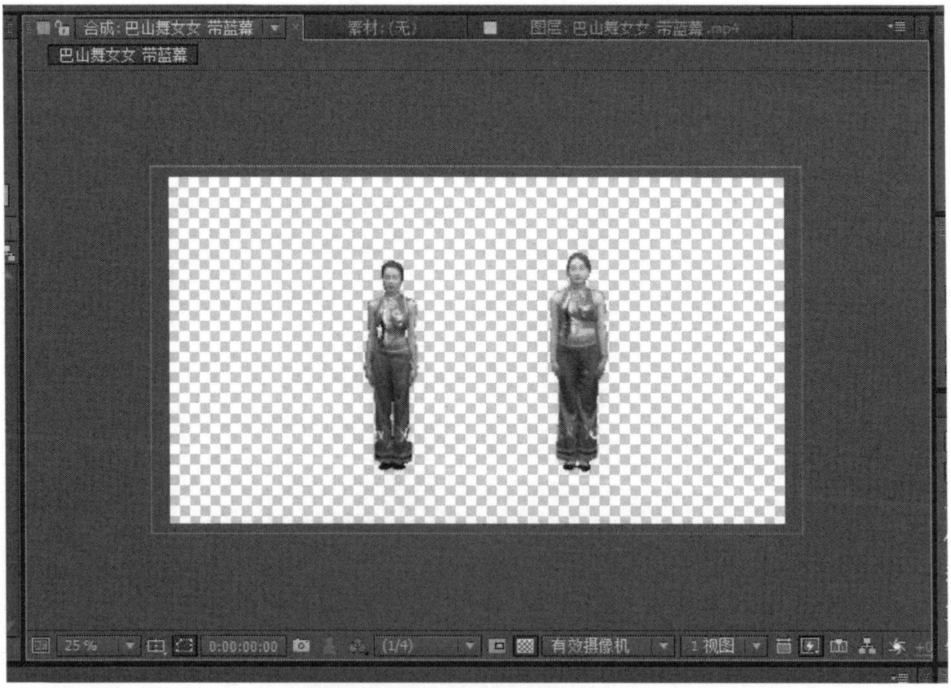

图 9.12　添加 Alpha 通道的视频

在该层下面新建一个白色固态层，轨道蒙版选择为 Alpha，如图 9.13 和图 9.14 所示。

图 9.13　添加白色固态层

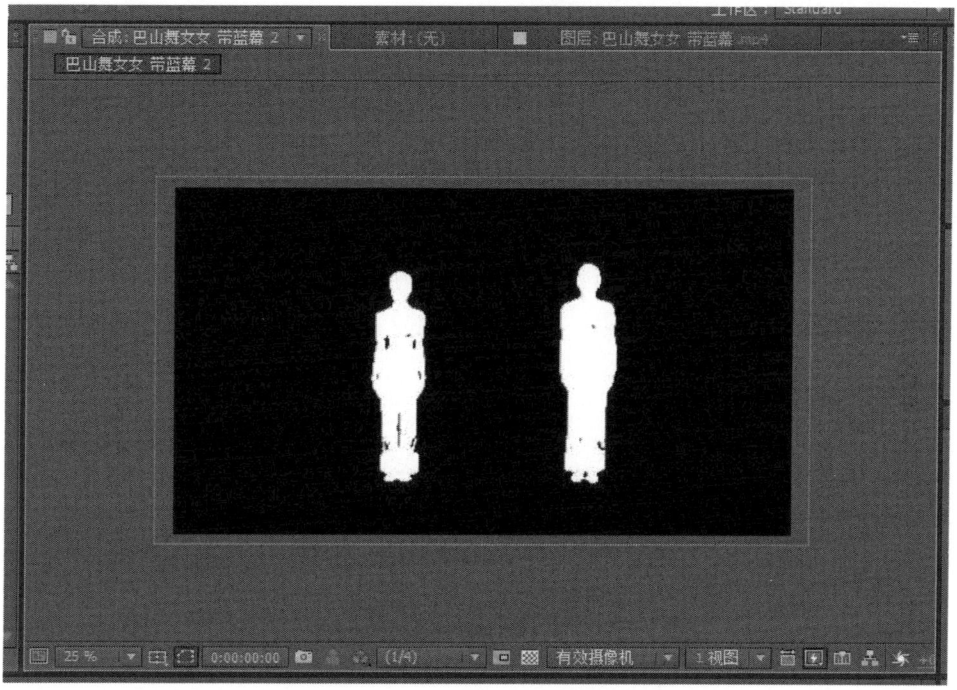

图 9.14　带 Alpha 通道的视频

这样要显示的部分就出来了，再新建一个合成，将之前那个合成拖到这个合成中，再将原视频拖进来。修改缩放，使两个合成位置对称，如图 9.15 所示。

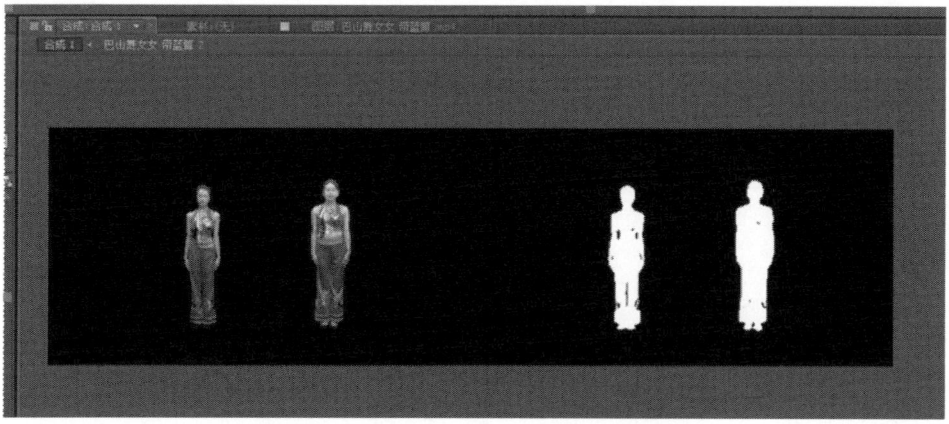

图 9.15　原视频和 Alpha 视频的合成视频

导出这个合成到 mp4 文件。处理好了素材，接下来开始建立 Unity 项目。创建一个 Plane 拖到相对于相机合适的位置上，建立一个材质球，赋给 Plane。导入刚才的视频。将 MainCamera 的投影方式设置成正交投影。在 Plane 上添加 VideoPlayer 并将视频拖上去，看看视频效果，再进行一次调整。视频拖上去是上下颠倒的，所以进行一次旋转。如果有音频，将音频拖到 AudioSource 上。可以看到，播放视频的时候，Material 的贴图变成了一个视频，也就是说只要修改着色器就可以修改视频的效果。通过测试，成功在 Unity 上实现了 AR 透明视频的效果，如图 9.16 所示。

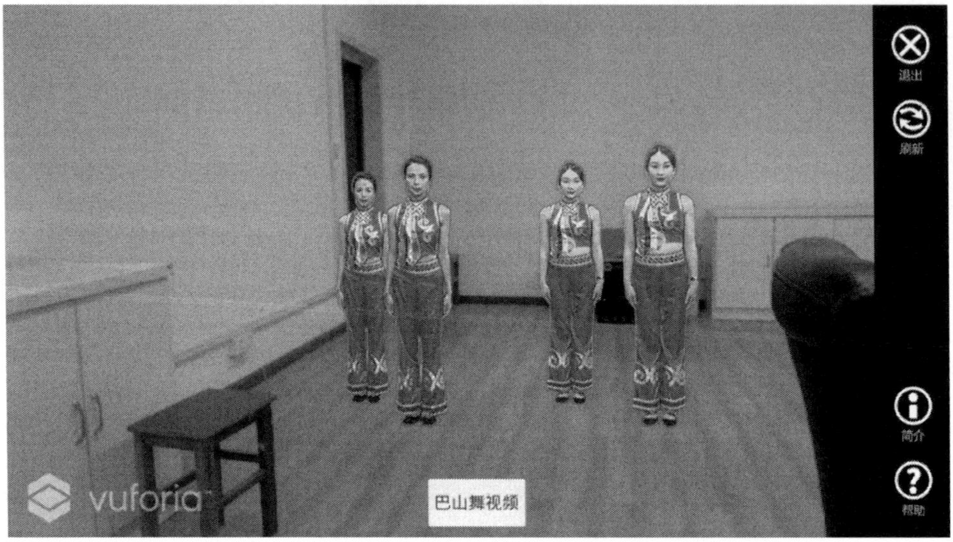

图 9.16　Alpha 透明视频效果图

三、AR 应用中的文化可视化体验的实时交互

主要对 AR 应用的移动端 UI 设计、虚拟按钮进行探究，并对叠加在现实场景中的图片、数字 3D 模型、透明视频、数字视频、数字音频及文本等数字内容的交互式体验与展示技术进行测试。

基于 Unity3D 平台和 Vuforia 插件，通过 Unity 引擎的特性来开发其中的交互功能。在 Unity 平台中利用函数和脚本功能添加组件来实现移动端的 UI 功能。叠加在 UI 上的虚拟按钮和图片显示功能、视频显示功能及文字和音频显示功能都可以通过添加脚本的方法来实现。主要是通过在 Unity3D 的虚拟按钮的教程和交互功能教程，在 Vuforia 插件的基础上添加这些脚本即可达到所需的效果。

技术处理过程：首先将 Vuforia 插件包和识别图导入 Vuforia，添加 ARCamera、ImageTarget，删除 Camera，在 ARCamera 中添加 License Key，勾选 Load_Dataset，在 ImageTarget 下选中识别图（配置 DataBase 和 Image Target），右击 ImageTarget，添加一个立方体和一个球体，将这两个模型摆到合适的位置；找到 Assert-Vuforia-Perfabs 里的 Virtual Button，拖动到 ImageTarget 下，改名为 ShowCube 及 ShowSphere。在 Assert 空白处右击 Create-Material，更改材质名称并选择一个颜色，最后拖动材质到对应的虚拟按钮和模型上。再给虚拟按钮添加简单的形状和文字——右击添加 Plane，调整位置、大小及方向，再在 Plane 下添加 3D Text，更改内容及字体大小颜色。最后给 ImageTarget 添加脚本，赋予虚拟按钮点击触发事件。在 Unity 的 UI 界面中拖入对应的组件 button，然后编写相应的文字。然后在 image 界面中拖入编写好的代码即可实现按钮功能。

图片右边 4 个按钮分别是退出、帮助、简介和刷新：退出为退出当前界面；帮助为显示提示信息；简介为介绍当前场景信息；刷新为重新载入当前场景。

图片下面有文字、图片、视频、音频、透明视频 5 个按钮：文字为显示景点文字介绍；图片为显示景点图片介绍；视频为显示景点视频介绍；音频为播放当前景点语音介绍；透明视频为播放当前景点透明视频讲解员解说视频。通过测试，可实现 AR 虚拟按钮和其他交互功能。

四、基于 3D 物体的 AR 实时跟踪注册

采用“识别+跟踪”的技术框架解决传统跟踪注册算法计算复杂度较高、执行效率较低的问题。通过快速特征点提取和描述（oriented fast and rotated BRIEF，ORB）算法和加速鲁棒特征（speeded-up robust features，SURF）算法的应用和改进来进行优化。其原理是在算法的执行过程中所用到的计算式子的运行次数决定其复杂度，通过优化和改进其运算的法则和矩阵的方法来改进其算法的性能。研究方法是应用 ORB 算法进行场景的实时识别，并对特征点提取算法加以改进，使其在满足实时性的基础上更具准确性，在特征点匹配环节引入词袋模型改变特征搜索策略从而加速匹配，旨在提高手机端算法的鲁棒性、实时性，使算法适用于大规模的室内室外环境。

对于尺度空间的分析，高斯函数是有效的方式。值得注意的是，在使用高斯函数时先要将其裁剪并做离散化处理。为了避免裁剪与离散化处理带来的重复度下降问题，SURF 算法中采用近似高斯二阶偏导的框状滤波器来作为卷积模板。使用这种模板的优点是，模板采用了简单的矩形组成形式，运算量与模板具体尺寸无关，因此运算率有很大提升。通过测试，发现跟踪注册算法计算复杂度和执行效率较以往有改进。

第三节　基于 ZigBee 的无线传感设计和移动智能终端展示系统研发

一、研究概况

基于 ZigBee 的无线传感设计主要是解决系统软、硬件设计与研发；移动智能终端展示系统研发主要是解决硬件及其接口设计与研制、移动智能终端系统软件与接口程序设计。基于 ZigBee 的无线传感系统设计方案，重在解决 ZigBee 芯片选型，针对实际应用场景的需求设计外围硬件电路，完成无线传感节点（终端节点、协调器节点）的硬件设计。开发 ZigBee 协议栈，实现数据的无线发送、接收、组网等功能，完成基于传感节点硬件的程序软件开发。移动智能终端展示系统的研发方案，重在研发移动智能终端的硬件电路，根据技术发展趋势，确定核心芯片组选型，完成数据处理模块、显示模块、存储模块、外部接口等设计；进行系统软件衔接与各硬件模块驱动程序设计，确保移动智能终端的软硬件适配与协调。从研究方法来看，主要采用文献研究法和实验研究法。文献研究法是指通过查阅文献，调研 ZigBee 无线通信技术的国内外发展现状，分析通信协议改进方法，主要为理论研究，旨在了解国内外已有研究成果，为本书应用研究与开发

提供参考。实验研究法是指通过文献调研与资料积累，完成 ZigBee 无线传感系统的软、硬件设计，实现传感节点的数据发送、接收、组网等功能；研发移动智能终端硬件系统，完成系统软件衔接，开发基于硬件模块的驱动程序，实现移动智能终端展示系统的软、硬件协调稳定运行。

通过基于 ZigBee 的无线传感设计和移动智能终端展示系统研发，可以较好地解决基于 ZigBee 的无线传感终端节点、中心节点及无线触发系统的软、硬件配置；解决 ZigBee 发射装置的封装处理、接收装置的小型化；解决移动智能终端硬件模块与接口问题及系统软件适配问题；开发基于硬件模块的驱动程序软件，通过模块联调测试，使软、硬件协调运行，实现移动智能终端展示系统的正常工作。还通过设计一种基于区域分割的自适应变异粒子群算法，提高 ZigBee 网络的能量使用效率。通过改进虚拟力导向粒子群优化策略，延长 ZigBee 网络的生命周期，提高节点覆盖率。

二、基于 ZigBee 的无线传感系统设计

（一）基于 ZigBee 的单节点设计

选用 CC2530 通信芯片作为 ZigBee 无线传输的核心芯片。CC2530 是一个兼容 IEEE 802.15.4 的真正的片上系统，支持专有的 802.15.4 市场及 ZigBee 标准。CC2530 提供了 101dB 的链路质量，优秀的接收器灵敏度和强大的抗干扰性，4 种供电模式，多种闪存尺寸，以及一套广泛的外设集——包括 2 个 USART、12 位 ADC 和 21 个通用 GPIO 等。除了通过优秀的 RF 性能、选择性和业界标准增强 8051MCU 内核，支持一般的低功耗无线通信，符合现有项目的开发需求。笔者设计了 CC2530 芯片的外部串口电路，并采用 Z-Stack 协议栈对 CC2530 通信芯片编写了信号发送、信号接收子程序，进行了基于 ZigBee 协议的点对多点通信实验，就通信可行性进行了测试。图 9.17 是由发射端、路由器、接收端构建的无线通信网络，发射端通过发射 ZigBee 无线信号发送数据经路由器传输到接收端，采用路由器可增大无线通信距离，扩大网络容量，增加接收端节点的数量。

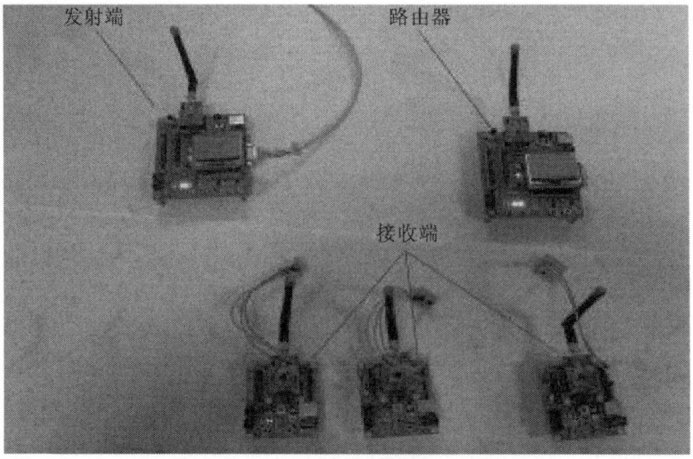

图 9.17　ZigBee 无线通信网络

在完成基本传感器单节点设计的基础上，自主研发设计了带功率放大功能的 ZigBee

单节点，其硬件电路图如图 9.18 所示。

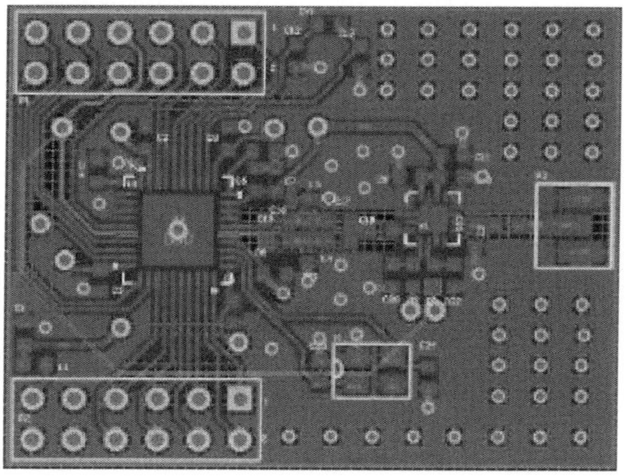

图 9.18　带功率放大节点的硬件电路图及 PCB

为使射频通信板小型化，分别设计了外置天线和板载天线两种类型，以适用于景区不同的应用场合。当需要发射小功率无线信号，采用板载天线的方式传输信号，图 9.19、图 9.20 分别为带板载天线的单节点硬件电路设计图、节点实物图。当需要传输较大功率的信号时，采用外置天线发射信号，图 9.21、图 9.22 分别为带外置天线设计的单节点硬件设计图、节点实物图。

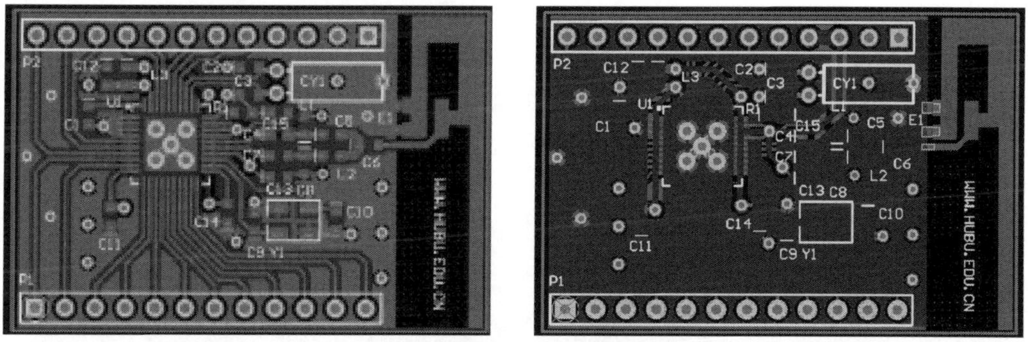

图 9.19　节点 PCB 图（板载天线）

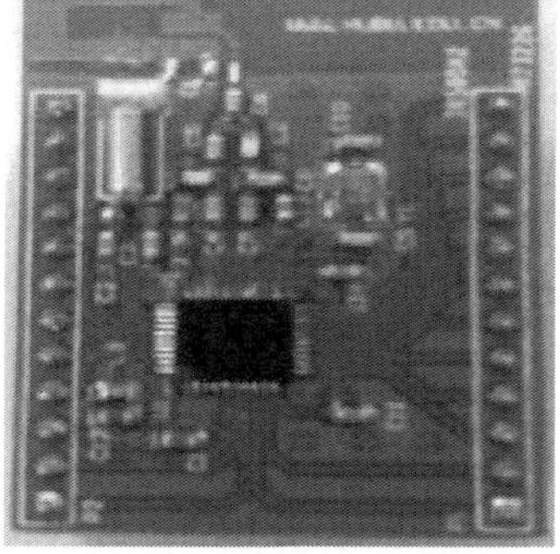

图 9.20　节点实物图（板载天线）

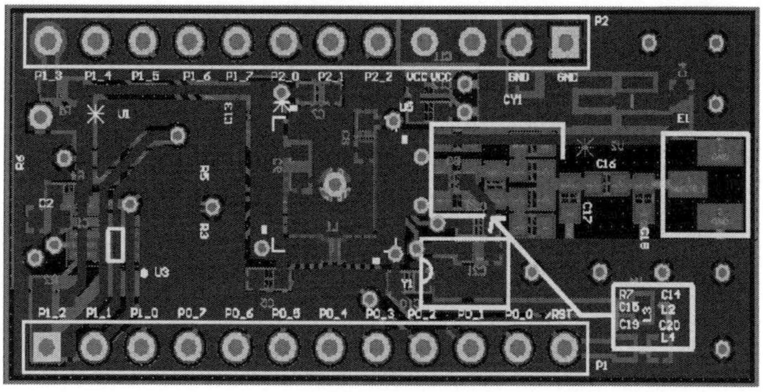

图 9.21　节点 PCB 图（外置天线）

图 9.22　节点实物图（全向天线）

根据景区现实环境考察，全部安置全向天线发射信号或板载天线存在不同景区 ZigBee 信号串扰的问题，为此自主设计出采用定向天线的 ZigBee 节点传输数据，如图 9.23 所示。

图 9.23　采用定向天线 ZigBee 节点

（二）数据通信的低功耗设计

硬件低功耗设计。传感器节点在无数据发送和接收时处于低功耗休眠模式，当网关需要唤醒传感器节点时，发送信标信号至节点通信芯片 CC2530 的 I/O 口引脚产生中断，进入中断服务程序判断信标信号是否指向该节点物理地址。若是，该节点唤醒休眠模式，进入工作状态，即向网关节点发出入网请求，收到响应再发送绑定请求，得到绑定允许后，向网关发送数据；若否，则丢弃信标信号，该节点继续处于休眠模式。无数据接收时，CC2530 则进入低功耗模式，进一步降低节点能耗。通过中断信号的引入与中断服务程序的设计，以及对射频前端 CC2530 工作模式的控制，实现传感器节点的休眠/唤醒调度，优化节点休眠机制；减少节点功耗，保证网络通信质量。

软件低功耗设计。设计了一种简单高效节能的路由协议 SEE，通过一级数据聚合方式避免数据冗余和网络阻塞；利用绝对时间参量确定数据传输路径，减少路由修复频率以提高传输效率；根据传感器节点剩余能量平衡节点能耗，避免因单一节点能量消耗过快而导致网络瘫痪，提高网络的生存周期。

设计了适合 ZigBee 协议的树型网络，通过对节点能量分级，构建邻居表，按照节点能量等级进行路由选择，改善了传统树型路由方式，以避开能量不足的节点，达到延长网络寿命的目的。

表 9.1 和表 9.2 分别为 SEE 协议与 DD、MCF 协议在网络平均能耗、分组递交率的对比。可看出 SEE 协议在保证数据高效转发的同时还保持着相对较低的能耗，可有效提高传感器网络的生存周期。

表 9.1　网络平均能耗对比

协议名称	负载/nJ			
	50	100	500	1 000
SEE	2.432	1.607	0.197	0.098 2
MCF	2.526	2.524	1.437	0.9620
DD	9.811	16.22	1.804	3.4500

表 9.2　分组递交率对比

协议名称	负载/nJ			
	50	100	500	1 000
SEE	0.376 60	0.429 74	0.454 88	0.464 60
MCF	0.045 60	0.017 82	0.003 00	0.001 43
DD	0.005 39	0.000 74	0.000 269	0.000 073

（三）节点网络的能量管理

为了提高 ZigBee 网络中节点的能量利用效率，研究设计了一种基于区域分割的自适应变异粒子群算法。该算法采用区域分割的思想，利用粒子间信息交叉，使粒子搜索区间快速缩小；同时在迭代后期与自适应变异策略相结合，提高粒子跳出局部最优陷阱的能力和增强粒子多样性，达到寻优的目的，结果表明，新算法在收敛速度、搜索精度及寻优效率等方面有较大提高。

（四）节点网络的部署优化

为了优化 ZigBee 传输网络节点部署性能，延长网络的生命周期，减少整体系统的功耗并提高节点的覆盖率。在标准粒子群算法的基础上结合虚拟力方法，提出了一种改进虚拟力导向粒子群优化策略。算法得到的优化结果与标准粒子群算法、拟物力导向的粒子群算法、结构匹配-生物地理学优化算法、基于碰撞理论的分簇粒子群优化算法、粒子进化的多粒子群算法、逐维判断值的粒子群优化算法 6 种算法的覆盖性能进行对比，具体数值如表 9.3 所示。

表 9.3　算法覆盖率性能比较表

覆盖方案	平均覆盖率/%
本算法	98.30
标准粒子群算法	81.00
拟物力导向的粒子群算法	91.00
结构匹配-生物地理学优化算法	94.89
基于碰撞理论的分簇粒子群优化算法	94.00
粒子进化的多粒子群算法	89.50
逐维判断值的粒子群优化算法	97.00

（五）基于 ZigBee 的无线触发系统设计

在基于 ZigBee 单节点设计工作完成基础上，开发针对项目的 ZigBee 无线触发网络，实现在游客携带专用设备进入指定 AR 触发区域时，可以获得触发信号由此触发 AR 展示功能，离开区域终止触发。具体设计要求为：具备固定中心节点，并置于 AR 触发区域，能够将数据通过广播方式实时发送给进入出发区域组网的其他所有节点；中心节点能够对网络中任何节点单独发送数据；任何非中心节点均能将本节点信息通过多跳路由方式发往任何其他节点，通信距离为 50 m。游客携带终端设备可自动加入网络，无须用户干预；网络中任何节点（不含中心节点）消亡或故障不影响整个网络的运行，具有一定的抗毁性和自愈性。

1. 用于无线触发系统的多节点设计

传感器节点属于无线传感网络中的主要设备，负责网络的数据采集和通信。项目技术需求中要求由无线通信模块组成的网络中具备固定中心节点，并且能让中心节点和网络内其他任意终端节点进行通信，在单节点设计基础上，研发用于无线触发系统的中心节点和终端节点，具体过程如下。

中心节点硬件设计：中心节点硬件采用 TI 公司的 CC2530 作为主控芯片，用于 ZigBee 的片上系统，电源电路、晶振电路、功率放大电路。中心节点硬件结构图如图 9.24 所示。

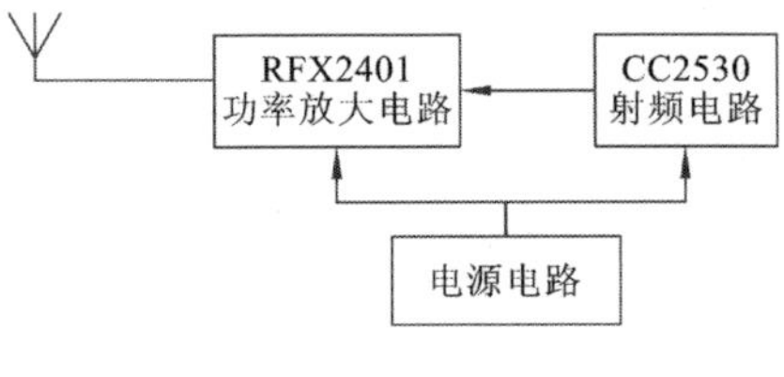

图 9.24　中心节点硬件结构图

中心节点软件设计：节点在发送数据至目标节点之前进行数据预处理，通过对 CC2530 初始化后，开始与进入 AR 触发区域的终端设备组网分配地址，并开始向其发送触发信号，告诉终端设备触发区域的代号。数据预处理完成之后通过天线发送至目标节点，之后中心节点会等待目标节点响应。如果响应正常则表明数据发送成功，否则数据发送失败，节点自动重传数据包，这样能保证数据传输的完整性。中心节点发送数据流程图如图 9.25 所示。

终端节点硬件设计：终端节点硬件采用 TI 公司的 CC2530 作为主控芯片，用于 ZigBee 的片上系统，晶振电路、节点预留串口作为与其他外接设备的接口。终端节点硬件结构图如图 9.26 所示。

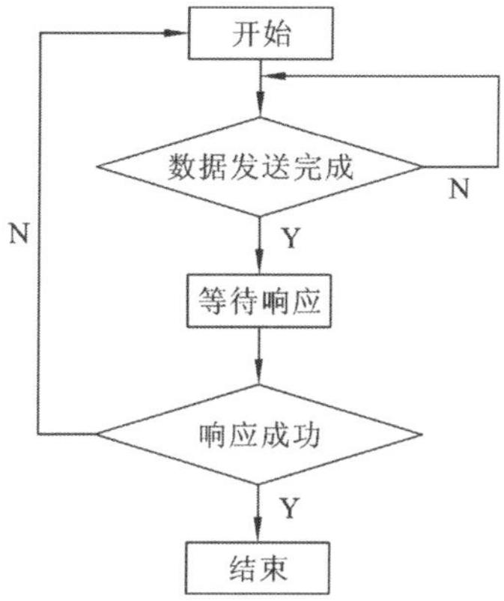

图 9.25　中心节点发送数据流程图

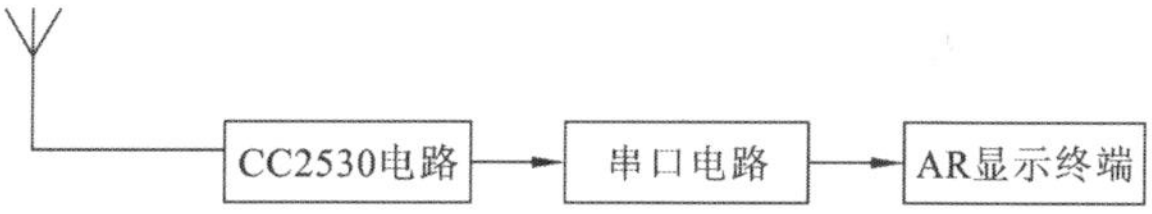

图 9.26　终端节点硬件结构图

终端节点模块用于接收中心节点模块发送的触发信号，并通过串口将数据信息传递给移动智能设备终端，故终端节点模块需要添加 micro-USB 串口。图 9.27 是具有 micro-USB 串口的终端节点模块实物图。

终端节点软件设计：终端节点通过串口上电，串口初始化，进行数据预处理，在终端节点进入区域时，与中心节点完成组网并承担路由的工作，获得地址和检验密钥。完成数据预处理后，对接收的数据进行地址检测和密钥判断后，提取数据包中的触发信息。终端节点程序流程图如图 9.28 所示。

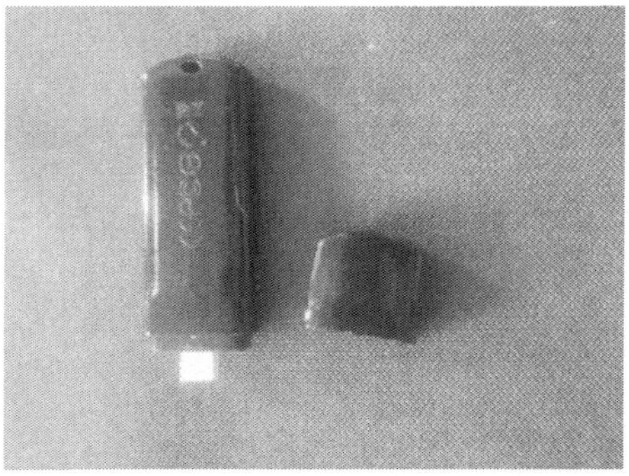

图 9.27　带 micro-USB 的终端节点实物图

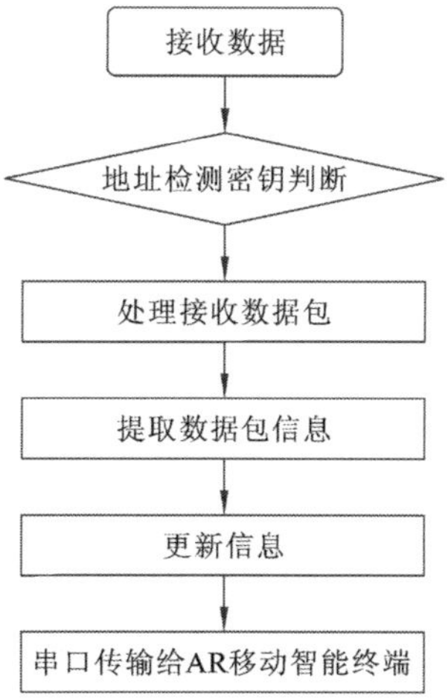

图 9.28　终端节点程序流程图

ZigBee 终端节点从一个 ZigBee 中心节点信号覆盖区域到另一块 ZigBee 中心节点信号覆盖区域，如图 9.29 所示。

2. 无线触发系统功能设计

由中心节点发射触发信息，通过定向天线固定到触发区域，终端节点进入触发区域完成组网，接收到触发数据后，将该数据通过串口送给移动 AR 智能终端，如图 9.30 所示。

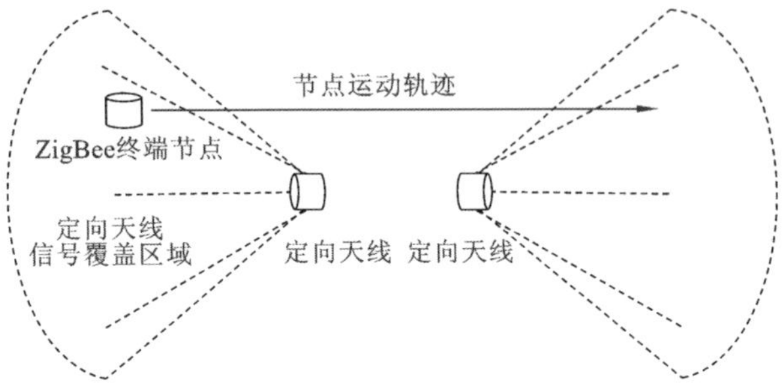

图 9.29　定向天线覆盖示意图

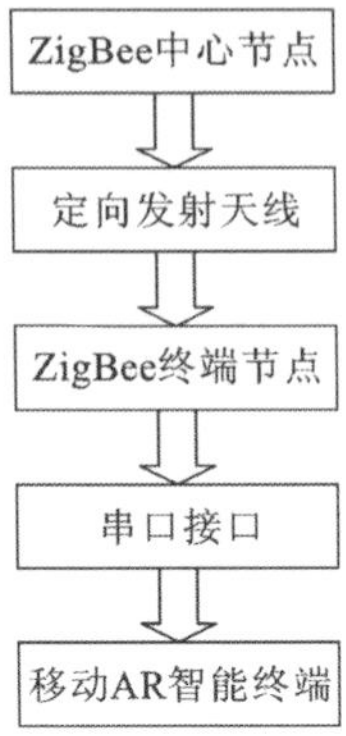

图 9.30　触发功能流程图

三、移动智能终端设计

移动智能终端的硬件结构主要包括嵌入式微处理器、ZigBee 无线通信芯片、I/O 接口电路、电源电路等，通过市场调研，确定各部分硬件组成成分，硬件结构示意图如图 9.31 所示。

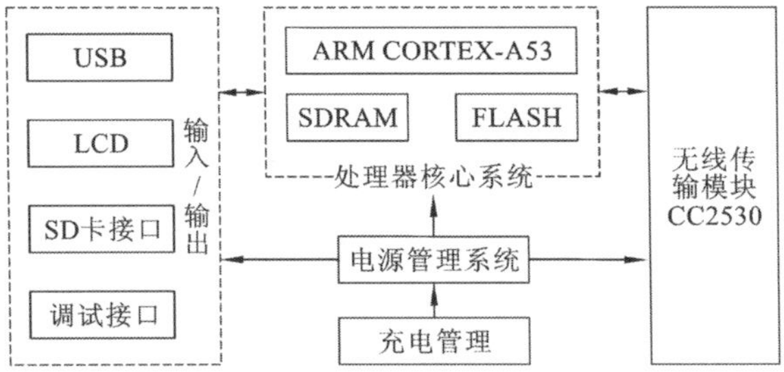

图 9.31　硬件结构示意图

微处理器：采用基于 4 核 ARM CORTEX-A53 内核的 CPU 芯片，采用 64 位架构，与 32 位架构相比，64 位架构的优势体现得十分明显，此 A53 处理器主频可达 1.2 GHz，程序执行的效率远远超过 32 位 A9 架构。

内存储器：采用 DDR3 型号的 2 GB 的 RAM，Nand-flash 型号的 8 GB/16 GB/32 GB 的 ROM。

蓝牙、Wi-Fi 模块：采用蓝牙、Wi-Fi 二合一模块，蓝牙支持 Bluetooth2.1+EDR 协议，Wi-Fi 支持 802.11 b/g/n。

电源模块：采用嵌入式 3.7V 6 000 mAH 的可充电锂电池，充电器型号参数输入为 AC100-240 V/50-60 Hz，输出为 DC5V 2.0 A。

第十章　基于 AR 应用的土家族文化旅游商品创意开发

旅游商品是指旅游者在旅行游览过程中出于非商业目的购买的有形商品。原国家标准《旅游业基础术语》（GB/T 16766—2010）并没有对“旅游商品”术语进行解释性表述，但明确了“旅游购物”的定义，将其表述为“在旅游活动过程中所进行的各类产品的购买活动，包括工业产品、农副产品、土特产品、工艺品、旅游纪念品等”。并且在“旅游商品”的相关术语中列出了旅游纪念品、手工艺品、土特产品、旅游日用品、旅游专用品和旅游休闲食品 6 个术语。旅游纪念品是旅游者在旅游目的地购买的具有浓厚当地特色的土特产品或手工艺品；手工艺品是观赏性、艺术性和纪念性较强的，以手工制作为主的商品，一般包括雕塑工艺品、织绣工艺品、编织工艺品、漆器工艺品、金属工艺品、美术字画和美术陶瓷等；土特产品是以当地原材料或当地传统制作工艺生产加工的传统特色产品，具有浓厚的地方性特征；旅游日用品是旅游者在旅游途中所使用的日用消费品，一般包括旅游服装、鞋帽、洗涤用品、化妆用品、防护用品、娱乐用品等，这些用品的特点是简易轻便，便于携带；旅游专用品是旅游者参加一些特种旅游所需的专门器材或装备，如钓具、滑雪器具、高尔夫球杆、望远镜和指南针等；旅游休闲食品是供旅游者在旅游途中购买或消费的特色食品，一般包括糖果糕点、风味食品、方便食品、坚果蜜饯等。国家标准《旅游资源分类、调查与评价》（GB/T 18972—2017）在进行旅游资源大类划分时采用的概念是“旅游购品”而不是“旅游商品”，该标准将“旅游购品”作为 8 个大类旅游资源之一，并将其划分为农业产品、工业产品和手工工艺品 3 个亚类及 15 个基本类型，详见表 10.1。从分类表述来看，旅游购品本质上也是旅游商品。可见，旅游商品的范围十分宽泛，涵盖了旅游者在旅游活动全过程的购买行为。旅游商品在整个旅游产业链中十分重要，是旅游产业经济属性的重要体现，也是一个国家或地区旅游产业发达与否、成熟与否的重要标志。目前，世界旅游购物的平均消费指数约为 30%。在旅游业发达的国家，如美国、法国、泰国等国，旅游购物收入占到了旅游总收入的 50%～60%，而德国、日本、新加坡等国更甚，占 60%以上。相较于国外旅游发达国家，我国旅游商品业还很不发达，根据 2019 年中国旅游消费调查统计，国内旅游者的旅游购物占全部旅游支出的比例不到 30%，旅游商品开发与销售成为我国旅游发展的短板，是旅游产业链中较薄弱的一个环节。深挖土家族文化内涵，将土家族文化巧妙地融合到旅游商品的开发之中，提升旅游商品的文化内涵，通过旅游商品来传播、展示独特的土家族文化，既能提高旅游商品销量和附加值，又能增强游客的旅游体验，对于促进文化和旅游深度融合、旅游产业的转型升级及高质量发展具有十分重要的指导意义。

表 10.1　旅游购品分类

主类	亚类	基本类型	简要说明
G 旅游购品	GA 农业产品	GAA 种植业产品及制品	具有跨地区声望的当地生产的种植业产品及制品
		GAB 林业产品与制品	具有跨地区声望的当地生产的林业产品及制品
		GAC 畜牧业产品与制品	具有跨地区声望的当地生产的畜牧产品及制品
		GAD 水产品及制品	具有跨地区声望的当地生产的水产品及制品
		GAE 养殖业产品与制品	具有跨地区声望的养殖业产品及制品
	GB 工业产品	GBA 日用工业品	具有跨地区声望的当地生产的日用工业品
		GBB 旅游装备产品	具有跨地区声望的当地生产的户外旅游装备和物品
	GC 手工工艺品	GCA 文房用品	文房书斋的主要文具
		GCB 织品、染织	纺织及用染色印花织物
		GCC 家具	生活、工作或社会实践中供人们坐、卧或支撑与贮存物品的器具
		GCD 陶瓷	由瓷石、高岭土、石英石、莫来石等烧制而成，外表施有玻璃质釉或彩绘的物器
		GCE 金石雕刻、雕塑制品	用金属、石料或木头等材料雕刻的工艺品
		GCF 金石器	用金属、石料制成的具有观赏价值的器物
		GCG 纸艺与灯艺	以纸材质和灯饰材料为主要材料制成的平面或立体的艺术品
		GCH 画作	具有一定观赏价值的手工画成作品

注：表格内容选自《旅游资源分类、调查与评价》（GB/T 18972—2017）

第一节　旅游商品现状

为详细了解土家族旅游商品中的文化资源利用状况，以长阳土家族自治县为调查区域，组织部分成员于 2017 年 7 月 21～23 日深入长阳县中心城区的文旅特色街区和主要景区（长阳县博物馆、非遗馆、民俗文化村、清江画廊景区、清江方山景区等），实地考察旅游商品及其文化资源利用现状，包括文化旅游商品的类别，旅游商品的消费现状，文化植入的途径、方式、表现与效果等。具体调查工作流程如图 10.1 所示。该次调查旨在发现长阳旅游商品中土家族文化资源利用方面存在的问题，剖析旅游商品开发中文化表现不足的原因，并探寻旅游商品中文化植入的一般途径，以此创新文化旅游商品设计，促进土家族文化遗产的传承与发展。

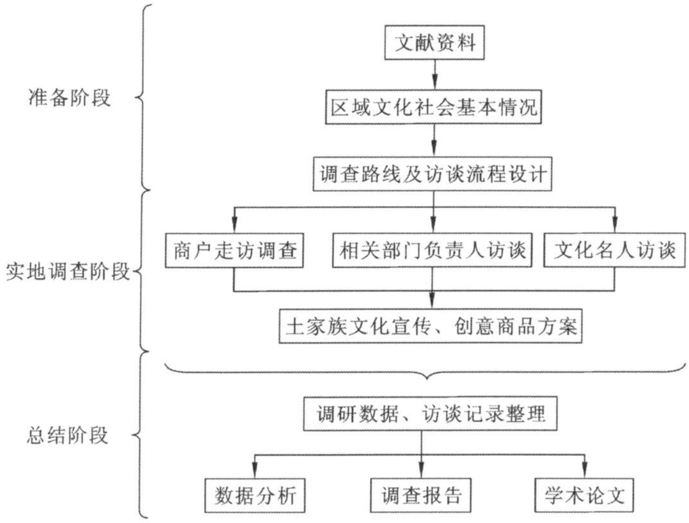

图 10.1　长阳县旅游商品调查流程

调查发现，长阳县存在 7 大系列 147 种旅游商品，包括清江水产系列、土家族饮食系列（包括酒、茶、土特产等）、土家族服饰系列、清江石系列、土家族医药养生系列、长阳根雕系列及其他系列产品，涵盖了菜品饮食、农林畜产品及制品、水产品及制品、中草药材及制品、传统手工产品与工艺品、日用工业品和其他物品 7 种类型的旅游商品，如图 10.2 所示。其中，长阳菜品饮食类旅游商品最为丰富，其次为农林畜产品及制品、传统手工产品与工艺品，日用工业品类型的旅游商品数量最少。

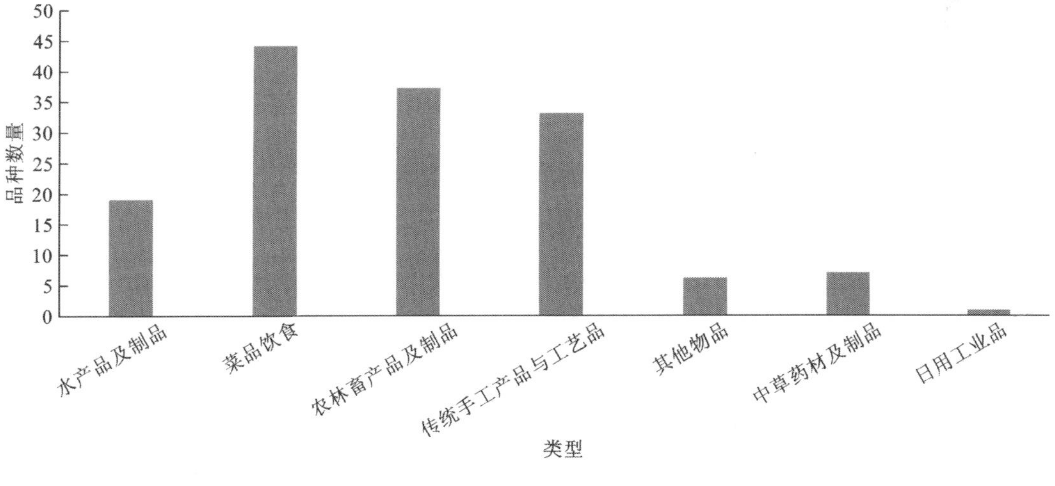

图 10.2　长阳县旅游商品分类统计

从旅游商品的价格来看，菜品饮食、水产品及制品、农林畜产品及制品、中草药及制品、日用工业品等多个商品的价格区间为 10～200 元，且 100 元以下居多。具有收藏价值及艺术品鉴价值的商品（如李银林老先生字画、清江奇石、根雕等艺术品），单价较高，突破万元。

从旅游商品的产地来看，手工艺品及旅游小商品主要来自义乌。菜品饮食和水产品产地多为清江流域土家族聚集区，包括宜昌、恩施、湖南等多处厂家。在旅游商品中，长阳本地生产的有茶叶、酒品、家禽等商品，但是其质量一般，且产量有限，无知名品牌，难与外来品牌抗衡。

从游客购买体验来看，最受游客欢迎的旅游商品有清江水产系列、土家族饮食系列、土家族儿童服饰、竹筒酒等。这些旅游商品具有地方性、原生态的特点，且便于携带。从现场调查情况来看，旅游商品的文化内涵展示明显不够，多个商品的外包装简单粗糙，无土家族文化元素，不能突出产品的地域特色。游客的购买决策多是经导游推荐或是熟人推荐，以理性消费为主，而且大多数游客对购物店的商品充满了不信任，对商品的卫生、质量、档次等多个方面存在担忧。

从旅游商品的经营场所来讲，目前网购的兴起，大多数游客选择网上购买，因其方便、快捷深受游客喜欢，对旅游商品门店的经营冲击很大，多数旅游商品门店中旅游必需品（如水、饮料）的销量最好，其他类旅游商品销售量有限，尤其在工艺品方面，游客很少购买。

从旅游商品的包装设计来看，总体上旅游商品的包装较为粗糙，缺乏美感，极少见到包装精美的商品，部分还存在无包装、无商标现象。有部分土家特色饮食未采用任何包装形式，以散装形式售卖，且存放简陋、管理不善，存在较严重的质量、卫生等隐患。包装较为精美的是土家嫂子、巴王嫂、施公府等品牌产品，有专门的包装设计，印制比较精美，商品商标有较明显的地域文化特色，卫生及质量能遵循相应的标准和规范进行管理。

第二节　旅游商品中土家族文化资源利用现状和问题

一、利用现状

长阳县文化资源数量丰富，类型多样，各具特色。经调研可知，在旅游商品中，应用的文化资源主要有长阳清江渔民文化、土家族民俗文化、土家族传统音乐、土家族传统技艺四大类中的 17 种文化资源：廪君传说、长阳山歌、跷旱船、皮影戏、长阳渔鼓、打陀螺、剪纸、西兰卡普、陶器、传统中药文化、饮食、土家茶文化、土家酒文化、土家建筑、土家服饰、白虎图腾、向王天子。长阳文化资源十分丰富，但是应用于旅游商品开发的文化资源类型仅占 20%左右，丰富多彩的文化资源并未被开发利用，需要进一步挖掘和提炼。

文化资源在旅游商品中的应用，有直接利用型、初级加工型、功能扩散型、元素重构型和混合嵌套型 5 种逐次渐进的利用模式（王欣，2017 年）。直接利用型是将现有的地方文化元素直接当作旅游商品或者旅游商品的一部分进行生产和销售的类型；初级加工型是将地域文化的造型、图案纹样、色彩等元素形式进行提炼、构建、塑造一系列的加工处理，并延续其原有的主题内涵的类型；功能扩散型是指地方文化元素应用到旅游商品中后改变了其原有的物质功能或精神功能的类型，其中物质功能包括实用功能、技术功能和经济功能，精神功能包括审美功能和地位功能；元素重构型就是从地方文化元素商品化中提炼具有较高市场知名度和民众认同性的文化元素，以一种新的艺术形式排列组合的类型，如北京的“申奥”徽标；混合嵌套型是指将多种地方文化元素有序地整合、嵌套，呈现出多样应用空间的类型。按照这 5 种利用模式，本次调查的长阳县旅游商品中文化元素的利用方式占比如图 10.3 所示。

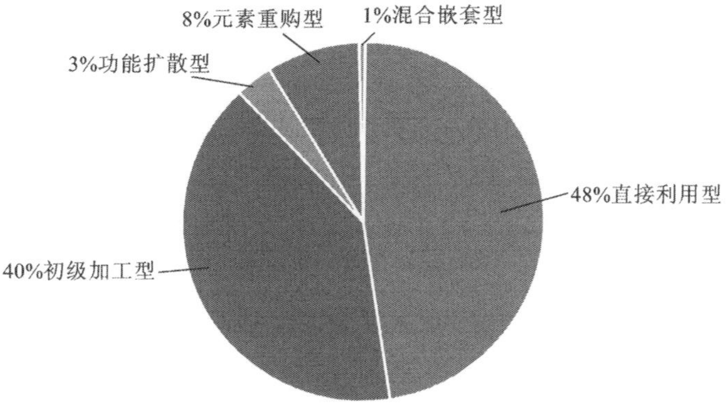

图 10.3　长阳县旅游商品中文化资源利用方式占比

由图 10.3 可知，长阳地区的文化资源在旅游商品中应用的方式，以直接利用型为主，初级加工型为次，更为深层次的利用如功能扩散型、元素重构型、混合嵌套型，应用极少。在旅游商品中，直接利用文化资源的旅游商品主要有菜品饮食、中草药及制品等，多以农民自制，未经包装、无商标注册，以游客散买为主；初级加工的文化资源的旅游商品主要有清江水产系列、葛根系列、魔芋系列产品，该类产品有包装，有标准化的生产车间及产品线，可以量产，有质量和卫生的相应保证；功能扩散型旅游商品，数量较少，以竹制的杯子及碗为主，雕刻有长阳地区的代表性文化；元素重构型旅游商品，数量较少，以长阳清江渔船模型、武落钟离山景点微型纪念品、土家建筑木制模型为主；混合嵌套型，以土家脸谱草编、土家族特色挂饰为主，融合了多种文化资源，创新性强。文化元素在旅游商品中 5 个利用模式的逐次递增，既体现了文化资源利用的深入程度，也体现了文化创新力度的渐次增强。长阳地区文化资源利用还处于初级阶段，文化旅游产品的开发设计能力较为薄弱，利用方式单一，创新性不强。

二、存在问题

（一）旅游商品的种类较少，文化缺乏载体

此次调查获取的 147 种旅游商品中，按照《旅游资源分类、调查与评价》(GB/T 18972—2017）中提出的 15 个基本类型，长阳县仅有 7 个。在现有的 7 个基本类型中，以菜品饮食、农林畜产品及制品、传统手工产品与工艺品为主，其他几个种类的商品数量十分稀少，旅游商品的种类出现结构性失衡。旅游商品是文化表现的载体，已有的商品种类太少，难以承载、传承和表达丰富多样的土家族文化。传统手工产品与工艺品，虽然本身就是很好的文化载体，但实际传承下来的传统手工艺品种类有限，针对长阳土家族文化或地方性材料研发的旅游工艺品较少，通过现场调查也较少发现有明显土家族文化和地域特色的工艺品。

（二）旅游商品中的土家族文化内容单一

从长阳县旅游商品现场调查获取的 147 种商品上赋存的文化来看，仅有少量传统美食、服饰、西兰卡普及土特产品上有明显的土家族文化内容，且多是与土家族人民生产生活密切相关的题材的直接利用，鲜有对文化元素进行提炼加工后形成特定的文化符号或标志。要将长阳土家族的文化与旅游商品很好地结合起来，其中一个重要环节就是要对文化的精神内核进行挖掘和提炼，对特定的文化元素提取后再进行艺术加工。有些文化比较容易通过商品进行表达，例如土特产品能够体现出长阳土家族文化中的饮食文化内容和农业生产文化，以及与之对应的自然环境，但是饮食文化本身是一个复杂的概念，除直接可以感官的菜品种类外，还包括饮食的制作方法、饮食的器皿、饮食的风俗、饮食的传承等，每种菜品所隐含的文化是需要通过挖掘和提炼的。现有的土家族美食菜肴的研发中，较少对其所蕴含的土家族生产文化、生态文化及民俗风情等文化内容进行深度挖掘，难以透过现象看到文化的本质，难以提炼出特征文化信息和文化元素，导致菜品及饮食环境均缺乏对土家族文化的利用，文化与旅游商品的结合不紧密，少量商品中仅能出现土家族文化的简单直接利用。

（三）旅游商品中的文化展示方式单调

从现有的旅游商品来看，长阳土家族文化的展示方式仅仅局限于商品包装上的文字介绍或图片呈现，土家族文化的独特性并没有通过包装设计、材料应用、展示环境、展示技术等多种渠道来展示，特色旅游商品也没有相应的特定购物环境和文化氛围，不利于游客深度认知和了解土家族文化。例如土家腊肉，其制作过程从材料的选取、初加工、腌制过程、腌制环境、存放方式等无不蕴含了土家族人民的劳动智慧和民俗文化，其文化展示需要借助特定的土家民居环境来实现，然而实际销售时将其放到普通的商品陈列展示柜中，缺乏相应的外包装，陈列环境缺乏对其文化的详细解说，导致土家腊肉的文化氛围缺失。另外，游客在购买旅游商品时，除需要了解商品的价格、包装、保存方式等信息之外，还需要详细了解商品的功能、性能、特征及本身所包含的文化等信息。旅游商品和普通商品的不同点主要在于地方性、文化性和纪念性意义，这些特点需要通过科学的解说才能被游客所感知。

第三节　基于 AR 应用的土家族文化旅游商品开发策略

文化与旅游商品的结合应该包括多种关系。同一种文化可以在不同商品上得以体现，在不同商品中的利用方式也可以不同；不同文化也可以在同一种商品上进行利用，不同文化的利用方式也可以是一样的；总之，文化、商品种类、文化的利用方式三者之前存在多种关系，正是由于这些关系的存在，文化旅游商品开发的途径和方式很多，主要策略有以下 4 种。

一、文化创意促进策略

文化创意是将隐性文化资源转化为显性文化产品或文化现象的过程，转化过程中需要对某种文化的特质进行提炼和加工，需要整合相关学科知识，利用相应的多媒体手段进行再造与创新，通过知识产权的开发和运用，并将其应用到生产生活之中，才能产生出深厚的文化内涵和高附加值的消费产品。深入挖掘长阳县土家族文化资源，对旅游商品进行深层次的文化元素注入，通过文化创意达到“一类商品一类文化，一个商品一个故事，一系列商品一系列故事”，实现由“卖商品”向“卖文化”质的提升和转变，将商品消费转变为文化消费，靠文化内涵来提高商品的竞争力和附加值，提高游客的认知度和忠诚度，逐步扩大长阳土家族文化旅游商品的市场份额。

一是可以通过文化主题的注入，形成系列化的旅游商品，如根据长阳土家族传统音乐可以将主题音乐如长阳山歌、薅草锣鼓、清江号子、长阳吹打乐、长阳竹枝歌、长阳道教科仪音乐等形成多个系列的音乐文化旅游商品；根据长阳土家族传统舞蹈，可以创意开发撒叶儿嗬、长阳花鼓子、长阳巴山舞等系列化的旅游商品；根据长阳土家族传统美术，可以创意开发彩扎、剪纸、门匾等三大系列的文化旅游商品。

二是旅游商品的文化创意可以从造型设计角度来突出文化内涵，增强游客的视觉审美冲击。从旅游商品的体量、造型、风格、色彩、制作工艺等多个方面，进行旅游商品的文化创意开发。制作游客方便携带的旅游商品，如小型精装的土家食品、饮品等。或是运用 3D 打印机制作特色土家族姑娘玩偶或是土家吊脚楼等玩具。因此，对长阳县土家族文化旅游商品进行创意开发，注重商品创意的多角度和商品本身的多样性，从传统文化与现代科技手段的融合方面入手，才能形成受游客欢迎的创意商品。

三是着力提高旅游商品的地理标识度。可参考美国国家公园的经验，将长阳土家族文化特质或旅游景区的特色文化设计成独特的 Logo，广泛应用于各类商品之中，形成带有特定地域文化符号的旅游商品。使用景区内风景图片的冰箱贴和明信片，以及可以盖景区 Logo 印章的投币打印机，还有带景区 Logo 的帽徽、装饰性温度计和小摆件等。还可引导土家族地区的景区，统一设计景区冰箱贴和明信片套装，形成系列编排成故事，设置编号，引发游客的收集欲望。

为做好旅游商品的文化创意，可以在做好长阳土家族文化保护的基础上，成立长阳旅游商品研发创意设计中心，组建专门的研发团队，提高长阳旅游商品的研发设计能力，打造具有当地特色的旅游商品系列。充分利用高校、企业等团体的力量，开展广泛的合作，对长阳地区的文化进一步整理和对文化元素进行提取，然后创新文化和旅游商品的结合途径。举办长阳旅游商品创意大赛，充分利用社会人士的智慧。

二、功能创意开发策略

使用属性是旅游商品的基本属性，所有旅游商品首先要能满足功能需要。从目前市场上看，只有竹木笔筒、土家背篓等少数几个具有明确使用功能的商品，还远远满足不了游客和消费者的需求，应充分考虑长阳土家族文化资源特色，进行深层次的功能性创意开发。可以围绕日常工作生活所需要的商品，突出“实用价值”，进行系列商品的开发创新。功能性旅游商品开发中，尤其要加强长阳本地农产品的地理标志产品保护，做好土特产品的创意经营。农产品原材料均应来源于长阳各地的绿色种植基地，原材料加工严格遵循国家食品法规，包装设计低碳环保，分大中小袋包装、家庭装礼品装精品装，在包装袋上要注明生产日期、保质期、功效、食用方法等。同时，加强知识产权保护力度，所有特色纪念品均申请商标，以防假冒；突出土家族文化，展示当地特色；适宜大规模生产，制作精美，方便携带；设置游客参与制作环节，增加购买率；融入土家族文化元素，适宜收藏或馈赠亲友。实现途径主要是将土家族文化标签印制在各类旅游纪念品上，将对应的数字文化内容存放于 AR 文化旅游产品可视化平台，游客通过手机应用商店下载土家族旅游商品 AR 应用软件后即可扫码使用。功能性的长阳土家族 AR 文化旅游商品具体包括以下几种。

AR 景点纪念品：以清江画廊、清江方山、石柱观、向王寨、麻池古寨、隔河岩大坝等为素材，开发形成若干与景点相关的数字文化内容，将对应了该内容的文化标签印制在旅游景点纪念品上，具体形式包括帽子、钥匙扣、开瓶器、磁性小挂件、纪念挂盘、挂件、小雕塑、邮品、纪念钟表、冰箱贴、绒毛制品、丝绸制品、书签、纸（绸）扇、扑克牌、明信片、屏风、箱包手袋等。

AR 音像图书：旅游音像图书，如反映长阳自然风光、民风民俗的 AR 光盘、AR 生态宣传教育丛书、AR 历史人物丛书、AR 导游图书等。还有景点介绍图、导游图、风光图片、旅游指南、饮食指南、购物指南等。

AR 文化作品：鼓励艺术家以各种形式对当地文化进行再创作，形成各种土家族文化作品，如以 AR 方式呈现的土家音乐文化、舞蹈文化、都镇湾故事及以各种民俗风情等为背景创作的诗歌、小说、电视剧、电影、绘画等。

AR 手工艺品：花布制品、织绣制品、草编制品、根雕、竹雕、石雕、竹编制品、麻编制品等。

AR 旅游服装服饰品：通过旅游休闲服装服饰业和旅游景区服装服饰展现长阳的山水风情，服装服饰设计风格以中国风为主，兼顾其他风格，制作材料精良，穿着佩戴舒适美观，如土家民族服饰、西兰卡普饰品等。

AR 旅游文化时尚用品：家居摆件、创意家具、餐具、陶瓷、户外园艺品、运动用品、手机饰品、汽车饰品、家居饰品、化妆品、美容用品、书画作品、动漫游艺、手扎灯笼、陶艺等。

AR 办公系列用品：鼠标、U 盘、键盘、书签、水杯、手机保护外壳、文具、杯垫等。

AR 家庭系列用品：家具、马扎、坐垫、拖鞋、抱枕、绣花鞋垫、围巾、手套、收纳桶、小屏风、脚底按摩器、玩偶摆件等。

AR 长阳土特产：清江鱼、椪柑、无公害蔬菜、茶叶、烟叶、资丘独活、木瓜、火麻仁、杜仲、黄柏、栀果、油桐、乌柏、柑橘、生漆、根艺盆景等。每一种农特产品均可以形成系列，如土家贡茶，除开发为各种茶品外，还可以创意开发茶食品、茶饮料、茶美容护肤品等多种类型的主题商品，如茶食品就有茶饼、茶糖、茶瓜子、茶面、抹茶巧克力、抹茶冰淇淋、抹茶蛋糕、抹茶面包、抹茶果冻、抹茶糖果等；茶饮料有罐装茶饮、固体茶饮、茶牛奶、茶酸奶、抹茶罐装饮料等；茶美容护肤品有抹茶面膜、抹茶粉饼、抹茶精油皂、抹茶洗发水等。

其他用品：娱乐类的有清江石象棋、非遗麻将等；儿童益智玩具类的有积木、算盘、鲁班锁；还有土家药膳材料包、香薰包、药酒、中药茶、药粉等。

三、品牌创意开发策略

现代旅游产业运行过程中，旅游商品的推广和销售越来越受制于品牌的影响。好的旅游商品需要有独立的市场运营品牌。目前长阳土家族文化旅游商品及商品生产企业的品牌不仅数量少而且影响力十分有限，仅有的品牌也没有形成真正的市场影响力。为促进旅游商品行业的繁荣发展，政府和旅游行业管理部门应该充分发挥政府主导和行业引导的作用，整体策划、研发设计及包装长阳土家族特色文化旅游商品的整体品牌，并形成系列。文化旅游商品的生产及经销企业要树立和强化品牌意识，按照各类商品品牌塑造的要求进行研发、生产和销售环节的全过程管理，积极维护品牌。发展初期，不可避免地会存在商品同质化问题，这就需要建立旅游商品行业的自律机制，可以由行政主管部门或行业协会组织出面引导，采取市场化的方式培育和鼓励企业创建商品品牌，靠高认知度的品牌来证明企业产品的质量、信誉，从而逐步规范市场。品牌形象建设起来后，要着重做好以下三方面的工作。

一是要建立有效的商品包装视觉识别系统。在旅游商品包装方面需要遵循以下原则。①文化性原则。包装无论大小，首先给消费者的感觉是产品所赋有的浓郁的文化。包装的图案样式、文字形式、色彩运用都要透着强烈的“土家族”民族风，把长阳土家族特色深厚的文化内涵通过包装向游客进行充分的展示，以达到刺激游客购物欲望，达到购买行为发生的效果。②环保性原则。产品的包装不仅要做到主料环保，而且辅料同样环保。一般情况下，包装材料的选择应以自然材料为主，满足游客的健康消费观。③节约性原则。长阳地区的乡土特色旅游商品由于其产品的特殊性（包装用完后就完全没用，被扔掉），包装不能过于奢华，避免造成社会人力、物力、财力的浪费。可考虑设计可循环使用的产品包装，引导包装重复使用的消费观。

二是要提高旅游商品的生产能力，增强产品的市场竞争力。针对市场上旅游商品存在种类较少和部分商品质量不佳的问题，要完善商品的产业链，提高商品的加工技术，加强商品的生产管控，降低商品的制作成本，增强产品的市场竞争力，打造出具有地方特色，高质量的旅游商品。

三是注重商品的文化解说，扩大长阳旅游商品品牌的影响力。旅游商品中的文化只有通过有效的解说，才能被游客感知，进而使游客产生消费的欲望。商品的文化解说首先需要挖掘整理出系统的文化信息，形成相关的文字、图片、视频、音频等多媒体数字信息，在网络上进行宣传；然后开展旅游导购人员的文化解说培训工作，在游客购买商品时，提供商品和文化信息的讲解；最后是优化旅游商品的购物环境，例如将土家腊肉放在土家吊脚楼中进行售卖，保留土家腊肉的原始文化氛围。

四是提升商品工艺水平，增强竞争力。随着现代科技的进步与革新，价格低廉、性能优良的旅游商品受到人们的喜爱。在对土家传统手工艺进行保护的前提下，革新土家族文化旅游商品的加工工艺，利用现代机械生产性价比高的土家族文化商品。传统工艺加工的土家工艺品可以满足收藏家、设计师等高端消费人群的消费需求，现代化的加工工艺产品满足大众游客市场，可以有效提高土家族文化旅游商品的市场竞争力。

四、产业政策促进策略

鼓励文化和旅游相关领域组织机构间的合作，促进文旅更好地融合发展；出台相应的旅游商品标准，保证旅游商品的质量；规范旅游市场环境，监督实施旅游商品的退换货制度，保障游客的合法权益；积极打造主题节事、赛事活动，推动相关赛事的举办，适当地对先进企业和个人进行奖励，引导行业的发展方向。制定人才引进政策，为行业的发展提供人才保障。除了政策促进，优化好市场环境，才能实现旅游商品行业的可持续发展、优化市场环境可以从以下几方面着手：一是打造特色主题购物场所，例如建设特色购物街区、特色购物商店、特色购物展柜，激发游客的购买兴趣；二是进一步完善购物相关法规和退换货制度，消费者无论是在商店、网上购物，都可以在商家规定的时间内退换货，还可以通过设置“犹豫期制度”来保护消费者；三是加强对旅游者的宣传导购工作，与普通购物不同，游客对旅游商品的特色、功能等属性的了解不多，旅游商品的信息展示和销售人员的导购都能帮助游客快速了解旅游商品信息，在此需要注意的是，传统导购偏向于对顾客消费的引导，而旅游商品的导购偏向于引导游客了解所售商品的信息。

第十一章　土家母亲河酉水源文化旅游创意开发*

第一节　酉水源简介及区域概况

一、酉水源简介

酉水河位于湘鄂渝交界处，是长江支流沅江的最大支流，发源于武陵山区七姊妹山自然保护区，流域为土家族聚居地区，全长 477 km，流域面积 18 530 km^2。酉水源是酉水河的源头区域。

二、酉水源区域概况

酉水源所在区域内自然资源丰富、土家族文化历史悠久，乡村环境优良。以酉水河源头的自然景观及文化本底为依托，将酉水河及沿线乡村整合开发，可以形成土家族文化发源的朝圣地、形成一条系统体验土家族文化的旅游带，即酉水源旅游带。酉水源旅游带范围为沙道沟镇境内沙沙线（沙道沟镇镇区—棕溪村）两侧视线所及范围，以及白水河、酉水河流域的支流覆盖范围。涉及沙道沟镇镇区、金盆村、药铺村、白水河村等 29 个行政村，规划面积 390.4 km^2，其中酉水河沿线的上洞坪村、水田坝村、官庄村、芦茅湾村、金盆村、药铺村、白水河村是重点区域，其余部分为景观控制及生态保育区，见图 11.1。

（一）区位条件

地理区位：酉水源位于恩施土家族苗族自治州宣恩县沙道沟镇，西邻长潭河侗族乡，北部与椿木营乡接壤，南部与彭家寨相邻。

交通区位：酉水源距离恩施许家坪机场 91.3 km，约 1.5 h 车程，该机场目前已开通飞往上海、北京、西安、广州、厦门等地的多条航线；距离恩施火车站 97.3 km，约 1.5 h 车程，5 h 内可到达重庆、西安、武汉等城市；距恩来、恩黔高速宣恩出口 16 km，车程 0.5 h，由此可南达长沙，北通恩施土家族苗族自治州城区；经由 209 国道可进入恩施市，经由 325 省道、233 省道可达鹤峰县。

旅游区位：酉水源处于鄂西生态文化旅游圈、湘西生态文化旅游圈的叠加区域，同时紧邻中国土家泛博物馆（彭家寨）、七姊妹山国家级自然保护区，有利于整体开发。

---

* 根据张立明教授主持完成的课题“湖北省宣恩县酉水源文化旅游带总体规划”的主要内容整理，参加课题的成员还有王剑、杨骁红、王同舟、吴倩婷、白雪、赵文斌、温梦颜、石超等。该课题得到宣恩县人民政府支持

图 11.1　酉水源旅游带开发范围

酉水源旅游带经恩黔高速、209 国道等重要交通道路，可连接张家界、长江三峡等多个享誉国内外的旅游目的地，区位条件优越，见图 11.2。

图 11.2　酉水源旅游带在武陵山片区旅游和交通区位

（二）自然环境

酉水源位于海拔 800～1 200 m 地带，峡谷相间，溶洞天坑遍布，是典型的喀斯特地貌区。属亚热带季风和季风性湿润气候，春迟秋早，湿润多雨，冬无严寒，夏无酷暑。植被区系属亚热带常绿阔叶林地带，雨热同期，动植物资源丰富，有珙桐、红豆杉、楠木、银杏等国家保护植物，以及樱花林、紫薇林、竹林等。植被林相呈现出明显的垂直变化和差异。酉水源旅游带内为酉水河发源地，因此境内水网密布，水质极佳，有白水河、马桑溪、大干溪、上安溪等大大小小溪沟 20 条。

（三）社会经济

酉水源旅游带包括上洞坪村、水田坝村、官庄村、芦茅湾村、金盆村、药铺村、白水河村等 29 个行政村，各村具体人口和产业情况见表 11.1。此外，根据《宣恩县沙道沟镇镇域规划》要求，沙沙线（沙道沟镇镇区-棕溪村）沿线为未来沙道沟镇的人口集聚区域，其中酉水源旅游带内的白水河村、金盆村、老岔村、松坪村、龙潭村及沙道沟镇区周边行政村为就近城镇化区。

表 11.1　酉水源旅游带人口分布与产业现状

村名	总人口/人	产业情况/亩	
		原有产业	乡村振兴产业
白水河村	1 230	黄柏 600、杜仲 100、厚朴 100	冬桃 577、李子 516
松坪村	3 662	白柚 300	白柚 300、花椒 120

续表

村名	总人口/人	产业情况/亩	
		原有产业	乡村振兴产业
上洞坪村	3 552	厚朴 100、白柚 400、椪柑 100	白柚 400、椪柑 100、油茶 500
补溪村	725	核桃 300、油茶 120	油茶 120、枇杷 140、花椒 180
水田坝村	1 458	—	柑橘 520
黄泥塘村	941	黄柏 250	黄柏 250、烟叶 437
赵家坝村	1 082	黄柏 200、木瓜 100	枇杷 300、黄柏 200、木瓜 100
麻柳村	436	黄柏 100、厚朴 200	枇杷 210、黄柏 100、厚朴 200
官庄村	1 267	黄柏 100	油茶 600、冬桃 100
小白溪村	172	黄柏 200、厚朴 200、核桃 150	黄柏 200、厚朴 200、核桃 150
大白溪村	478	黄柏 50、岩茶 200	枇杷 271、岩茶 200
芦茅湾村	865	核桃 510	冬桃 250、枇杷 410、核桃 400
木龙寨村	1 588	黄柏 400	枇杷 257、黄柏 400
老岔村	1 076	—	油茶 370、枇杷 300
大垭村	1 319	漆树 30	油茶 500、漆树 30
金盆村	1 905	黄柏 200、漆树 100	油茶 850、黄柏 200、漆树 100
庙垭村	524	黄柏 100	油茶 500、黄柏 100
潭子洞村	977	黄柏 100、漆树 400	漆树 100、核桃 100、枇杷 300、油茶 300
药铺村	1 786	—	油茶 250
高荒坪村	277	黄柏 100、核桃 50	黄柏 100、核桃 50
棕溪村	1 117	黄柏 100、杜仲 100	枇杷 190、烤烟 1572
马桑溪村	231	黄柏 100、厚朴 300、杜仲 50	黄柏 100、厚朴 300、烤烟 178
桃子岔村	—	白柚 100	白柚 100
街上村	—	—	—
响龙村	—	白柚 50	白柚 50
班大湖村	—	白柚 800	白柚 800
当阳坪村	—	白柚 1 200	白柚 1 200
二台坪村	—	核桃 200、木瓜 100	黄柏 200、木瓜 100
辽叶村	—	黄柏 200	油茶 932

（四）产业情况

第一产业以黄柏、核桃、厚朴、白柚等种植业为主，见图 11.3。根据沙道沟镇产业布局，未来主要引导发展油茶、枇杷、烤烟、黄柏等。酉水源旅游带内农业龙头企业有湖北土家爱食品开发有限公司、湖北鹏博生态农业发展有限公司、宣恩县荣华生态农业发展有限公司等 8 家；各村都建立了专业合作社，拥有村集体经营公司。

图 11.3　酉水源旅游带农业产业分布

第二产业主要有水电、矿产、工艺品、白酒、药材加工、食品加工和木材加工等产业。2 000 万元以上规模公司有沙道粮油收储有限公司、德和新型能源有限公司两家，500～2 000 万元规模公司有沙坪酒厂、武陵中药材有限公司、宣恩县宏盛木业有限责任公司等 9 家。

第三产业以商贸服务业为主，集中在沙道沟镇镇区、金盆村的沙坪，产业业态主要是饭店餐饮及旅馆住宿。

第二节　酉水源文化及旅游资源分析评价

一、酉水源土家族文化

从地理环境来看，发源于七姊妹山的白水河是酉水河的发源地。从武陵山片区及酉水流域的土家族人口地理分布来看，在湖北省、湖南省、重庆市、贵州省内，以土家族人口为主的县（市、区），土家族占人口总数约 70%，其中湘西土家族苗族自治州的集中程度最高。酉水沿线的宣恩县、来凤县、龙山县、永顺县、保靖县、古丈县、酉阳土家族苗族自治县、秀山土家族苗族自治县，土家族约有 182 万人，占当地人口的 29.54%～79.80%，是土家族人口居住密度最高的区域，见表 11.2。

表 11.2　土家族在武陵山区及酉水流域人口分布

省（直辖市）	市（州）	县（市、区）	2016 年人口总数/万人	少数民族人口比例/%	土家族人口比例/%	其他主要少数民族
湖北省	恩施土家族苗族自治州	来凤县	40	52.30	29.54	苗族
		鹤峰县	27	—	主要	苗族、蒙古族、白族
		咸丰县	42	85	主要	苗族、侗族等 15 个
		宣恩县	41	66.4	41.9	苗族、侗族等 11 个
		建始县	49	36.30	主要	苗族、回族等 15 个
		巴东县	57	50.50	非主要	蒙古族、回族、藏族等 29 个
		恩施市	87	38.49	主要	苗族、侗族
		利川市	91.37	59.20	52.43	苗族、蒙古族等 11 个
	宜昌市	长阳土家族自治县	49	—	51	汉族、苗族、满族等 23 个
		五峰土家族自治县	20.8	—	主要	回族、苗族、满族等 12 个
湖南省	湘西土家族苗族自治州	永顺县	53.82	—	79.80	苗族、回族、白族等 21 个
		龙山县	59	71	56.70	苗族等 16 个
		保靖县	31	—	51.48	苗族
		古丈县	14.41	76.90	40.52	苗族
	张家界市	慈利县	70.58	61	主要	白族、回族、苗族等 17 个
		桑植县	38	92.60	主要	28 个民族
	常德市	石门县	67.34	—	50.90	回族、苗族等 16 个

续表

省（直辖市）	市（州）	县（市、区）	2016 年人口总数/万人	少数民族人口比例/%	土家族人口比例/%	其他主要少数民族
重庆市		黔江区	53.6	73.30	主要	苗族
		酉阳土家族苗族自治县	56.24	—	主要	苗族、回族、蒙古族等 18 个
		石柱土家族自治县	41.5	72.23	71.93	苗族、独龙族等 29 个
		秀山土家族苗族自治县	50.15	52	主要	瑶族、侗族、白族、布依族等 18 个
		彭水苗族土家族自治县	50.64	53.85	9.97	苗族、蒙古族、侗族等 12 个
贵州省	铜仁市	沿河土家族自治县	68.34	61.20	主要	彝族、白族、傣族等 26 个
		印江土家族苗族自治县	43.76	—	主要	苗族、蒙古族、回族等 25 个
		思南县	68	—	主要	彝族、白族、傣族等 25 个
		江口县	23.7	52	主要	苗族、侗族、仡佬族、羌族等 14 个
		德江县	54	51.52	主要	苗族、仡佬族、侗族、布依族等 18 个

从酉水流域土家族非物质文化来看，酉水沿线的宣恩县、来凤县、龙山县等地，有土家族非物质文化遗产八大类，包括民间文化、民间音乐、民间舞蹈、传统戏剧等，共计 37 项。其中国家级非物质文化遗产有 13 项，占全国土家族国家级非物质文化遗产的 54.17%，省级非物质文化遗产有 23 项，占全国土家族省级非物质文化遗产的 28.05%，见表 11.3。

表 11.3　非物质文化遗产在武陵山片区及酉水流域分布

项目类别	项目名称	分布地区	级别
民间文学	土家族梯玛歌	湖南省龙山县、永顺县、保靖县、古丈县	国家级
	土家族哭嫁歌	湖南省永顺县、古丈县	国家级
	土家族山歌	湖南省保靖县	省级
	土家族挖土锣鼓歌	湖南省古丈县、龙山县	省级
	土家族摆手歌	湖南省古丈县、龙山县	省级
	巫傩诗文	重庆市酉阳县	省级
民间音乐	土家打溜子	湖南省湘西土家族苗族自治州	国家级
	秀山民歌	重庆市秀山县	国家级
	酉阳民歌	重庆市酉阳县	国家级

续表

项目类别	项目名称	分布地区	级别
民间音乐	土家族咚咚喹	湖南省龙山县	国家级
	湘西土家族民歌	湘西土家族苗族自治州	省级
	酉水船工号子	湖南省保靖县	省级
	薅草锣鼓	重庆市秀山县	省级
	十姊妹歌	湖北省宣恩县	省级
民间舞蹈	土家族摆手舞	湖北省来凤县，湖南省湘西土家族苗族自治州，重庆市酉阳县	国家级
	湘西土家族毛古斯舞	湖南省湘西土家族苗族自治州	国家级
	地龙灯	湖北省来凤县	国家级
	土家族八宝铜铃舞	湖北省宣恩县	省级
	耍耍	湖北省宣恩县	省级
	滚龙连厢	湖北省宣恩县	省级
传统戏剧	南剧	湖北省来凤县	国家级
	保安灯儿戏	重庆市秀山县	省级
	阳戏	重庆市酉阳县、秀山县	省级
曲艺	三棒鼓	湖北省宣恩县、来凤县，湖南省龙山县	省级
民间美术	土家族转角楼建筑艺术	湖南省永顺县	省级
	土家族竹雕	湖南省龙山县	省级
	湘西木雕	湖南省永顺县	省级
	塔卧石雕	湖南省永顺县	省级
传统手工技艺	土家织锦技艺	湖南省湘西土家族苗族自治州	国家级
	土家吊脚楼营造技艺	湖南省永顺县	国家级
	湘西土陶制作技艺	湖南省龙山县、永顺县、保靖县	省级
	竹编技艺	湖南省永顺县、保靖县	省级
民俗	土家年	湖南省永顺县	国家级
	土家族舍巴日	湘西土家族苗族自治州	省级
	古丈跳马节	湖南省古丈县	省级
	秀山花灯	重庆市秀山县	省级

酉水河的水奠定了酉水土家族民俗文化生态。酉水河沿岸的吊脚楼及土家族村寨，

是土家族依水而兴的重要见证。土家族的生产、生活也具有水文化元素，可以说水文化铸就了土家族人积极乐观的生活态度、勤劳简朴的生活作风和勇敢坚韧的民族精神。

二、旅游资源分析

（一）旅游资源分类及主要资源介绍

依据国家标准《旅游资源分类、调查与评价》（GB/T 18972—2017）对酉水源旅游带旅游资源进行调查、分析，统计得出酉水源旅游带的旅游资源可分为 8 个主类、19 个亚类和 38 个基本类型，共 194 处资源单体，见表 11.4。

表 11.4　酉水源旅游带旅游资源分类

主类	亚类	基本类型	资源单体	数量
A 地文景观	AA 自然景观综合体	AAA 山丘型景观	七姊妹山国家级自然保护区、青龙山、李家山、万家山	4
	AB 地质与构造形迹	ABA 断裂景观	香沟、轿子岩、菩萨岩、月亮岩、马鬃岭、柏杨台、矿洞堡、烧粑岩、城墙岩、卸马墩、和老堡、绿音塘、尖堡、头道水、正岩壁、关东岩、白水孔断层	17
		ABB 褶曲景观	香沟褶曲	1
	AC 地表形态	ACB 峰柱状地景	七姊妹山峰丛、兰草湾石林	2
		ACD 沟壑与洞穴	兰草湾、喊泉沟、吴家湾、通草湾、白水孔干洞、天坑洞、响水洞、官洞、神仙洞、仙人洞、凉风洞、庙湾洞、犀牛洞、沙子溪、八仙洞、吴家湾、梯子坝、犀牛洞、观音庙、王家岩屋、神龛岩、打挂洞	22
		ACE 奇特与象形山石	象鼻山、蛙象形石、鹰象形石、老鸭爪、青龙摆尾、仙人赶牛、石棺、望乡台、鞍山、烧粑岩	10
		ACF 岩土圈灾变遗迹	香沟滑坡、棕溪泥石流堆积	2
B 水域景观	BA 河系	BAA 游憩河段	鸳鸯峡、白水河、马三溪、大干溪、金竹溪、卓家河、上安溪、大白溪、聂家河、老岔河、浦溪、溜溜河、小白溪、陈家湾、吊井、补溪口、小溪沟、龙家湾、钟家湾、漂水沟、梅子沟、鱼泉沟、小干溪、棕溪、小湖沟、小河、上码头峡、酉水上游峡谷	28
		BAB 瀑布	场湾大瀑布、溪沟、白岩山吊水坑、黑龙潭、莲花池	5
	BB 湖沼	BBC 湿地	锣鼓圈泥炭藓沼泽湿地	1
	BC 地下水	BCA 泉	白水孔、三眼泉、响龙村温泉	3
C 生物景观	CA 植被景观	CAA 林地	罗盘山林场	1
		CAB 独树与丛树	麻柳村古树群、反子山古枫群、古枫杨、药铺一组金丝楠木树、青山古宅、大店子	6
	CB 野生动物栖息地	CBA 水生动物栖息地	鱼泉、石蛙栖息地、大鲵栖息地	3
		CBB 陆地动物栖息地	云豹等大型猫科动物栖息地	1

续表

主类	亚类	基本类型	资源单体	数量
D 天象与气候景观	DA 天象景观	DAA 太空景象观赏地	李家观星台	1
	DB 天气与气候现象	DBA 云雾多发区	自生桥	1
		DBC 物候景象	冰挂、雾凇	2
E 建筑与设施	EA 人文景观综合体	EAB 军事遗址与古战场	反子山古枫寨	1
		EAD 建设工程与生产地	羊角寨古遗址、何家山学堂堡私塾、木笼寨景区	3
		EAF 康体游乐休闲度假地	白水河村	1
		EAG 宗教与祭祀活动场所	燕岩仙庙、石龙寺庙、青龙山古庙、花塔寺、观音庙	5
		EAH 纪念地与纪念活动场所	中共湘鄂西中央分局会议旧址、荆竹溪苏维埃政府会议遗址、观音坪区苏维埃旧址、忠峒土司衙署遗址、棕溪红十三军会议旧址、辕门、大堡、青龙山土匪山水寨	8
	EB 实用建筑与核心设施	EBE 桥梁	石垭口石桥、土家吊桥、将军桥	3
		EBF 渠道、运河段落	白水孔水渠	1
		EBJ 陵墓	上洞坪土司墓、穿孔坡悬棺遗址	2
	EC 景观与小品建筑	ECF 碑碣、碑林、经幢	修道恩示碑	1
F 历史遗迹	FA 物质类文化遗存	FAA 建筑遗迹	白水河村三组吊脚楼、杨家院子	2
	FB 非物质类文化遗存	FBB 地方习俗	十姊妹歌、拦门礼、拦社、跳丧、丧鼓、绕棺舞、百家宴	7
		FBC 传统服饰装饰	土家绣花鞋垫、绣花鞋	2
		FBD 传统演艺	宣恩耍耍、土家八宝铜铃舞、宣恩三棒鼓、土家草把龙、滚龙连厢、南剧、琵琶歌、芦笙舞、山民歌、渔鼓、摆手舞、踩龙船	12
G 旅游购品	GA 农业产品	GAA 种植业产品及制品	宣恩贡米、沙坪白酒、寮叶、油茶汤、玉米酒、玉米饭、富硒玉米粉丝、官庄白酒、酉水源白酒、醪糟、榨广椒、恩施小土豆、野生岩茶	13
		GAB 林业产品与制品	野生石斛、厚朴、三七、天麻、五灵脂、白术、党参、黄连、续断、穿山龙、香独活、芦荟	12
		GAC 畜牧业产品与制品	高山腊制品、豪猪	2
		GAD 水产品及制品	石蛙、哈耙鱼、清水鱼	3
	GB 工业产品	GBA 日用工业品	木制品、藤编、篾匠	3
	GC 手工工艺品	GCB 织品、染织	西兰卡普	1
H 人文活动	HB 岁时节令	HBA 宗教活动与庙会	女儿会、赶集	2
合计				194

1. 自然资源

（1）七姊妹山国家级自然保护区。七姊妹山国家自然保护区地处武陵山余脉，位于湖北省恩施土家族苗族自治州宣恩县的东部，保护区主要保护对象为以原始珙桐群落为主的珍稀植物、以云豹等大型猫科动物为主的珍稀动物、以保存最完好的 810 hm^2 亚高山泥炭藓沼泽湿地为主的湿地生态系统。全境地势表现为西北高西南低，保护区内最高峰火烧堡为宣恩县最高峰，海拔 2014.5 m，最低海拔 650 m。保护区内大部分为原始森林，植被覆盖率为 93.8%，生态环境极佳。

（2）白水孔。位于白水河村 12 组、13 组方向，在大山的半山腰，有一个绝壁，绝壁的中部有较大一出水孔，宽约 10 m，高约 20 m，孔深不详。常年有泉水从洞中流出，洞口修有引水渠，用于水电开发。

（3）象鼻山。位于药铺村 2 组，为一巨型象形石，山体离地面高约 100 m，据传山腰有悬棺。

（4）鸳鸯峡。位于白水河村与药铺村交界处、酉水源头的深山峡谷之中，海拔 980 m，是白水河一线最著名的景点之一。此处悬崖绝壁，有两峰隔河对峙，高矮相等。峡谷幽深，只见一线天，峡长 1.5 km，宽约 30 m，高约 200 m，酉水在峡谷中穿流。关于鸳鸯峡的传说很多，一说鸳鸯峡两岸峭壁分阴阳，白天分开，晚上合拢，如一对恩爱鸳鸯伴侣，鸳鸯峡因此而得名。

（5）穿洞（月亮岩）。穿洞位于药铺村 2 组，在大山的半山腰，有一个特别大的圆形石洞，穿山而过，好似十五的一轮圆月挂在天边，人们称之为月亮岩。据说，在月亮岩旁边，香沟一线天的悬崖上有一洞穴悬棺。

（6）溜溜河。溜溜河是酉水河上游一条小支流，与七姊妹山主峰隔山相望，与八大公山山水相连。溜溜河风光秀丽，奇景无数，大型石屋、风洞、溶洞，惊险刺激，谷底有清澈见底的溪流，山中有甘甜的山泉，是旅游观光、度假休闲、避暑的绝佳境地。

2. 民俗文化资源

（1）土家八宝铜铃舞。它起源于春秋战国时期，目前为省级非物质文化遗产。八宝铜铃舞又名“解钱”，是土家族民间的一种传统舞蹈，在宣恩一带最为流行。土家人祭祀先祖，祈求五谷丰登、人畜兴旺之时，便请来土老司跳神“解钱”。八宝铜铃舞观赏性强，由于对舞者有一定的技术要求，可参与性一般。

（2）宣恩三棒鼓。它起源于元代，是一种广泛流传于重庆酉阳土家族苗族自治县、湖南湘西龙山县的曲艺走唱形式。打三棒鼓通常由 3～5 人组成，师傅击鼓唱词，一人打锣，一人耍花棒、花刀。三棒鼓的传统曲目，大多反映旧社会人民的痛苦及对统治者的不满，如《逃水荒》《宣统皇帝坐金銮》，现代的都是歌颂人们新生活、新风貌，如《我们湖乡新事多》。

（3）宣恩耍耍。它是土家族的传统舞蹈之一。男女以花扇和方巾为道具，或在一唱一和中、或在一颦一笑中，传情表意、示爱言欢。既有双人对耍，也有多人耍跳。关于耍耍的来历，多数人认可的一种说法是，土家族人为逃避土司（当地最高统治者）的残酷统治，很多青年夫妻双双外出逃亡，他们创造了这种现在叫“耍耍”的舞蹈，并跳着耍耍到各家门前乞讨为生。后来，耍耍逐渐在各地兴起并流行。

（4）十姊妹歌。姑娘出嫁前一天，请 9 名未婚女青年围席而坐，唱“祝愿歌”，土家人称之为“十姊妹歌”。十姊妹歌是土家族婚俗中最隆重的礼节。规模大、内容多、形式活、气氛浓是陪十姊妹的特点。十姊妹歌在姑娘出嫁前一天晚上举行，入夜，摆放着姑娘陪嫁物品的堂屋里红烛生辉，香烟缭绕。两张朱红桌子摆在堂屋中间，桌上放有糖食果饼和葵花子、板栗、核桃、花生等干果，被邀的 9 位土家未婚女子围桌而坐，陪新娘唱十姊妹歌。

（5）滚龙连厢。民间舞蹈连厢中的一种，表演时，多为三人同台，一人主打，二人陪衬。表演者一手持连厢，一手持快板，用连厢有规律、有节奏地拍打身体的各个部位，可蹲着打、跪着打、坐着打、睡着打，时而踩着鸭子步打，时而又卧地翻滚着打，时而前翻滚，时而空心后仰，如蛟龙戏水，故称滚龙连厢。

3. 历史文化资源

（1）红色文化资源。1934～1935 年，贺龙、肖克等领导的红二、红六军团创建湘鄂川黔根据地，贺龙本人曾在酉水源的白水河村居住。

（2）观音坪区苏维埃旧址。观音坪区苏维埃旧址位于沙道镇白水河村，1933 年 4 月，红九师从鹤峰出发，经沙道、辽叶、药铺到观音坪，击败了李胜飞反动神兵和反动团防张先觉部；红七师一部在烧粑岩、棕溪、观音坪一带活动，1933 年 4 月 4 日和 21 日先后杀了土豪劣绅尹成德、何春姑。至此观音坪建立苏维埃政权的条件成熟，5 月上旬，红军政工干部蒋光杰、黄书烈、周同华等同志在观音坪召开了马桑溪、高荒坪、老挖机、二台坪等地的群众大会，选举了黄子清、周桥保、张长生、宋华庭等领导成员，黄子清为主席，观音坪区苏维埃政府正式成立。旧址原有一正一横五柱四棋木房一栋，进深 5 m，中高 6 m，1949 年后横屋拆走，现仅保存三间正屋。

（3）荆竹溪苏维埃政府会议遗址。遗址位于药铺村六组，会议举办屋舍已不存在，据当地年长者介绍，当年贺龙在这里召开过会议。

（4）巴盐古道。巴盐古道是一条贯穿武陵地区的民族情感走廊、自然生态走廊和旅游文化走廊。1949 年，通过宣恩的盐运大道有两条主线，从椒园镇庆阳凉亭街到沙道沟这条路为盐花大道。在沙道沟镇当阳坪又有岔路口，一条从两河口的老街到湖南石牌镇，一条从栏杆坪出乐坪到湖南龙山。巴盐古道之文化内涵、历史底蕴可与丝绸之路、玉石之路、古蜀道、茶马古道媲美。

（5）羊角寨古遗址。遗址位于沙道沟镇金盆村与芦茅湾村交界处青龙嘴山顶，东西长 200 m，南北宽 120 m，占地面积约为 24 000 m^2。遗址所在地海拔为 1 388 m，三面绝壁，北为羊肠小道，顶部呈圆状坪地，坪顶四周是残墙，寨门完好，为青石结构，高 2.7 m，长 4.6 m，石壁厚约 0.8 m，寨门横头长石条压顶，横头刻有“吉星高照”四个大字，左侧石柱刻有建造年代，右侧刻有“何远鉴”等人的署名。古寨建于清咸丰四年，昔为土王山寨。清咸丰十一年，土王与农民起义军激战，起义军攻打数日不克，后来将数千只羊头挂上灯笼，羊尾捆上火炮，在夜深人静时，点上灯笼，引燃鞭炮，擂鼓鸣锣，呐喊助威，数千只羊群直冲山顶，破了土王的山寨，羊角寨也因此得名。该遗址对研究当地少数民族历史具有一定的实物资料参考价值和文物保护价值。

（6）忠峒土司衙署遗址。该遗址位于沙道沟镇上洞坪村十四组石垭口，南北长 200 m，东西宽 80 m，占地面积为 16 000 m^2。忠峒古名忠峒里，始建于明代，安抚土司为田姓。其所在地三面环水，地势平坦，呈龙舌状，原建有土司大殿、衙门、练兵场、粮仓等，其附属建筑有烽火台。其地面建筑已毁，建筑基址尚存，遗址地表残留有磉墩、青砖、瓦片及谷物碳化层等。忠峒土司在当地统治四百多年，管辖甚广，影响深远，该遗址对研究恩施少数民族地区土司文化具有较高的实物资料参考价值和文物保护价值。

（7）石龙寺庙。该庙位于沙道沟镇药铺村七组，始建于清乾隆四十年，清光绪年间重建，当地人近年又进行了维修。庙处于险峰半山腰山洞内，洞口朝南，高 12 m、宽 20 m、直进 22 m。洞前是一条东西流向的小河，山下有一条曲折的小石径通向庙内。洞口有岩墙封砌，墙体上留有庙门，墙体长 11 m、外残高 7.5 m、内残高 2.5 m，残墙厚 0.38 m；庙门高 1.8 m、宽 1m。洞内阔且平直，内有三进，每一进用墙体相隔。第一进左右共两间，是迎接香客和护庙人居住的地方，长 20 m、宽 6 m；第二进长 18 m、宽 6 m，内建有木庙一座，长 4 m、宽 3.5 m、高 3.6 m，木庙内供有观音塑像及各种形制的法器；第三进长 14 m、宽 10 m，是供香客休息的地方。庙内还存放两块清乾隆残碑。该庙是远近闻名的佛教场所，对研究当地宗教生活习俗，具有一定的实物参考价值。

（二）资源特色及适宜性分析

1. 酉水之源，滋养百万土家

酉水源旅游带地处武陵山区，是土家族、苗族等少数民族的集聚地。白水河为酉水河北部最末端的主干支流，是酉水河汇水后流域最长的支流，是酉水河的发源地。酉水位于土家族集聚区的中心位置，仅河两岸的县市就滋养了近 182 万的土家族人民，是土家族的母亲河。在漫长的历史进程中，土家族在酉水沿线留下了丰富的文化资源，酉水源旅游带内以土家八宝铜铃舞、宣恩三棒鼓最具有代表性。赶集等较为原始的交易方式，沿用至今。依托典型性的文化资源，可开发民俗体验、博物展示、节庆展会等旅游产品。

2. 毗邻七姊妹山，守护国际级的生物资源

酉水源旅游带毗邻七姊妹山国家级自然保护区，沙道沟镇全镇森林覆盖率达到 80%，且境内多为 800～1 200 m 的高地，是典型的避暑胜地。依托独特优越的生态环境，可开发生态观光、科普考察、康养度假等旅游产品。

3. 原野乡土，山、水、村等资源整合良好

酉水源旅游带内原野的乡土气息浓厚，建筑形态多样。酉水源旅游带整体为两山夹一峡谷的地形，村庄分布于白水河两岸和山间缓坡上，山、水、村的组合良好。依托原野的乡村，可开发民宿体验、手工艺体验、民俗体验等旅游产品。

（三）竞合分析

酉水源文化旅游带与其他土家族文化旅游景区相比（表 11.5），以突出土家族文化发源为特色，并不会造成同质竞争，相反还是市场上已有的土家族文化旅游产品的有效补充，与恩施大峡谷、武陵源等自然资源为主的景区可以形成合作关系。

表 11.5　酉水源文化旅游带与周边土家族文化旅游景区对比

研究区域	竞合对象	形象品牌与核心旅游资源	竞争与合作
恩施市	恩施大峡谷	国家 5A 级旅游景区，旅游资源以百里绝壁、千丈瀑布、傲啸独峰、原始森林、远古村寨为特色	存在空间竞争关系，酉水源旅游带要着重依托文化资源打造旅游产品，联合发展
恩施市	土家女儿城	国家 4A 级旅游景区，位于恩施市，旨在打造中国西部首家文化旅游商业古镇	存在空间竞争关系，酉水源旅游带旅游产品开发中要凸显文化原真性
宣恩县	湖北七姊妹山国家级自然保护区	国家级自然保护区，旅游资源以大面积原始珙桐群落、大型猫科动物、亚高山泥炭藓沼泽湿地为特色	存在空间合作关系，酉水源旅游带可以为七姊妹山提供旅游配套服务
宣恩县	彭家寨	全国重点文物保护单位，旅游资源以保存完好的土家族吊脚楼为特色	存在空间合作关系，酉水源旅游带可以丰富旅游产品类型，联合发展
宣恩县	伍家台贡茶文化旅游区	国家 4A 级旅游景区，旅游资源以贡茶为特色	存在空间合作关系，酉水源旅游带可以丰富旅游产品类型，联合发展
湖南张家界市	武陵源风景名胜区	国家 5A 级旅游景区、世界自然遗产，以奇秀峰群、湖瀑涧泉、洞岩地宫、绿色森林为特色	存在空间竞争关系，酉水源旅游带要着重依托文化资源打造旅游产品，联合发展

三、旅游资源评价

依据《旅游资源分类、调查与评价》（GB/T 18972—2017），结合各种因子的不同重要性对酉水源旅游带内旅游资源价值进行赋值，共有等级旅游资源 84 处，占总资源的 43.30%，无等级资源占总资源的 56.70%。等级资源包括五级旅游资源 1 处，占等级旅游资源总数比例为 1.19%；四级旅游资源 5 处，占等级旅游资源总数的 5.95%；三级旅游资源 15 处，占等级旅游资源总数比例为 17.86%；二级旅游资源 20 处，占等级旅游资源总数比例为 23.81%；一级旅游资源 43 处，占等级旅游资源总数比例为 51.19%，见表 11.6。

表 11.6　旅游资源评价表

等级	自然资源	人文资源	数量	占等级资源比例/%
五级	七姊妹山国家级自然保护区		1	1.19
四级	白水河、白水孔、云豹等大型猫科动物栖息地、宣恩贡米	白水河村三组吊脚楼	5	5.95
三级	香沟、象鼻山、木笼寨景区、麻柳村古树群、酉水上游峡谷、轿子岩、大鲵栖息地、古枫杨	中共湘鄂西中央分局会议旧址、反子山古枫寨、荆竹溪苏维埃政府会议遗址、宣恩耍耍、土家八宝铜铃舞、土家绣花鞋垫、宣恩三棒鼓	15	17.86
二级	溜溜河、菩萨岩、鸳鸯峡、反子山古枫群、响龙村温泉、鱼泉、蛙象形石、药铺一组金丝楠木树、兰草湾、鱼泉沟、石蛙栖息地、鹰象形石、月亮岩、打挂洞	穿孔坡悬棺遗址、土家草把龙、十姊妹歌、观音坪区苏维埃旧址、白水孔水渠、羊角寨古遗址	20	23.81

续表

等级	自然资源	人文资源	数量	占等级资源比率/%
一级	马鬃岭、柏杨台、矿洞堡、烧粑岩、城墙岩、老鸭爪、青龙摆尾、仙人赶牛、马三溪、大干溪、金竹溪、卓家河、上安溪、大白溪、聂家河、老岔河、浦溪、黑龙潭、石蛙栖息地、豪猪、寮叶、哈粑鱼、清水鱼、兰草湾石林、响水洞、芦荟、白岩山吊水坑	忠峒土司衙署遗址、燕岩仙庙、石龙寺庙、修道恩示碑、上洞坪土司墓、石垭口石桥、官庄白酒、沙坪白酒、酉水源白酒、油茶汤、玉米酒、玉米饭、富硒玉米粉丝、木制品、藤编、赶集	43	51.19
总计			84	100.00

第三节　酉水源旅游市场分析

一、旅游市场背景分析

（一）全国旅游市场背景分析

旅游业发展进入黄金时段。2019 年，中国累计入境旅游人数达到 1.45 亿人次，国内旅游人数达 60.06 亿人次，出境旅游人数达 1.55 亿人次，国内旅游总收入 5.73 万亿元。伴随着游客出游频率的升高和市场规模的不断扩大，旅游需求呈现多样化和个性化趋势。游客已经不再仅仅满足于以自然景观、人文景观为单一目的的观光游，而对旅游的休闲性、参与性、体验性、娱乐性、知识性等要求越来越高，那些具有综合特征的旅游地和旅游项目受到游客的青睐。近年旅游市场总体上呈现出以下特征：①从观光旅游转向休闲度假旅游，中国旅游研究院发布的《中国休闲旅游客户需求趋势研究报告》显示，休闲度假游是游客出游的主要目的之一，占各类游客出游目的的 35.45%；②农业旅游、乡村旅游市场异常火爆，健康养生市场将迎来爆发式增长，近几年，在城市居民小长假出游中，选择乡村旅游、农业旅游的约占 70%以上；③自驾游成为主要的出游方式。

（二）恩施州旅游市场背景

2019 年，恩施州旅游接待人数 7 117.71 万人次，同比增长 14.5%；旅游综合收入 530.45 亿元，同比增长 16.5%。全州形成了 2 家 5A 级景区、17 家 4A 级景区、12 家 3A 级景区、10 个博物馆、2 个湖北旅游名镇、2 个湖北旅游名村的高等级景观集群。全州三星级及以上饭店 48 家，五星级农家乐 14 家，旅行社 121 家。春节、清明节、劳动节、端午节和国庆节，全州接待人次和综合收入增幅均超过 20%，均高于全省 10 个百分点以上。恩施大峡谷、恩施土司城、建始石门河、来凤仙佛寺等景区假日接待人数增幅达 25%以上，高于湖北省核心景区增速 10 个百分点以上。因此，酉水源旅游带应加强与周边地区景区的合作，加大营销力度，共享客源。

二、同类市场竞争形势

酉水源周边地区以土家族文化为主题和卖点的景区主要有张家界土家风情园、凤凰古城、清江画廊、恩施土司城、土家女儿城等，见图 11.4。

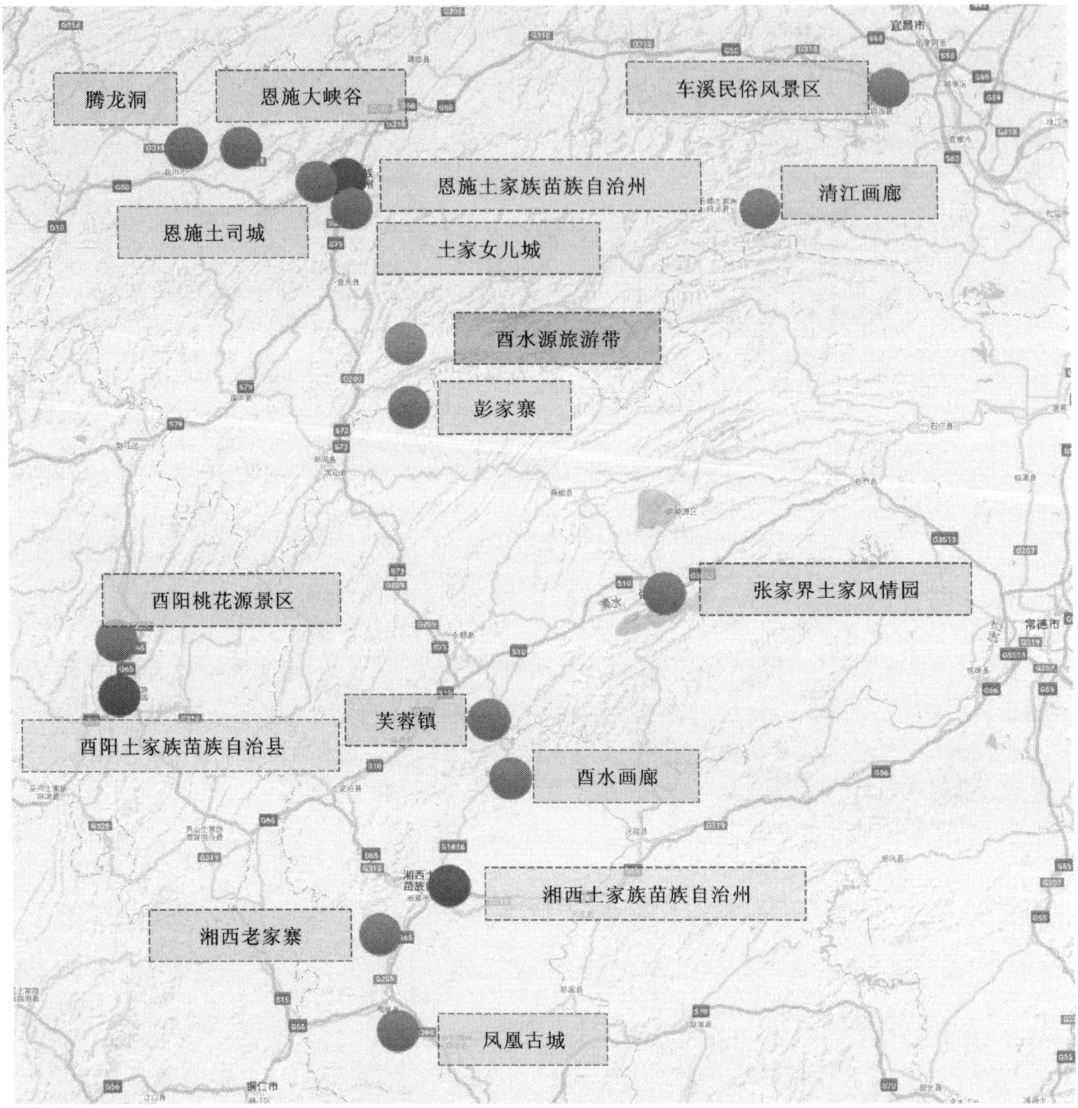

图 11.4　土家族文化旅游市场供给分布

张家界土家风情园以当地湘西的土司城堡为基础建造而成，在这里可以领略到土家族山寨风貌和精彩的土家族民俗风情。风情园有全国最大、最高的木质结构吊脚楼，以及土家民俗表演。

凤凰古城是以苗族、土家族为主的少数民族聚集地，城内的青石板街道、沱江边的吊脚楼、众多的古建筑，以及浓厚的土家族、苗族风情，构成了独具一格的湘西韵味。

恩施土司城以仿古土司庄园建筑群为核心，属全国唯一规模最大、工程最宏伟、风格最独特、景观最亮丽的土家族地区土司文化标志性工程。

土家女儿城是位于恩施州城内的一处集商业、文化展示和休闲娱乐于一体的游憩商业街区，是恩施州城市娱乐消费中心和旅游集散地，旨在打造中国西部首家文化旅游商业古镇、中国的“相亲之都”。

从现有的土家族文化旅游市场供给来看，这些景区主要从建筑、土司制度、单一传说等单个方面对土家族文化进行开发，缺少原生态土家族文化系统体验的景区。

三、市场潜力分析

恩施州本地市场，以及宜昌市、重庆市（万州区）、重庆市（主城区）、武汉市、张家界市等地的旅游业近年来整体呈快速发展态势，游客接待量和旅游收入持续增长，上述各地的居民及到访的国内外游客是酉水源旅游带潜在的客源市场。

依据公式：潜在客源市场到周边休闲人数=适宜出游人口基数×出游率×到周边休闲的比例（其中适宜出游人口基数以地方常住人口确定，出游率按 2016 年 322%来算，城市居民到周边休闲游比例以武汉市为参考确定为 60%，可计算出酉水源旅游带周边城市的适游人口数量为 3 078.63 万人，潜在客源市场到周边休闲人数为 5947.91 万人次，详见表 11.7。

表 11.7　酉水源旅游带客源市场潜力分析

地区	恩施州	宜昌市	重庆市（万州区）	重庆市（主城区）	张家界市	武汉市	总计
适宜出游人口基数/万人	404.01	413.00	162.33	851.80	170.87	1 076.62	3 078.63
到周边休闲人数/万人	780.55	797.916	313.622	1 645.68	330.121	2 080.03	5 947.91

四、目标市场定位

按地域划分：核心市场为恩施州本地市场，以及武汉市、宜昌市、重庆市、长沙市等周边市场；辅助市场为荆州市、荆门市、襄阳市等湖北省内市场，以及四川省、湖南省、贵州省等周边省外市场；机会市场为其他国内市场，以及喜爱土家族文化旅游的海外市场。

按目标群体划分：核心市场为土家族文化体验、乡村度假、七姊妹山生态旅游等市场；辅助市场为乡村休闲、康体运动等市场。

五、客源市场预测

综合考虑宣恩县、沙道沟镇当前旅游发展状况，将游客量的基数定为 5 万人次/年。2018 年、2019 年为建设期，2020 年开始接待游客。随着酉水源旅游带的建设，游客量在前三年将高速增长；2023 年以后，增长率逐步趋于稳定。具体的游客量预测见表 11.8。

表 11.8　酉水源旅游带游客量预测

阶段	年份	年增长率/%	游客量/（万人次/年）
近期	2018	—	—
	2019	—	—
	2020	—	8.00
中期	2021	40	11.20
	2022	35	15.12
	2023	30	19.66
	2024	28	25.16
	2025	25	31.45
远期	2026	20	37.74
	2027	15	43.40
	2028	15	49.91
	2029	12	55.90
	2030	10	61.49

第四节　酉水源文化旅游发展总体思路和目标定位

一、总体思路

酉水源头造势：以土家族母亲河发源地为卖点，通过源头景观打造、水源地祭祀活动、土家历史与民族文化系统体验与展示为吸引物，打造酉水源旅游带。

原乡体验入市：以突出土家原生民族村寨为核心，以生态、野趣、乡土为原则，旅游带乡村按照“乡村民俗生态博物馆”的要求进行建设，突出慢乡村的生境、环境和意境营造；围绕“土家农家生活方式、土家特色农业生产体验、山乡优良自然生态环境”进行产品策划和业态创新，实现“全景观光、全程体验和全程消费”，打造符合市场需求的原生土家乡村体验产品。

区域联动借势：与周边优质旅游资源整合，实现借力发展。与七姊妹山对接，开发生态科考、动植物研学专题旅游产品；与彭家寨对接，通过差异化发展，共同打造宣恩原生乡村体验产品；与酉水河南部成熟的景区对接，共同打造酉水土家风情旅游线路，与张家界、清江画廊及三峡大坝对接，打造世界级精品旅游线路。

二、发展定位

总体定位：依托酉水沿线生态环境及乡村资源，以土家乡村生产、生活、生态为卖点、以酉水源头观光及土家族历史文化系统展示与体验、突出“水上土家”风情为特色，将酉水源旅游带打造成集生态游赏、土家族文化体验等功能于一体的开放性旅游度假带；旅游带是系统展示与全方位体验土家族文化的窗口，是七姊妹山南入口、七姊妹山开展科考旅游的服务驿站，是与中国土家泛博物馆（彭家寨）共同建设，形成中国土家族文化最集中的展示区域。

功能定位：以酉水河观光、土家族文化体验为主导功能，以生态休闲、动植物科考、乡村度假为辅助功能。

形象定位：游浪漫酉水，知天下土家。

三、发展目标

将酉水源旅游带打造成土家族文化发源圣地；成为系统展示土家族文化的起源与发展、体验土家族文化的原乡度假旅游目的地。至规划期末，旅游带年接待游客量约 60 万人次，年旅游综合收入约 3 亿元。带动 29 个行政村直接或间接参与旅游，提供约 1000 个就业岗位。

四、空间布局

酉水源旅游带将打造“一景一心一带”的旅游空间格局。其中：“一景”指酉水源景区；“一心”指酉水源旅游集散中心；“一带”指酉水源旅游风景带。其中酉水源旅游风景带包括旅游风景道系统及土家水乡小镇（沙坪）、现代土家风情小镇、酉水千古情实景演艺基地、酉水人家、香沟土家度假村、坛子洞等多个旅游景点，详见图 11.5。

图 11.5 酉水源旅游带空间布局图

五、发展时序

近期：聚人气，建设具有龙头引领作用的酉水源景区。依托酉水源头景观及白水河村乡村环境，结合七姊妹山南入口优势，打造为土家族母亲河源头朝圣、体验传统土家族文化及为七姊妹山提供驿站服务的旅游景区，成为旅游带的增长极，快速集聚人气，引爆旅游带。

中期：定格局，以酉水风景道建设为契机，形成土家族文化体验活动丰富的旅游带。从沙道沟镇到白水河村是现代土家小镇到传统土家村落过渡的时空廊道，沿沙沙线按“从今到古”的时空演变思路打造土家梦、土家情、土家源三个板块，并策划相应主题的体验项目，通过建设主题乡村、旅游景区、旅游交通及配套服务，打造出一条土家族文化历史变迁的旅游风景道。

远期：升品质，以酉水风景道为依托，构建完善的旅游公共服务体系。完善交通服务体系，对沙沙线进行拓宽改造，满足自驾车通行及游客骑行需求，沿酉水河设置慢行步道系统，与沙沙线骑行道构建起风景道绿道网络，在镇区、核心景点、主题乡村设置旅游巴士站及自行车驿站；完善配套服务体系，依托镇区、乡村、景区构建三级服务中心，配套完善住宿设施、餐饮设施、购物设施、旅游标识系统及智慧旅游系统。

六、发展措施

（一）做大源头文章，做精酉水风情，借势发展

依托酉水作为土家母亲河的资源属性，不仅将酉水源旅游带打造成酉水河的自然源头，更要将酉水源打造成土家族文化发源圣地，让游客能感受土家族文化历史变迁的全过程。旅游带项目创意上突出酉水流域的土家族文化特色。在系统展示土家族文化基础上，将土家人在酉水流域依水而居，围绕酉水生产、生活的历史场景作为重点项目进行打造。依托周边七姊妹山、彭家寨及酉水沿线景区共同发展。借彭家寨之势共同打造土家族原生乡村体验旅游目的地。借七姊妹山之势，与萨玛长潭共同组建七姊妹山生态旅游线路。借酉水河全线之势，整合酉水沿线旅游资源，共同打造酉水土家风情旅游走廊。

（二）打造“酉水源”景点，策划源头项目；树立民族自信，重构土家族文化生态

恢复酉水河源头区域生态环境，通过造景手法将白水孔做成酉水源头景观。围绕土家族起源、发展策划主题旅游项目，打造一条完整体验土家风情的旅游走廊。将酉水源旅游带打造成游客视觉感官上的水源地，也成为游客心目中的土家源头文化圣地。按照“生态博物馆”理念开发酉水旅游带沿线乡村，鼓励居民参与旅游经营与管理，引导当地土家族居民逐步恢复传统文化习俗，重新构建土家族文化生态。

（三）严格保护自然环境，充分利用现有建筑单元开展旅游活动

酉水河旅游带旅游发展一切以保护自然环境为基本原则，划定管控区域，设定开发强度要求。除建设必要的旅游服务设施外，不大规模新建旅游项目。严格控制酉水河沿

线上洞坪村以北至棕溪村区域民宅建设行为，原则上只拆不建。乡村旅游开发以生态化、原生乡村建设为理念，盘活空置房屋，充分依托现有村湾提供旅游配套服务。

（四）整治生态环境及乡村环境，完善旅游设施建设，构建系统的公共服务体系

对沿线被破坏的山体、水体、林地等自然生态景观进行保护性修复，确保美景如画；优化道路沿线行道树种植结构，构建乔木、灌木、地被植物复合型行道树景观。调整道路两侧农田种植结构，形成四季景的农田景观。调整两侧山体林相种植，丰富沿线山体视觉效果；实施“四清六改五化三普及”工程，即清污水，清粪堆，清柴堆，清垃圾堆；改房，改路，改水，改厨，改厩，改厕；道路硬化，村庄绿化，庭院净化，环境美化，生态优化等。民居的提升改造主要从民居内部陈设、室内外过渡空间设计、外部活动设施三大方面来进行提升。对村湾环境进行整治，按照土家建筑风格统一改造村落建筑，并结合各村自身特色建设主题旅游乡村，让游客吃在农家、住在农家、享受乡村慢生活；依托城镇、乡村、景区（点）构建三级旅游公共服务体系，完善旅游服务设施建设，为游客提供餐饮、住宿、娱乐、购物等旅游服务，增设旅游标识系统。

第五节　酉水源文化旅游功能分区与重点项目创意

根据因地制宜、合理布局、统一规划、综合开发的原则，将酉水源旅游带分为旅游综合服务区、土家乡村度假区及土家源文化体验区（酉水源景区）三个功能区，见图 11.6。

图 11.6　酉水源旅游带功能分区图

一、旅游综合服务区

（一）分区指引

旅游综合服务区范围为沙道沟镇镇区及上洞坪村。由于镇区与酉水河及周边山岳有机结合，组合良好，区域地势平坦适宜旅游开发建设，区位条件优越，将其功能定位为旅游综合服务、旅游住宿接待、文化娱乐休闲、商业游憩购物及土家小镇生活体验。旅游小镇应建设为以土家族文化为核心的主题文化小镇，小镇商业业态包括主题商店、主题餐饮、土家民宿、文化游乐、文创商品研发、生产、体验及销售等，配套慢生活设施，提供慢生活产品，营造慢生活环境氛围，整体以土家建筑风格呈现。重点开发酉水源旅游集散中心、土家风情小镇和酉水千古情实景演艺基地。

（二）重点项目

1. 酉水源旅游集散中心

酉水源旅游集散中心位于沙道沟镇区，宣鹤高速出口附近，主要承担北线酉水源旅游带及东线土家泛博物馆（彭家寨）的交通集散、旅游综合服务、旅游商品展销等功能，为游客提供信息咨询、购票、购物、投诉、交通换乘等服务功能。主要建设入口集散广场、游客中心、生态停车场、商品展销中心等。旅游集散中心与沙道沟镇客运站进行整合，设置旅游交通换乘系统，提供乡村巴士换乘、汽车租赁、自行车租赁等服务。

2. 现代土家风情小镇

现代土家风情小镇位于沙道沟镇区，主要承担综合服务、土家族文化体验等功能。沙道沟镇镇区未来将为酉水源旅游带及中国土家泛博物馆（彭家寨）提供旅游集散及旅游综合服务，是宣恩县全域旅游格局的重要服务节点。将沙道沟镇建设为土家风情小镇，需围绕彰显土家族文化，增强旅游服务功能，进行提升改造，并配套做好环境综合整治和旅游氛围营造，城镇规划中应预留充足的旅游配套设施建设用地，具体提升改造方案如下。

其一，改造沿街建筑立面。对镇区现有建筑的外立面进行统一改造，以土家族干栏式建筑的风格为主。房屋的外墙统一贴木或刷仿木油漆；房门统一更换为木门或仿木门；对平房进行坡屋顶改造；注重房屋柱、角、檐、廊、吊脚的打造，充分展现土家族的建筑文化特色，实现与自然环境的协调与融合。

其二，改造镇区景观。镇区景观改造主要包括街道景观、绿化景观、建筑小品景观的建设与改造，多方面营造镇区良好的环境。

其三，完善配套服务设施。主要从食、住、行、游、购、娱旅游六要素着手，提高镇区的旅游接待能力，完善旅游服务功能，带动相关产业的发展。设置旅游购物商店、民俗旅馆、民俗餐馆、休闲酒吧等旅游配套设施，完善镇区停车场及旅游标识系统。

其四，打造土家族文化创意主题街。在沙道沟镇选择一条街区，以土家族文化为本底打造成集旅游商品创作、艺术创作、科技体验的多元化文化创意主题街。建设手工创意工坊（设计制作符合现代游客审美需求的特色旅游商品）、文学诗画坊（收集、整理、创作土家诗词、曲艺、画作等）、影视工坊（创作、拍摄土家风情微电影、电视剧等影视作品）、科技体验坊（以 AR、VR 技术展示土家族文化等土家族文化创意工坊）。

3. 酉水千古情实景演艺基地

酉水千古情实景演艺基地位于上洞坪村至水田坝村之间，主要承担实景山水表演的功能。依托酉水自然山水环境，精心打造一台夜间实景演艺产品《酉水千古情》。通过“源起”“繁衍”“风情”三个篇章，艺术地表现土家族人在酉水河沿线择水而居、依水而兴的历史发展脉络，充分展示酉水流域土家人民的勤劳、纯朴和善良。预留实景演艺场所、生态停车场及其他配套服务设施用地。项目建设的规模和时间根据招商情况论证后再确定。

二、土家源文化体验区（酉水源景区）

（一）分区指引

土家源文化体验区（酉水源景区）范围为药铺村三组至白水河村十三组，该区域内村庄、河流、山岳、森林、峡谷、田园等景观类型丰富多样，组合良好。因此景区定位以游览酉水源头景观、体验最地道的土家传统生活方式为卖点，将酉水源景区按照国家5A级景区建设要求，建设成具有酉水源土家族文化朝圣、土家民俗体验、乡村度假等功能的乡村旅游目的地。土家源文化体验区（酉水源景区）应与七姊妹山整合开发，通过登山步道与萨玛长潭形成七姊妹山科考旅游环线，建设七姊妹山服务驿站提供服务；引导白水河村村民恢复土家生产生活习俗，对白水河村建筑及周边景观进行整体改造，将白水河村打造成土家传统村寨面貌；打造酉水源景点，调整白水孔的观景方式，将白水孔的水引到白水河，形成瀑布景观，通过修建沿河步道在白水孔下方观看水源地，营造酉水源景观的神秘感；将土家传统的生活习俗、生产方式转变为可体验的旅游活动，将白水河村打造成为系统体验土家族传统文化的旅游目的地；利用兰草沟、鱼泉沟等冲沟环境优势，结合当地民居开发高端精品土家民宿产品。重点开发酉水源景区。景区发展路径可分为以下4个阶段。

第一，起步阶段。这一阶段依托七姊妹山发展生态旅游，为七姊妹山提供配套服务，重点修建七姊妹山服务驿站，为七姊妹山科考、户外登山、溯溪运动旅游者提供餐饮、住宿及装备补给服务。

第二，萌芽阶段。这一阶段当地居民自发参与旅游餐饮、住宿及游乐项目经营，因此要为这些居民提供培训服务，引导其增强服务意识，提高服务水平，并引导当地土家族居民逐步恢复传统民俗文化。

第三，提升阶段。这一阶段激发社会资本投入，围绕土家族文化开发主题景区，打造酉水源景观，重点开发体验传统土家族文化的系列旅游项目，引导当地居民恢复传统土家生产生活方式。

第四，巩固阶段。这一阶段游客量持续上升，对旅游项目体验感、旅游服务水平有更高要求，因此要不断完善旅游项目及旅游服务设施建设，提升旅游服务品质，带动周边乡村发展。

（二）重点项目

景区分为入口服务区、酉水源朝圣区、土家传统民俗风情体验区、酉水源精品民宿区及生态保护区5个功能区进行开发建设，见图11.7。旅游配套设施主要布局在入口服务区、酉水源朝圣区、土家传统民俗风情体验区、酉水源精品民宿区。生态保护区不做任何旅游开发建设，严格按照《湖北七姊妹山国家级自然保护区总体规划》相关要求对该区域进行保护。同时应做好森林防火、病虫害防护及山体滑坡等工作。

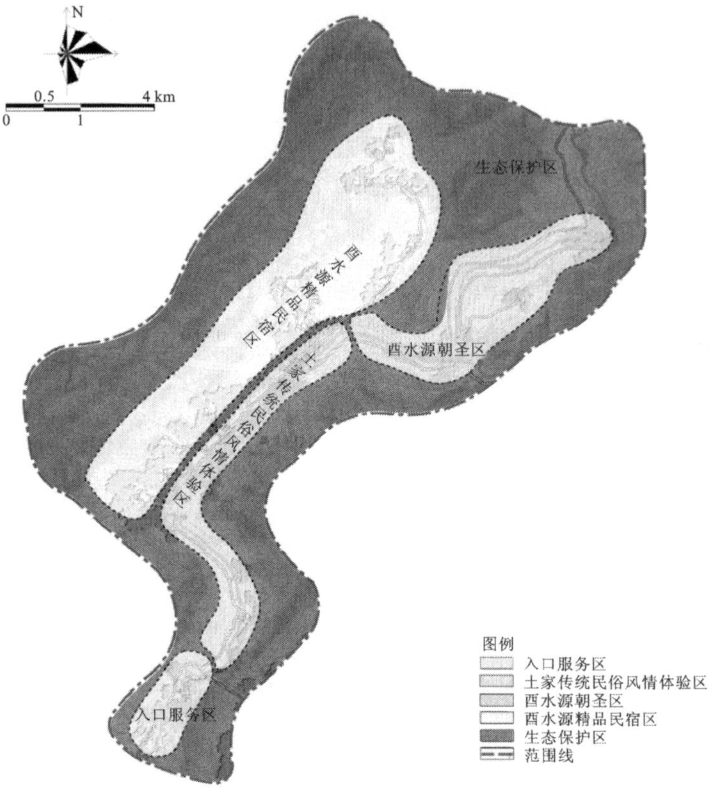

图 11.7　酉水源景区功能分区图

1. 入口服务区

入口服务区主要建设游客中心、土家族历史博物馆、毕兹卡广场及生态停车场，详见图 11.8。

游客中心、土家族历史博物馆位于生态停车场北部，共用一栋建筑，占地面积 1 000 m^2，建筑层高控制在 2 层 15 m 以内，采用土家建筑风格，主要材料为黑瓦、砖石、木材和玻璃。游客中心位于建筑一楼，规划面积 500 m^2，主要提供游客问询、休息、换乘、购物的功能，包含旅游咨询、预订、集散、医疗等服务和承载景区内外交通中转等；游客中心设立信息咨询中心，面积不小于 100 m^2，免费提供景区旅游指南、导游图、导游手册等；设立人工咨询服务台，提供游览、住宿、餐饮、交通等全方位的信息咨询及预订服务；设立投诉中心，接受和处理游客投诉，配套设置导游服务专柜；设立游客休息室，面积不小于 200 m^2。设立旅游商店，营业面积不小于 200 m^2，销售旅游必备品、土家特产、土家族文化的各种著作、诗画及酉水河风景图册、明信片。

土家族历史博物馆以土家族历史文化发展为轴线，采用 AR 技术、动画、沙盘、全息投影、立体全景画等表现手法展示土家族起源、繁衍与发展的历史，分 4 个展厅展出。

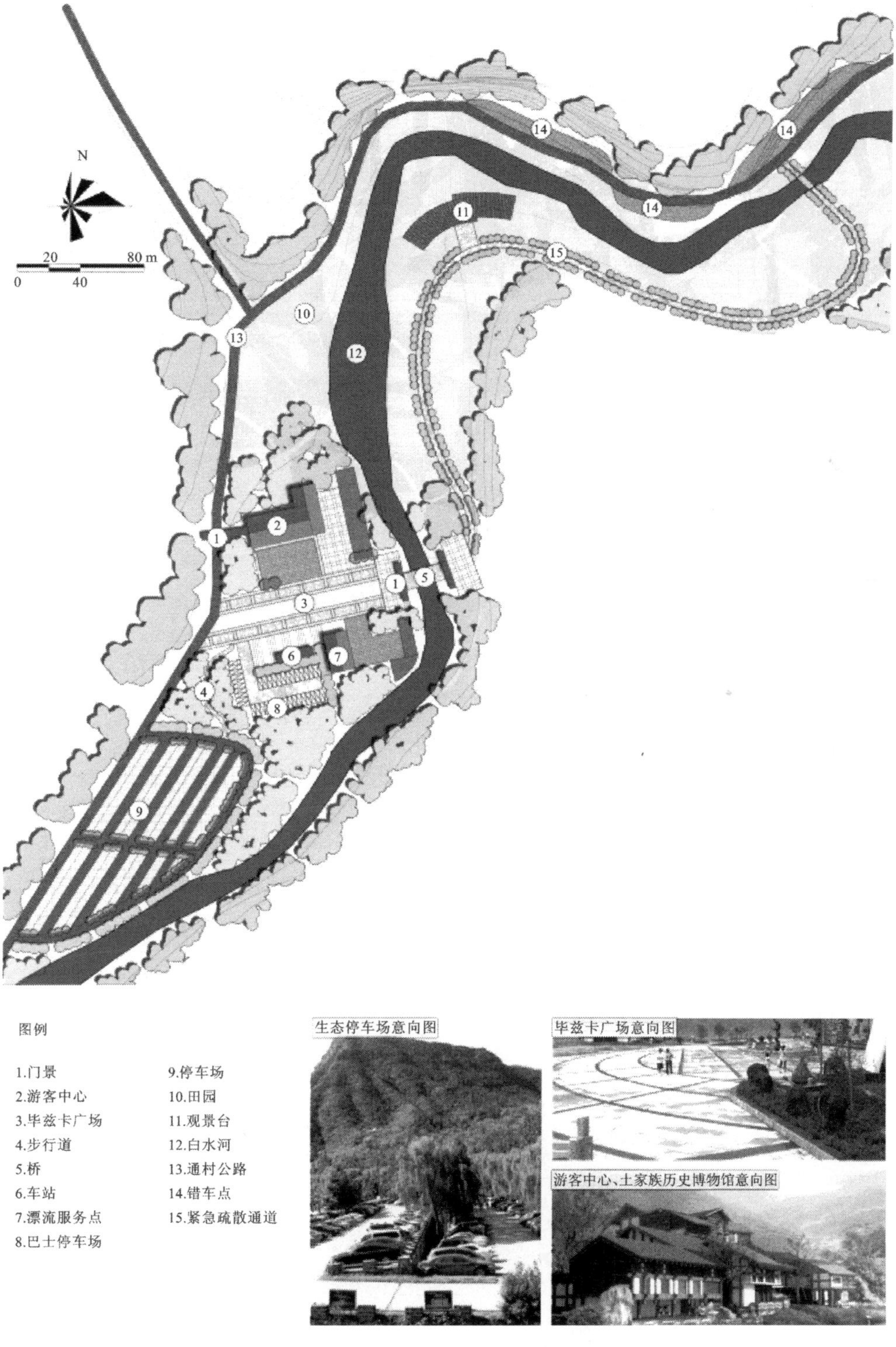

图 11.8　入口服务区规划图

一楼设置土家族文化起源展厅，展示鄂湘渝黔古人在酉水流域生产生活场景，展示与土家族起源有关的神话传说；二楼设置土家族文化繁衍展厅，展示土家族分布区内土家人繁衍生息及迁徙过程，特别是酉水流域土家族文明的历史变迁；设置土家族发展展厅，展示当前土家人分布状况，土家族生产、生活特色，有史以来土家族名人介绍等；设置土家族“考古探秘”体验厅，结合土家族古玩、古物件设计“考古”游戏场所，开展土家族文化认知、考古探秘等旅游活动。

毕兹卡广场按照生态广场建设要求，在游客中心门前设置 4 000 m^2 土家族文化主题广场，广场中心用草皮拼接出白虎底纹，广场周边设置反映土家族生产生活场景的雕塑，结合休息设施印刻土家诗画。毕兹卡广场既是服务区的旅游集散空间，也是土家歌舞、祭祀活动的表演场地。

在药铺村二组酉水西岸设置生态停车场。停车场占地 1.3 hm^2，其中外部车辆停车场占地 1 hm^2，设置 230 个小车停车位，40 个大巴车位，共 270 个车位；旅游巴士停车场占地 0.3 hm^2。停车场地面采用草坪格铺装，以灌木作为隔离线，用高大乔木和蔓藤植物遮阴。酉水河东侧空地作为停车场备用地。

游船码头布局在游客中心的东部，该码头是酉水河水上游线的起点。码头设施以土家建筑风格为主，设置观景平台，在提供换乘服务的同时也为游客提供观景的空间。码头规模至少能同时容纳 200 人，至少设置三个埠头供游船停靠。

2. 酉水源朝圣区

酉水源朝圣区主要建设酉水源景观、土家源画卷、拜水祭台、生态停车场和观景平台，详见图 11.9。

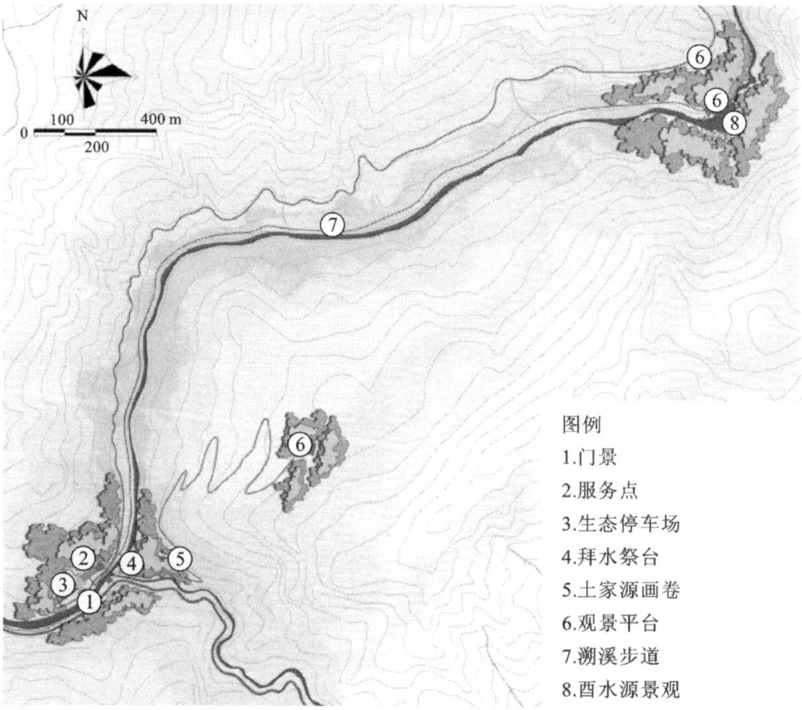

图 11.9　酉水源朝圣区规划图

酉水源景观由 4 部分组成：一是将白水孔的水引至山脚的白水河，形成的瀑布景观；二是通过河道深挖及巨石堆填的方式将瀑布与河水的汇水区域形成的静态水潭；三是在瀑布对岸修建观景平台，用植物遮挡住观景平台北侧白水河上游来水，形成白水河水源是由白水孔流出的景观效果；四是设立“酉水源”景石。

土家源画卷是通过对水电站北部的破碎山体进行生态修复，修复时利用植物造景，将土家先民在酉水沿线生产、生活的场景用植物景墙的方式展现出来。

拜水祭台是拆除白水河电站及宿舍楼，依地形沿水修建的三级祭台，共计 2 500 m^2，一级、二级分别为活动、观景空间，面积均为 1 000 m^2，三级为祭祀表演台，面积 500 m^2，三级祭台上设置祭坛、酉水河神塑像及祭祀辅助设施。依托祭台可开展祭祀母亲河、祭祀先祖及祭祀自然神灵的土家传统祭祀表演。

生态停车场修建在酉水河北岸碎石场，停车场面积 5 000 m^2，设置 100 个小车停车位，30 个旅游观光巴士车位，停车场地面采用草坪格铺装，以灌木作为隔离线，用高大乔木和蔓藤植物遮阴。依托停车场修建旅游巴士站。

观景平台修建在白水孔底部、观音坪隧道旁，结合地形修建 100～200 m^2 木质观景平台。

3. 土家传统民俗风情体验区

土家传统民俗风情体验区主要建设远古土家部落、摆手堂、对歌台、渔猎场、农耕园、土家食坊、传统手工艺坊及七姊妹山科考营地等，见图 11.10。

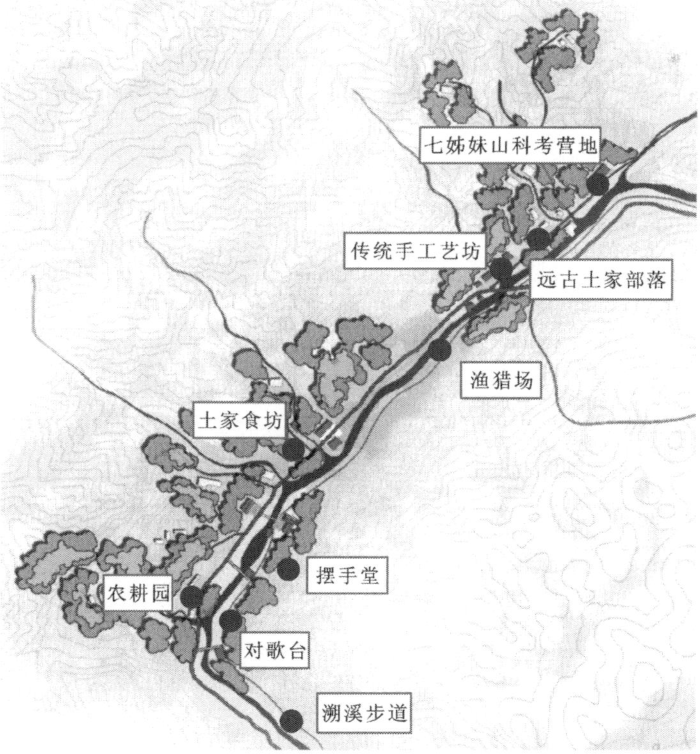

图 11.10　土家传统民俗风情体验区规划图

远古土家部落是通过设置草屋、古土家人物蜡像及微环境改造还原酉水河沿线土家族先祖耕作、渔猎的部落生活场景。

摆手堂由白水河村三组酉水东岸的独栋民居改造而成，在摆手堂的正堂设置八部大王神龛，左右偏房展示土家摆手舞、八宝铜铃舞、滚龙连厢等土家舞蹈艺术。门前修建 2 000 m^2 的活动广场，摆手堂不仅作为土家族祭祀祖先和祈求丰年的祠宇，也是举行大规模摆手舞及其他土家舞蹈表演的娱乐场所。

对歌台由白水河村二组酉水河东西两岸分别设置而成，邀请游客与当地居民对歌互动，对歌台旁设置观景台。

渔猎场是依托酉水河，在白水河村四组南部设置的体验土家族传统渔猎生产方式的场所。沿酉水河滩涂地设置 3 000 m^2 浅水捕鱼池，开展土家鱼鹰捕鱼表演及网叉、鸡笼捕鱼活动。

农耕园是依托白水河村一组酉水桃园处农田打造展示、体验土家族传统农耕文化的游乐项目，分区块种植水稻、辣椒、土豆、玉米等作物，引入山涧溪流形成水景，沿水设置旋转式、脚踏式水车，营造土家族传统农耕氛围，并通过农耕景观小品展示及解说系统介绍，让游客更深入了解土家族传统农耕生活，为游客提供土家族传统农具（耒、耜、铲和水车等）体验、播种和插秧等古代农事体验活动。

土家食坊是整合白水河村四组 3～4 户农家，整体改造的传统土家风格的餐厅。按照传统土家餐饮格局布置土家食坊，食坊外墙用玉米、辣椒进行景观装饰，食坊中厅设置火堂，火堂上悬挂腊肉，偏厅设置柴火土灶，餐饮摆放土家传统木桌椅。食坊推出土家十大碗为标准菜系，将本地特产石蛙作为特色菜品。

传统手工艺坊是利用白水河村四组房屋一楼门面设置具有土家族民族特色的手工作坊群。作坊群中主要建设织竹艺坊（编织背篓、竹篮等）、织锦坊（制作西兰卡普）、酿酒坊（酿制土家苞谷酒）、土陶坊、木雕坊、石雕坊等作坊。手工坊可以采用“前店后厂”或“前厂后店”的模式进行经营，游客可以直接在作坊群购买各种手工艺品和其他旅游商品，也可以在专门的技术人员指导下亲自动手完成某些简单手工艺品的制作。

七姊妹山科考营地提供珙桐及大型猫科动物习性研学、科考装备补给、青年旅舍住宿等服务。利用房屋一楼门面修建七姊妹山服务驿站，设置咨询中心、登山用品超市，为登山游客提供信息咨询及装备补给；与中国林业科学研究院、中国绿色碳汇基金会等机构开展合作，定期举办珙桐及野生猫科动物科普演讲，组织小型珙桐保护研讨活动，开展科普课堂；修建七姊妹山博物馆，采用卫星图像、沙盘、立体全景画等表现手法对七姊妹山生态系统的核心保护内容及价值进行全面介绍，分 3 个展厅展出。第一展厅为自然环境厅，采用卫星图像、实物标本等与图表相结合，展示七姊妹山地质、地貌、水文、气象、植被等概况。第二展厅为生态景观厅，采用全景画、动画及 AR 技术浓缩再现七姊妹山珙桐及大型猫科动物保护的整体生态环境。第三展厅为珍稀动植物标本厅，集中展示七姊妹山的珍稀动植物标本。

4. 酉水源精品民宿区

酉水源精品民宿区主要建设土家精品民宿、星空营地，见图 11.11。

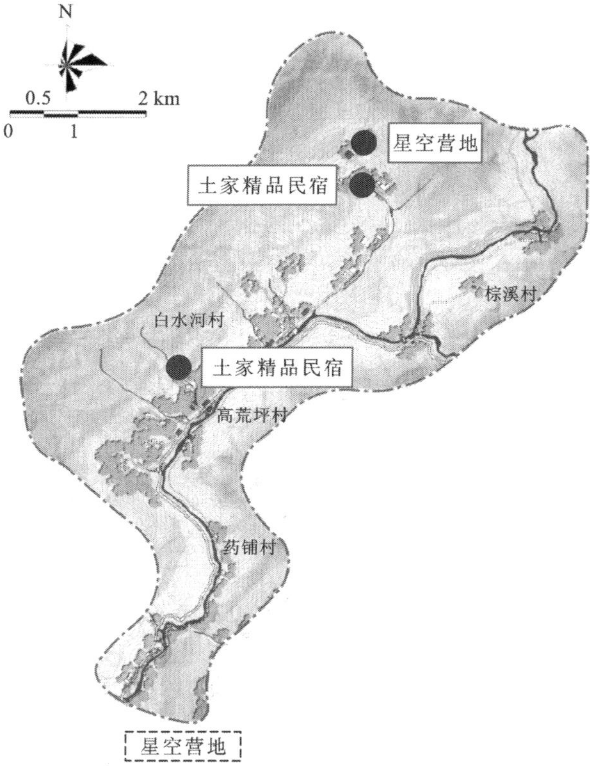

图 11.11　酉水源精品民宿区规划图

土家精品民宿是通过对白水河村一组、三组（兰草湾、鱼泉沟）、十组相对集中的传统民居进行整体打造，包括建筑本体修缮、周边环境恢复，以及室内整体改造与文化包装，形成一户一个主题陈列的家庭博物馆，一户一项非遗传承。主题陈列包括反映土家族历史的物质文化，如衣、食、住、行代表性实物，生产生活代表性实物等；非物质文化遗产包括土家婚俗、头饰服饰、编织刺绣、织锦、音乐、舞蹈、口头说唱艺术、民间文学、故事、神话等。室内装修达到四星级酒店标准。

星空营地修建在李家台，以帐篷营地及泡泡屋为主。利用十一组民宅进行改造，提供营地配套服务。

三、土家乡村度假区

（一）分区指引

土家乡村度假区范围为沙沙线沿线水田坝村至药铺村。由于酉水河两侧与山岳相得益彰，传统农业生产景观及多个美丽的土家族乡村聚落沿酉水河分布，田园生活怡然自得，乡村民俗风情浓郁。因此，将其功能定位为土家乡村生活体验、土家农耕文化体验，乡村度假、农业观光、特色景点观光。土家乡村度假区应按照“生态博物馆”理念和要求，整体打造酉水河沿线村庄；保护乡野环境，凸显传统乡村景观格局，以土家族文化体验为核心，围绕四季休闲和乡村度假主题，按照“一村一品、一湾一景、集中打造、联动开发”的要求，建设村景一体的乡村旅游度假带；充分利用现有房屋开展旅游活动，不新建固定建筑。开展社区营造，改善人居环境，加强乡村道路及市政基础设施建设，引导农户整治环境、改造房屋，改善旅游环境；不大规模调整农业种植结构，仅对沙沙线公路沿线的种植内容进行适度调整，形成田、果、花交错分布的田园景观带。将区内的农业生产活动转变为旅游体验活动，田园景观转变为旅游景观，乡村聚落转变为度假社区，农业产品转变为旅游商品；将沙坪打造成展现土家滨水活动、渔猎文化的主题小镇，旅游带次服务中心；深度开发区内的香沟、坛子洞等峡谷、溶洞特色资源，此类资源可独立成景。重点开发酉水人家、土家水乡小镇、香沟度假村、坛子洞。

（二）重点项目

1. 土家水乡风情小镇

土家水乡风情小镇位于金盆村沙坪，主要承担综合服务、土家族文化体验等功能。在小镇建设中要体现土家族在酉水沿线生产、生活的历史风貌。对沿水、沿街的建筑立面均按照传统土家建筑风貌进行改造。策划体验土家渔文化生活的旅游项目，如鸡笼捕鱼、咸鱼制作、龙舟比赛等。在酉水河上建设土家船博览园，集中展示乌篷船、帆船、画舫等多种土家船只，并系统讲解土家族船文化的发展与演变。将沿河景观条件好的民居改造升级为母亲河主题民宿。

2. 酉水人家

酉水人家位于酉水河沿线，主要承担乡村度假、土家族文化体验的功能。酉水人家的建设应在酉水河沿线选择一批自然环境优美、居住相对集中的自然村湾，结合土家族文化及当地产业、资源基础，从土家文学、曲艺、歌舞、农耕文化、医药等方面提炼主题，按照“一湾一品”理念打造主题旅游乡村。需注意的是村容村貌整治工程切忌统一形式、统一立面、统一结构的大一统式的城镇化新农村改造模式，而应在保证乡土元素和本土文化的前提下，不改变原有乡村空间聚落结构，不改变农田性质及村落与农田关系，不改变房屋和土地的权属关系，不做大规模拆并，保证原生态的前提下按照“四清四改五化两普及”要求结合传统土家乡村风格对乡村环境进行整体改造。租用农民闲置土地和房屋打造成主题土家民宿，形成多个乡村度假主题社区。让游客吃在农家、住在农家、享受乡村慢生活。培训主题村湾土家族居民，每个村湾掌握一项传统民俗技艺，将技艺融入生产、生活中成为文化体验的活态载体。重点打造土家曲艺歌舞村（药铺村二组）、土家医药康养村（药铺村一组）、土家故事传说村（金盆村三组、五组）、土家手工艺术村（官庄村四组、九组）、土家酒与美食村（官庄村八组）、土家传统农耕村（官庄村七组）6个主题村湾。

土家曲艺歌舞村（药铺村二组）：以“梯玛神歌”“摆手歌”等土家族传统民歌乐谱、乐符、歌词等元素为景观符号，制作成装饰墙、小品等形态融入村湾景观改造中，营造曲艺歌舞村湾氛围；依托沿水的民居周边空地修建3～5处小型歌舞表演场表演酉戏、三棒鼓、耍耍等曲艺歌舞，成为酉水源景区入口服务区土家歌舞表演的延伸项目。

土家医药康养村（药铺村一组）：结合药铺村中药种植产业，挖掘土家传统医药文化及当地的“药铺”文化，将药铺村一组打造成土家医药康养为主题的村湾；设置中草药种植体验园、土家药铺，聘请知名土家老中医为游客进行健康检查；选择20～30户民居改造成康养主题民宿，结合土家传统医养手法，开展康养度假宣传。

土家故事传说村（金盆村三组、五组）：将八部大神传说、巴务相、大二三神、张古佬制天李古佬制地等土家经典传说故事融入乡村改造中，以标识牌、小品及当地居民口述等形式向游客讲述土家故事传说；选择20户左右民居改造为土家故事主题民宿，每间民宿对应一个故事主题。

土家手工艺术村（官庄村四组、九组）：选择20户左右沙沙线沿线民居改造为前店后厂式的传统手工艺作坊，设置西兰卡普织锦、竹编、土陶制作、木雕等工艺类型，培训当地居民进行手工艺制作，同时邀请恩施及湘西地区传统手工艺非遗传承人到酉水源来创作、表演。

土家酒与美食村（官庄村八组）：结合酉水源酒厂进一步做大官庄村八组的酒文化，对酉水源酒厂进行升级改造，增设酿酒工艺观光通道、土家酒文化博览馆、传统土家酿酒作坊、品酒室及旅游超市，组织“咂酒”活动体验；引导周边农户自酿苞谷酒、制作土家腊肉、酸菜等传统美食，打造品土家美酒、尝土家美食主题组团。

土家传统农耕村（官庄村七组）：利用官庄村七组村庄聚落与酉水河之间的农田进行造景，配上水车、耕作器具等生产工具，形成传统土家农耕生产场景；设置一处传统农耕体验园，游客可开展传统农业的生产观光也可亲自使用土家传统农业生产器具参与到农业生产中来、体验土家传统种植的乐趣。游客可参与的体验项目有牛犁地、秧马插秧、踩筒车灌溉、镰刀稻田收割，稻桶、梿枷稻米脱粒等。

3. 坛子洞

坛子洞位于潭子洞村一组，主要承担溶洞观光的功能。坛子洞的建设需对溶洞进一步勘测，力争找到一条与酉水河连通的游览环线。按照洞穴生态游道标准，根据洞穴走向、洞中景观分布规律，对洞穴现有游路进行改造，尤其加强安全防护设施的改造。溶洞景观的展现必须借助于灯光。洞穴泛光照明工程可以最大限度地满足游客求奇、求怪的心理。要求在灯光及灯具配置上能满足从不同角度达到不同的视觉效果。洞口用文字、图片及声像等方式，向游客系统介绍喀斯特地貌及溶洞发育和形成的过程、溶洞内部地貌特色、有关溶洞景观特色和审美知识。

4. 香沟土家度假村

香沟土家度假村位于药铺村十四组，主要承担高端度假的功能。将香沟的药铺村十四组27户民居，按照精品土家风情度假村建设，度假设施在民居原址上重建，建筑全部采用土家族传统建筑工艺制作，选用上等木料，注重建筑雕花、飞檐等细节处理，再现土家建筑之美。香沟不新建固定建筑，度假村的配套服务设施结合酉水源景区游客中心设置。

第六节　酉水源文化旅游产品及线路设计

一、文化旅游产品体系

根据酉水源旅游带的资源特色和发展定位，规划以土家族文化体验为核心，重点打造土家族文化体验产品、度假产品、科考研学产品、观光产品及休闲运动产品5大旅游产品，见图 11.12。

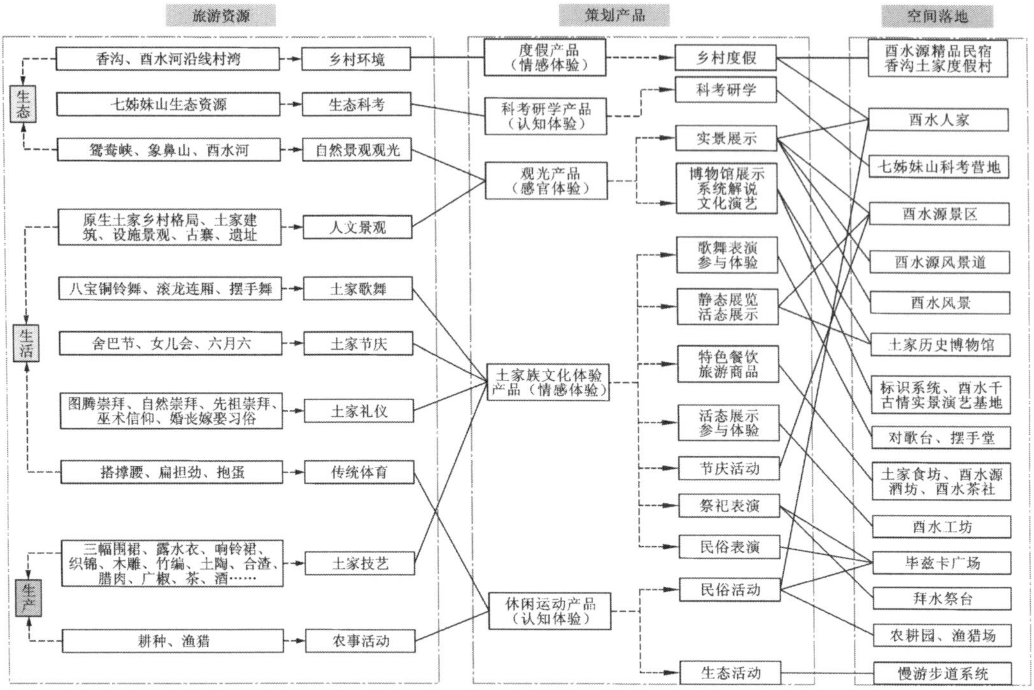

图 11.12　文化旅游产品体系构建

二、文化景观设计

（一）景观结构

规划形成“一轴、三核、十景”的景观结构，见图 11.13。

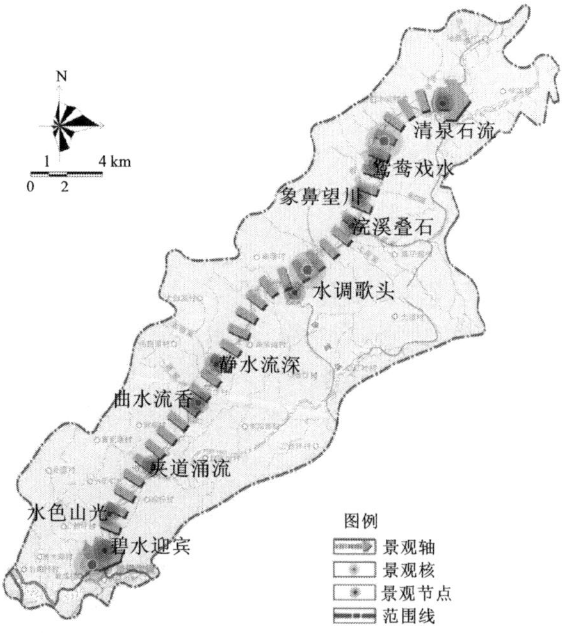

图 11.13　文化旅游景观节点分布

一轴指酉水溯源景观轴。从沙道沟镇到白水河村策划并打造一条游客寻古溯源的旅游景观轴。在景观轴旅行不仅欣赏到自然山水、村寨阡陌，也是体验土家族文化发展的变迁的历史画卷。

三核指酉水源景区景观核、土家水乡风情小镇景观核、现代土家风情小镇景观核。其中酉水源景区景观核是依托七姊妹山丰富的动植物资源，使用珙桐、红豆杉、忘忧草等本土植物进行造景，让游客在此感受土家原乡生活与七姊妹山原始的自然景观；

土家水乡风情小镇景观核是以金盆村的沙坪街道及白水河为基础，配套建设土家水乡集市、漂流等项目与餐饮、住宿配套设施，通过街道外立面整治、地形整理、河道清理、花卉种植、林相改造等手法，建设水乡主题的土家风情小镇；现代土家风情小镇景观核是以沙道沟镇及白水河为基础，配套建设旅游集散中心、酉水千古情实景演艺基地、土家族文化创意主题街等项目，通过街道整理、河道清理、花卉种植等建设现代风格的土家风情小镇。

十景指重点打造清泉石流、鸳鸯戏水、象鼻望川、浣溪叠石、水调歌头、静水流深、曲水流香、夹道涌流、水色山光、碧水迎宾 10 个景观节点。

（二）景观节点

结合酉水河自然景观打造 10 个景观节点。

清泉石流：其位于水电站往白水孔河道，按照自然溯溪步道要求，打造生态的亲水空间。

鸳鸯戏水：其位于鸳鸯峡，除了增设必要的安全设施，对节点的生态环境进行保护；建设小型祭台，供当地人和游客在此祈福、祭拜。

象鼻望川：其位于药铺村一组，是象鼻山观景点，对河道进行生态化景观处理，确保游客观景的视觉效果。

浣溪叠石：其位于潭子洞村村委会，是天然河道，需对现状河道进行清理，形成水在石中流的景观效果。

水调歌头：其位于沙坪，土家人能歌善舞，幺妹儿一曲水调歌头，让人流连忘返。

静水流深：其位于官庄九组，白水河水滋养着土家人，河水在此似乎戛然而止，形成深潭、静水的自然景观。

曲水流香：其位于官庄七组，曲曲折折的天然河道，策划土家妹子浣洗衣裳的生活场景。

夹道涌流：其位于小河口浴场，老岔河与白水河的交汇口，形成天然浴场。策划土家人玩水戏水的欢乐场景。

水色山光：其位于小河口起白水河下游 1 km 处，透过两山之间，可见大片缓坡。策划观景平台，观赏土家人日出而作、日落而息的劳作场景。

碧水迎宾：其位于上洞坪村四组河湾处，沙道沟镇东北部天然河湾，视野开阔。策划小型土家族水上迎宾表演，欢迎远道而来的客人。

（三）景观控制策略

1. 道路景观控制策略

对道路本身可以采取维护、提升、改造三种策略。维护道路沿线景观较好的路段，主要是指对旅游公路沿线的生态景观修复和重点景观建设；提升道路沿线景观一般的路段，主要是指对旅游公路如沙沙线等沿线景观视觉效果较沉闷枯燥的路段进行景观的提升美化；改造道路沿线景观较差的路段，主要是指对旅游公路沿线景观杂乱或者缺失影响整体视觉美感的路段进行重新定位，塑造新的景观形象和内涵。

2. 视域带景观控制策略

对于道路两边的视域带，采取提高绿化质量、丰富林相、视觉美化、彰显文化的策略。提高绿化质量，应遵从原生性、本土性、地域性的原则，注重与大背景的自然环境相协调，通过提升造型美和季相配置提高绿化美感。在坡度较陡的地方设置安全防护栏、防护网等安全措施。在景观处理上，可通过植物遮挡等方式进行景观化处理。扩宽视野，提高沿线景观的可视性；丰富道路两侧景观层次，提升序列景观的可赏性；优化配置，增加造型景观的可看性。通过形态、色彩、层次、质感的和谐变化，创造出高质量的视觉效果。突出宣恩本土和土家族文化，弘扬土家医药文化、红色文化、土家族民俗文化的特点，以重点公路、白水河桥梁、大型护坡为媒介展示本土文化，通过文化墙、文化小品、景观雕塑等向游客传播本土文化。景观小品的设计以土家族文化为主线，通过木纹钢抽象雕塑、景墙、原木小品、植物雕塑、石雕石刻等多种形式，展现土家溯源的主题，同时结合酉水源旅游带优良的自然环境，如白水河水源地、珙桐、云豹等设计创意的雕塑小品，展现环境保护及人与自然和谐相处。发动和鼓励白水河村、药铺村、金盆村、官庄村等白水河沿线的村民房前屋后种树养花，美化自家周边环境，种植桃树、杏树、梨树等果树，屏蔽有碍视觉美观的建筑物、构筑物。可根据种植树木的数量及美化程度给予一定的物质奖励，调动其美化家园的积极性。旅游区农田景观以山地梯田为主，应保证其农田景观的原生风貌，并根据不同的季节广泛种植药材、苗圃、油菜花、油茶等，对田埂稍做整理，适当的地段可以种植花带取代杂草，田间地头布置水车等，丰富农田景观中的人文气息。

3. 居民点景观控制策略

保护白水河村、药铺村等村湾的传统村落格局及意境，对村落环境进行整治，乡村建筑景观应该符合当地的文化与传统，改造基于各村湾的自然特点与主题内容，房屋外立面应多选用灰、黑、棕等传统土家建筑色彩，其间点缀使用红、黄、蓝等活泼色彩，起到画龙点睛之效。各户按照土家吊脚楼的模式进行院落改造，同时在前院和后院中种植花卉树木、瓜果蔬菜，原则上避免房屋紧邻道路的状况，营造环境优美、舒适宜居的土家乡村环境。新建和改造的公共建筑也必须与村民的土家乡土建筑协调，在香沟土家度假村，要体现土家族度假区的文化品质。

（四）乡村建筑景观改造

1. 乡村建筑改造中的景观要素提炼

乡村建筑改造中的景观要素主要从建筑形态、组件、建筑色彩和文化符号中提炼。建筑形态方面，土家族吊脚楼形式多种多样，主要有 5 种类型（单吊式、双吊式、四合天井式、二层吊式、平地起吊式）；组件方面，丰富窗户、枋、楣罩、柱头、柱础、撑拱、琴枋、雀替等组件样式，使整个民居建筑在整体上和谐统一，在局部装饰上富有变化；建筑色彩方面，土家传统建筑以木质结构为主，屋顶盖青灰色泥瓦，房屋立柱及板壁多采用杉木，因此建筑色彩以青色、棕色、黄色为主；文化符号方面，抽象提炼土家族文化符号，用于土家建筑的改造，如宗教崇拜中的白虎、手工艺中的西兰卡普图案、剪纸图案等。紧邻公路的民居结合上述土家建筑元素符号，按照传统土家建筑风格进行立面改造。远离公路的传统民居不做处理，现代民居不改动建筑外立面，仅使用树木对建筑进行遮挡，另在主题村湾路边设置主题提示牌。

2. 传统民居改造

原民居重在保护，包括建筑本体的保护和周边环境的保护，对于建筑本体的改造应凸显本土文化特色，注重土家传统建筑元素和符号的应用。在不动主体框架的前提下，扩大窗户采光，以适应现代游客民宿功能要求。在现有的结构框架下，外部延伸外走廊和露台，提升游客户外体验的愉悦感，同时强化特有的民族建筑的风貌风情，形成品牌形象特征。坚持原生材料的使用和进一步现代设计方法的改造，通过材料体现地域亲和力。注重周边场地小环境的打造，包括门前小庭院的整治，当地特色的绿化苗木和花卉、民族灯笼、窗帘、酒旗装饰品的选用等，创造浓郁乡村风情体验。

3. 现代民居改造

现代民居改造的重点在于对村民自建房问题的准确把握，并提出切实可行的改造方式。改造必须坚持不破坏现有建筑结构，因势利导的改造方法，同时坚持节俭的原则，能够在现有村民经济情况下，做到方案切实可行。改造方式核心是对现有建筑的基本建筑构件做当地民族风格化的装饰设计。具体构件装饰在于：铝合金门窗不动，加窗框门框水泥构件，涂仿木外墙漆。凉台栏杆同上，并做垂花装饰构件，墙面按照建筑结构做水泥仿木的穿斗式结构，增减视觉美感和民居特色，窗户做仿木窗台，一层建议拆掉防盗网或用老式木栏杆。墙基建议用本地石材干砌，使建筑可与周边环境相和谐。

（五）道路沿线景观改造

结合酉水沿线景观特征及体验土家现代文明、传统文化的主题特征，将风景道沿线分为三个主题段落进行打造。

其一，土家画廊——沙道沟镇至上洞坪。通过山林生态修复，道路沿线种植百合、万寿菊、桂花等四季花卉，河道清理等方式，将该区域打造成集赏花、休闲、运动等功能于一体的近郊景观带。游客可在此感受土家人现代的生活方式。

其二，乡野村陌——上洞坪至酉水源景区。在村落与道路之间以药材、蔬菜、低矮农作物为主，沿线选择桃李等果树成排布置或点缀，突出美丽乡村的环境主题。游客可在此感受土家人较传统的生活方式。

其三，原乡牧歌——酉水源景区。依托七姊妹山丰富的动植物资源，使用珙桐、红豆杉、忘忧草等本土植物进行造景，塑造土家母亲河氛围，游客在此感受土家原乡生活。

三、旅游线路设计

（一）外部旅游线路

对接张家界市、恩施州和宜昌市旅游市场：武陵源风景名胜区—酉水源景区—恩施土司城—恩施大峡谷—三峡大坝。

对接宣恩县旅游市场：宣恩县城—高罗土苗传统村落—彭家寨—酉水源景区—七姊妹山国家级自然保护区—中国萨玛文化旅游区—宣恩县城。

（二）内部旅游线路

针对观光游客，以沙道沟镇为起点，沿着酉水源风景道可依次游览现代土家风情小镇、酉水千古情实景演艺基地、酉水人家、坛子洞、香沟土家度假村、酉水源景区，七姊妹山等。

针对度假游客，以沙道沟镇、沙坪土家水乡小镇等为集散地，或者以酉水人家、香沟土家度假村、土家精品民宿、星空营地等特色住宿点为依托，根据个人偏好灵活选择游览线路。

第七节　酉水源文化旅游配套设施开发

一、旅游服务设施

（一）旅游服务体系

依托旅游带的空间格局构建旅游服务设施系统，各个服务点按需求配置游客咨询、医疗急救、餐饮、公厕、垃圾桶等服务设施，按照旅游服务中心、次中心和旅游服务点三个服务级别，构建“一主、两次、六点”的旅游服务体系，见图 11.14。

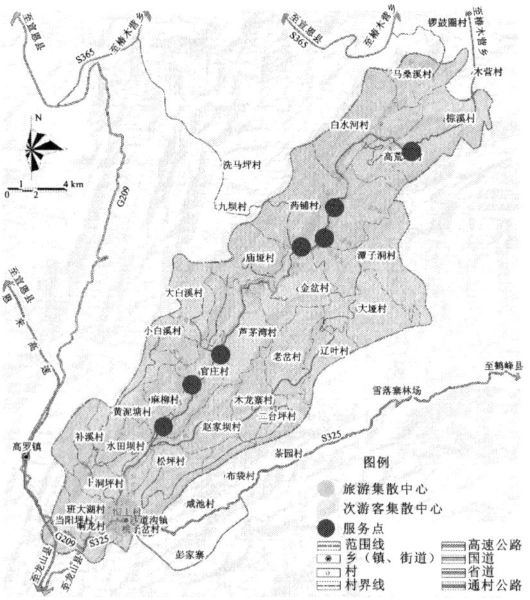

图 11.14　旅游服务体系分布

1. 游客中心设置

根据区域的游线组织及客流组织需要，酉水源旅游带规划了 1 个主游客中心（酉水源旅游集散中心）和 2 个次游客中心（酉水源景区服务中心、酉水水乡小镇服务中心）。

主游客中心：酉水源旅游集散中心位于沙道沟镇南部，建筑面积 3 000 m^2，主要设置停车场、游客咨询、医疗急救、住宿、餐饮、购物、公厕、垃圾桶、观光巴士站、自行车服务点等设施，主要的功能是作为区域的游客集散的中心，提供宣传推介、导游服务、集散换乘、咨询投诉、餐饮住宿、演艺购物、监控监管等服务。

次游客中心：酉水源景区服务中心位于酉水源景区入口，建筑面积 500 m^2，主要设置停车场、游客咨询、医疗急救、餐饮、购物、公厕、垃圾桶、观光巴士站、自行车服务点等设施，主要功能为进入酉水源景区的游客提供咨询、换乘、餐饮、购物等服务；酉水水乡小镇服务中心位于沙坪，建筑面积 500 m^2，主要设置游客咨询、医疗急救、餐饮、购物、公厕、垃圾桶、观光巴士站、自行车服务点等设施，主要功能是为游客提供咨询、餐饮、购物等服务。

2. 旅游服务点设置

根据游线组织和旅游项目设置土家医养村服务点（药铺村一组）、土家曲艺村服务点（药铺村二组）、土家故事村服务点（金盆村三组、五组）、土家美术村服务点（官庄村四组、九组）、土家歌舞村服务点（官庄村八组）、土家农耕村服务点（官庄村七组）6个服务点，各个服务点按需求配置停车场、游客咨询、医疗急救、餐饮、公厕、垃圾桶等服务设施，与游客中心形成完整的体系。

（二）住宿设施设置

1. 住宿设施类型

酉水源旅游带要创新住宿业模式，结合土家风情发展文宿融合（土家族文化主题酒店/度假村）、商宿融合（精品商务酒店/星级酒店）、农宿融合（生态休闲农庄/精品民宿）、营宿融合（养生酒店/特色营地/青年旅舍）等特色住宿设施。

2. 住宿设施标准

沙道沟镇区文化主题旅游饭店至少达到《文化主题旅游饭店基本要求与评价》（LB/T 064—2017）中规定的银鼎级标准。酉水源景区精品民宿达到《旅游民宿基本要求与评价》（LB/T 065—2017）中规定的金宿级要求，酉水人家民宿达到银宿级要求。

3. 规模预测

旅游带乡村民宿满足3 000人接待需求，其中高档住宿设施占比20%，中档住宿设施占比50%，大众住宿设施占比30%。大规模观光客住宿依托沙道沟镇镇区解决，镇区的住宿设施规模及接待能力结合彭家寨综合分析确定。

（三）餐饮设施设置

1. 餐饮服务标准化

在旅游带推行土家“十大碗”标准菜系，包括农家贺菜、千张贺菜、木耳土鸡、海带炖猪脚、粉蒸肉、土家扣肉、米辣子扣小河鱼、黄豆炖老鸭、四季常青及土家和欢。对食材选用、烹饪工艺及就餐服务进行统一规范化管理。

2. 就餐形式仪式化

注重旅游餐饮环境的营造，餐厅的建筑风格、色彩和内部装饰均体现土家民族建筑特色；结合“十大碗”菜谱，给菜品赋予一些土家源起、发展的历史典故，在就餐过程中由餐厅服务员向游客进行一一介绍，以提升旅游餐饮的文化内涵。除“十大碗”标准菜以外，以宣恩生产的富硒贡米、土豆、玉米、花生、白菜、西红柿、萝卜、青椒等农产品作为旅游餐饮的原料，突出地方工艺，打造宣恩火腿、张关合渣、榨广椒等具有酉水特色的招牌菜和精品菜作为补充。

（四）购物设施设置

构建一个囊括民俗商业街、景区商店、小商亭、购物摊点等多种购物形式的旅游购物体系，设施布局见表 11.9。

表 11.9　西水源旅游带旅游购物设施分布

地区	购物设施	主要功能
沙道沟镇区	集镇购物商业街、旅游纪念品商店、超市	满足本地居民日常购物需求和游客的购物需求
土家水乡风情小镇	民俗商业街、景区商店、小商亭、购物摊点	满足游客对旅游纪念品、工艺品、土特产品及日常生活用品的购物需求
酉水源景区	景区商店、小商亭、移动购物摊点	满足游客的各类购物需求
酉水人家	小商亭	满足游客的各类购物需求
酉水千古情实景演艺基地	景区商店、小商亭	满足游客的各类购物需求
坛子洞	景区商店、小商亭	满足游客的各类购物需求
香沟土家度假区	景区商店、小商亭	满足游客的各类购物需求
风景道沿线	移动购物摊点	满足游客对水、零食及医疗急救物品的购物需求

民俗商业街：沙道沟镇区建一个民俗商业街，街区建筑融入民族建筑文化元素，街区四周的环境营造和店铺的装饰均依照土家族的建筑风格。游憩商业街区以售卖具有当地特色的工艺品、旅游纪念品和土特产品为主，满足游客购买特色旅游商品的需要。

景区商店：在酉水源景区游客中心、土家水乡小镇服务点，配套建设旅游商店，提供旅游商品销售服务，主要出售与景区相关的旅游商品，包括关于景区的科普图片、书籍、旅游纪念品、旅游工艺品、土特产品等。

小商亭：在景区的出入口处及主题村湾，根据需要设置一定数量的小商亭，主要销售各种日用品、旅游纪念品、工艺品和当地土特产品等。

购物摊点：在酉水源景区及主题村湾的游步道沿线，间隔适当距离设置购物摊点，摊点主要向游客提供饮用水、雨伞、太阳帽、各种小吃等普通商品，满足游客旅游过程中的基本需求。

（五）旅游商品

以“酉水源”为商标注册矿泉水、白酒等快销商品。依托土家族文化创意街的民间工匠开发土家文创旅游商品，将特色旅游商品整体打包推出旅游商品纪念礼包。

（六）酉水河沿线观景平台及休息点

在酉水河沿线观景条件好的地方结合步道系统设置观景亭台及休闲座椅，使游客在游览过程中，可以找到休息的地方，营造一种舒适慢旅氛围。观景亭台以木、钢结构为主，主要以一层为主。顶部设计融入土家屋顶建筑元素，采用现代简约造型，凸显简单、大方的风格，主结构为钢，刷深木色漆，所有观景亭、观景台均应设置适量的休闲座椅，方便游客停留、休憩，见图 11.15。

图 11.15　旅游观景平台分布

（七）智慧旅游

旅游智慧建设重点在旅游餐饮、旅游住宿、旅游标识系统、旅游环卫等设施的智慧化服务。如在标识系统方面，通过高科技，运用电子触摸式显示屏，将传统的箭头标识换成电子标识，游客可以在标识上查询，不但可以迅速找到自己的当前位置，还可以选择自己的目的地，系统自动实现行走路线，让游客一目了然。

旅游智慧游览。依托互联网、物联网技术，构建数据中心，为游客提供更加流畅、科学的导航、导游、导览、导购服务。一是管理人员通过游客综合管理终端，可以查看所有景点停留游客的详情及任意游客的景区定位，当人员超限时，系统会自动报警。不仅在景点，在停车场，当车流量大于承载量时，系统也会自动报警。二是游客可以通过安装 APP、租用电子语音导游等，解决自助导航、导览的问题。

旅游智慧营销。通过建立自己的网站，设计自己的网页，在网络上开展广告宣传活动，推销旅游产品。酉水源旅游带首先需建立自己的网页，网页应包括旅游产品信息、门票价格信息、导游服务信息等基本信息。同时，设计网上旅游线路，运用电子模拟，为游客提供虚拟空间，形成“先体验，再购买”的新模式。同时与宣恩县、恩施州等区域性旅游网站进行合作。

（八）旅游安全防护设施规划

实施“安全旅游目的地”战略，确保游客人身与生命财产安全，主要包括：游览前对游客旅行安全的预警；游览期间对游客安全的保护；对旅游事故的防治及事故出现后的急救行动；建立完善的安全保障制度；配备医疗设备。具体规划如下。

1. 安全预警

提供酉水源旅游带当天和近几天的天气预报，遇恶劣天气时及时发出警报，并关闭漂流、溯溪、山地自行车等项目。游客进入酉水源旅游带前，提醒游客应该注意的安全事项，包括可能出现的意外情况及其应急处理措施，应严格遵守的安全条例及其违反后的处罚等。

2. 安全保护

在主要的骑行道、步行道上设立红十字箱，提供简易的旅游医疗服务（如在酷暑季节可免费发放预防中暑的药品等），在旅游旺季，要有医务人员值班；设立事故撤离指示牌，让游客在意外情况出现时能有序疏散并得到及时的援助。在冒险性活动场所，工作人员须给予必要的指导和保护，确保游客人身安全。在悬崖、溯溪、登山步道等危险路段，应完善安全防护措施；所有住宿设施及餐饮服务设施，应严格按有关消防、卫生制度、治安管理规定，配备相应的消防系统设施、防盗设施、其他安全设施、监控设施和紧急疏散通道等。

3. 预防与急救

所有游客进行溯溪、户外徒步、户外露营等项目，必须购买相关保险；对工作人员进行急救培训，遇有伤病在第一时间做出紧急处理，然后及时转送宣恩县及恩施州医院。成立急救行动小组，遇重大安全事故时，及时设立临时性安全通道。与宣恩县医院、公安、消防、交通等单位建立急救联系，遇有灾难情况报警，立即通知相关部门或联合行动进行救援。

4. 安全制度保障

认真贯彻执行公安、交通、劳动、质量监督、旅游等有关部门制定和颁布的安全法规，建立完善的安全保卫制度，工作全面落实；制定《酉水源旅游带安全管理制度》，及时采取措施，检查存在的安全隐患。所有旅游活动场所的消防、救护等设备齐全、完好、有效；交通、机电、游览、娱乐等设备完好，运行正常，无安全隐患。危险地段标志明显，防护设施齐备、有效，特殊地段有专人看守。定期对酉水源旅游带交通运输设施进行管理，确保交通运行安全；对饮食卫生安全进行管理；建立安全检查长效工作机制。各景点确定安全责任人，坚持做到一季度一安全检查，做好经常性的安全工作，实现“平安旅游”。设有突发事件处理预案，应急处理能力强，事故处理及时、妥当，档案记录准确、齐全。

5. 医疗设施配备

与宣恩县和恩施州人民医院进行合作，开设旅游定点急救服务，在酉水源旅游带内醒目位置及游客密集地段公布急救标志和急救电话。建立紧急救援机制，设立医务室，并配备专职医务人员。

二、旅游交通设施

（一）交通现状

西水源旅游带现状主要通过恩来高速，G209、S325、S233、沙沙线、药铺到凉风台道路，与外部进行联系。恩来高速出口位于高罗乡，规划鹤来高速在西水源旅游带内当阳坪设有出口，整体而言，西水源旅游带西部交通较东部通达性好，详见图 11.16。

图 11.16　西水源旅游带对外交通现状图

内部交通共有两类，分别是重要通村公路和普通通村公路。其中重要通村公路沙沙线——东北向穿越西水源旅游带，道路宽 5 m，在西水源旅游带内长约 47 km，为水泥路面、路面质量较好，部分路段较为狭窄，较难满足错车需求；松坪村到辽叶村道路——东北向位于西水源旅游带的南部，道路宽 5 m，长约 17 km，为水泥路面，路面质量较好，部分路段较为狭窄，较难满足错车需求。普通通村公路分布于沙沙线两侧，起于沙沙线，止于西水源旅游带内的行政村，大部分为水泥路和碎石路，路面宽约 4 m，在规划内总长约 127 km。道路质量一般，较难满足错车需求，详见图 11.17。

图 11.17 酉水源旅游带内部交通现状

（二）对外交通规划

加强酉水源旅游带与机场的联系，可在许家坪机场建设旅游服务中心，提供便捷的订票、信息咨询、游线推荐等服务。加强酉水源旅游带与火车线路（站）的交通便捷性，在恩施火车站设置旅游服务中心，并开通直达酉水源旅游带的旅游专线巴士。规划在高速出入口设置酉水源旅游带旅游形象展示牌，道路配备完善的旅游宣传牌、旅游引导标识等设施。对酉水源旅游带药铺至凉风台公路（长约 6 km）进行提升改造，采用沥青路面，路面拓宽到 6 m，并对沿线景观进行提升，包括种植色叶树种、增加错车点、标识系统等。

（三）酉水源旅游带内部交通规划

车行道规划。将酉水源旅游带内的主要交通线路按照旅游风景道的要求进行建设，形成两级道路体系。根据旅游需求，因地制宜地对道路进行提升改造，包括道路升级拓宽、破损路面修复、增设非机动车道等；依托不同的游览主题，打造道路景观，完善沿途标识系统；道路沿线设置临时停车场、观景平台、错车点等服务设施；完善道路标志标线、安全护栏等设施。其中主干道为沙沙线，长约 47 km，升级拓宽至 7.5 m，沥青路面（6 m 车行道+1.5 m 自行车道），增设临时停靠点和观景平台；支干道为药铺村到凉风台道路，长约 6.1 km，升级拓宽至 6 m，沥青路面；松坪村到白水河村道路，长约 36.83 km，升级拓宽至 6 m，沥青路面；白水河村到马桑溪道路，长约 7.35 km，升级拓宽至 6 m，沥青路面；金盆村到老岔村道路，长约 9.86 km，升级拓宽至 6 m，沥青路面；药铺村到潭子洞村道路，长约 4.68 km，升级拓宽至 6 m，沥青路面，详见图 11.18。

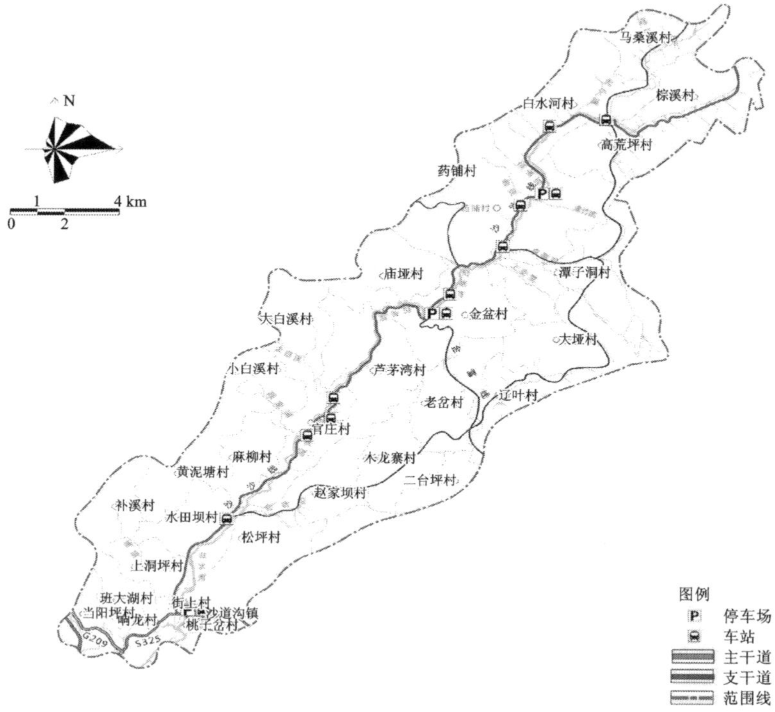

图 11.18　酉水源旅游带交通线路规划图

步行道规划。从沙道沟镇往北至白水孔，依托现有的通村路、水泥桥、吊桥，沿白水河修建串联山、水、田、镇、村的步道系统，道路全长约 60 km。游客可利用步道系统到达白水河沿线的村湾和景点，开展各种场景的运动。按照国际登山健身步道的建设要求，步道宽 1～2 m，采用不同材质铺砌，如木材、石板、鹅卵石、青砖、木屑等；游步道设计要因地制宜，打造滨水、田园、乡村、山林等多主题段落，突出趣味性，使游程丰富、动感。美化步道沿线景观，可通过种植花卉、色叶树种等形式，打造四季可观可感的景观道路。对现有的桥梁进行结构加固和景观提升，规划建设风雨桥、铁索桥、木板桥等各种样式的桥，使整个步道系统，成环、成网、成景，在保证美观的前提下，尽可能按照人车分流建设。桥体本身，作为土家族文化展示空间进行打造。

水上交通规划。规划自象鼻山起，止于松坪村小河口的漂流项目，作为辅助交通形式，承担部分交通运输功能。沿白水河设置 3 个漂流码头，将河道分为两段。第一段为土家风情漂，始于象鼻山，止于沙坪，全长 8.5 km。漂流工具为土家族传统的竹排、木船，漂流的速度相对较慢，让游客能够感受土家族竹排放歌、酉水船工号子等传统的水上文化。第二段为土家激情漂，始于沙坪，止于小河口。全长 17.6 km。漂流工具为现在的漂流船、皮艇，漂流的速度相对较快，游客充分感受漂流带来的刺激感，详见图 11.19。

（四）旅游巴士

沿沙沙线设置旅游巴士线路，构建巴士集散中心、巴士站、巴士停靠点三级客运体系，巴士站统一为土家风格，各站点注入当地村湾文化，形成大体统一、细节各异的土

图 11.19　酉水源旅游带漂流线路规划

家主题站点。巴士集散中心位于酉水源旅游集散中心，主要承担巴士停放、管理、游客集散、换乘车辆维修、保养等功能；巴士站位于沙道沟镇、沙坪、象鼻山、白水河村、白水电站，主要承担巴士停放、游客换乘等功能；巴士停靠点主要承担游客换乘的功能，因此要灵活设置。

（五）停车系统

停车系统分为停车场、观景点与临时停靠点两部分。停车场规划采用集中分散相结合的停车形式，规划一级停车场 3 个，分别位于沙道沟镇、沙坪和象鼻山，其中位于沙道沟镇的停车场规模为 3.5 hm^2，车位数量为 700（大车 420、小车 280）；位于沙坪的停车场规模为 2 hm^2，车位数量为 400（大车 240、小车 160）；位于象鼻山的停车场规模为 1.3 hm^2，车位数量为 270（大车 40、小车 230），三个停车场都采用林荫式生态停车场进行设计，铺植草坪砖，以灌木为隔离线，用高大乔木和藤蔓植物进行遮阴。二级停车场 2 个，小河口和白水电站，三级停车场若干，位于酉水人家主题村湾，并根据实际需要灵活设置。观景点与临时停靠点则根据地形及景观条件，在沙沙线沿线选择 10 处以上景观条件较好的区域设置观景平台，在观景平台周边设置机动车临时停靠点。

（六）旅游交通管理

交通根据游客量多少，实行淡、旺季分时段管理。当游客较少时，如平时工作日，游客可直接将车开到酉水源景区内；当游客较多时，如周末或者小型节假日，游客将车开到象鼻山酉水源景区入口服务区，换乘旅游巴士进行游玩；当进入旅游旺季的高峰时期，如黄金周，游客将车停放到沙道沟集散中心，换乘旅游巴士进入旅游带。

第十二章 土家贡茶源伍家台贡茶小镇文化旅游创意开发*

第一节 伍家台贡茶及其区位概况

一、伍家台贡茶简介

伍家台是湖北省恩施土家族苗族自治州宣恩县万寨乡西南部的一个村。1784 年（清乾隆四十九年），地方官吏将伍家台村伍昌臣制作的茶叶进贡给朝廷，获赐“皇恩宠锡”匾牌，此后，“伍家台贡茶”以此得名，一叶香古今。

二、区位条件

（一）地理区位

贡茶小镇位于恩施土家族苗族自治州宣恩县万寨乡西南部，东与万寨乡板杨村、芋荷坪村、网台村相邻，南与椒园镇香树林村、店子坪村相接壤，西邻恩施州芭蕉乡，北连万寨乡铁厂沟村，群山连绵，景色秀美。贡茶小镇内茶叶生产历史悠久，属于中国四大茶叶种植区中的江南茶区，与六安瓜片产地、黄山毛峰产地等多个中国名茶产区同位于神奇 30° N 地带。

（二）交通区位

贡茶小镇交通条件便利，多种交通可抵达。贡茶小镇距恩施许家坪机场 42 km，车程 1.5 h，该机场目前已开通飞往上海、北京、西安、广州、厦门等地的多条航线。此外，椒园镇店子坪村（与贡茶小镇接壤）已被列入恩施机场迁建的首要选址点，待机场建成将大大提升贡茶小镇的交通便捷性，并为贡茶小镇带来大量的游客。贡茶小镇距离恩施火车站 45 km，车程 1.5 h，5 h 内可到达重庆、西安、武汉等周边城市。恩来高速、恩黔高速、209 国道从贡茶小镇西部穿过，贡茶小镇距恩来、恩黔高速宣恩出口 12 km，车程 0.5 h，由此可南达长沙，北通恩施城区；同时经由 027 县道、033 县道、009 乡道可进入贡茶小镇南部，向北可达清江画廊景区。

（三）旅游区位

贡茶小镇处于鄂西生态文化旅游圈、湘西生态文化旅游圈的叠加区域，同时紧邻中

---

* 根据张立明教授主持完成的课题“宣恩县伍家台贡茶小镇旅游开发规划”的主要内容整理，参加课题研究的成员有杨晓红、吴倩婷、白雪、温梦颜、胡媛、黄金彦、万波、赵文斌等。该课题得到宣恩县文化和旅游局、恩施伍家台旅游发展有限公司支持

国首条自驾游风景道——318 国道、恩黔高速、209 国道等重要交通道路，可连接张家界、长江三峡等多个享誉国内外的旅游目的地，区位优越。截至 2016 年末，恩施州 A 级景区 33 家，其中 5A 级 1 家、4A 级 15 家、3A 级 9 家、2A 级 8 家，全州旅游市场基本成熟，旅游发展态势良好。贡茶小镇可联动恩施大峡谷景区、恩施土司城景区、清江画廊景区、野三河景区、坪坝营生态旅游景区等众多景区，共享客源，联动发展。

三、自然环境

（一）气候地形

贡茶小镇属亚热带季风和季风性湿润气候，春迟秋早，湿润多雨，冬无严寒，夏无酷暑，年均气温 15.8 ℃，无霜期 294 d，年降水量 1 635.3 mm，年日照时数 1 069.9 h，雨量充沛，云雾较多，漫射光强。贡茶小镇位于海拔 800～1 200 m 的高山地带，峡谷相间，溶洞天坑遍布，是典型的喀斯特地貌。

（二）植被

贡茶小镇植被区系属亚热带常绿阔叶林地带，雨热同期，动植物资源丰富，有古茶树、红豆杉、楠木、银杏等国家保护植物，以及樱花林、紫薇林、竹林等。此外，植被林相呈现出明显的垂直变化和差异。

（三）土壤水文

土壤呈酸性，主要是黄棕壤、黄壤、水稻土等，其中贡茶小镇内以紫色土为主，俗称“红砂地”，钾素含量较丰富，干燥性及热通性好，适宜茶叶生长。贡茶小镇位于长江支流清江流域上游，降水丰富，但地表储水性能差，仅有后山沟水库及大小水塘几处。

（四）适宜分析

运用 GIS 分析方法，综合地形、坡度、坡向、水文等多种因素，对贡茶小镇进行了用地适宜性分析（图 12.1），所得结果显示整个贡茶小镇内生态敏感性较强，容易遭受破坏。适宜建设用地约为 2 500 亩，多分散于山间平地，集中在凉风村水田坪、伍家台村中南片区等区域。

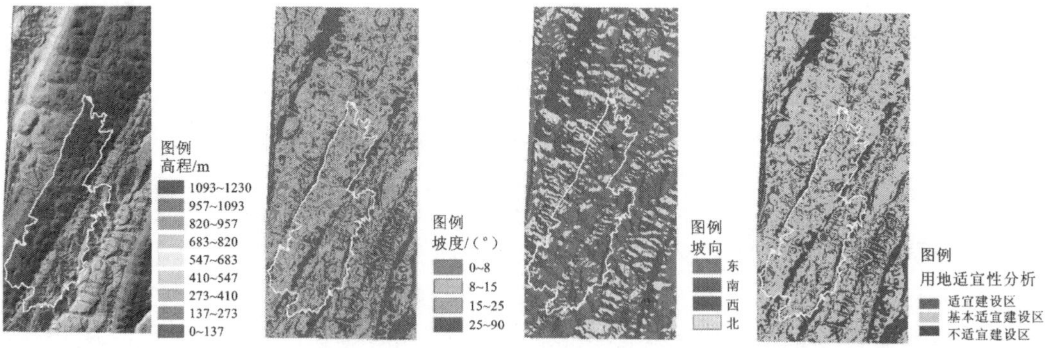

（a）高程　（b）坡度　（c）坡向　（d）用地适宜性

图 12.1　伍家台贡茶地形分析图

四、社会经济

（一）行政划分与人口统计

贡茶小镇包括伍家台村、凉风村、板场村部分区域及椒园镇香树林村部分区域，共有 29 个村民小组，3 180 人。伍家台村土地面积为 8.45 km^2，辖 17 个村民小组，559 户，2 020 人；凉风村辖 10 个村民小组，总户数 302 户，总人口 1 160 人。伍家台村经济发展良好，以茶产业为主导，2016 年农村经济总收入为 2 832.79 万元，人均年收入 9 000 余元。凉风村作为宣恩县精准扶贫的重要对象之一，2016 年农村经济总收入为 1 592.93 万元，人均年收入约 5 000 余元。

（二）土地利用现状

贡茶小镇总用地面积为 1 849.01 hm^2，主要由村庄建设用地、行政办公用地、文物古迹用地、商业设施用地、一类工业用地、道路用地、水域、农林用地 8 类用地构成。各类用地面积及占总用地比例见表 12.1。

表 12.1　现状用地汇总表

用地代码		用地面积/hm^2	占总用地比例/%
	H14 村庄建设用地	5.93	0.32
H9 其他建设用地	A1 行政办公用地	0.38	0.02
	A7 文物古迹用地	0.02	0.00
	B1 商业设施用地	0.26	0.01
	M1 一类工业用地	3.57	0.19
	S1 道路用地	13.95	0.76
	E1 水域	0.68	0.04
	E2 农林用地	1 824.22	98.66
	规划范围总用地面积	1 849.01	100.00

（三）产业现状

宣恩县产业发展基础良好，茶产业是其重要的产业之一，全县范围内共有 6 个主产区，其中万寨乡是宣恩县北部最大的茶业产区，共有 14 个茶叶生产专业村，其中伍家台村是万寨乡也是整个宣恩县茶产业的标杆地区。贡茶小镇内伍家台村和凉风村两个村，其产业发展各有特点。

伍家台村是宣恩县最大的富硒贡茶专业村，全村以伍家台贡茶的生产、加工、销售及相关的旅游服务业为主导产业，以种植业、养殖业、林业等产业为辅助产业。种植业以茶种植为主，2016 年全村发展茶叶种植基地 4 200 亩，2016 年茶叶总产量 581 t，其中绿茶 513 t，红茶 30 t，黑茶 38 t，另外以茶旅游为主导的服务业共收入 1 900 万元，收入较为可观。此外，粮食作物播种面积为 2 440 亩，总产量 484 t，粮食作物有稻谷、玉米、马铃薯、红薯、大豆、蚕豌豆等。经济作物总播种面积为 1 114 亩，主要有花生、油茶籽、向日葵籽、烟叶等作物。特色水果有梨、柑橘等。养殖业以村民零散养殖为主，主要有猪、牛、羊、鸡、鸭等养殖种类，其中养猪最为普遍。林业方面，主要出产木材、竹材、棕片、油桐籽、板栗等。

凉风村以茶叶和烟叶种植为主，此外还有蔬菜、经济作物种植和养殖业。种植业方面，全村发展茶叶种植基地 3 000 亩，2016 年茶叶总产量 75 t，其中绿茶 66 t，红茶 2 t，黑茶 7 t。此外，2016 年粮食作物总产量达 446 t，人均产出 383 kg，粮食作物主要有马铃薯、水稻、玉米、红薯、蚕豌豆、大豆等。经济作物，共种植 1 518 亩，总产量 267.3 t，主要作物有花生、烟叶、油菜籽、有机蔬菜等，有机蔬菜有芹菜、菠菜、白菜、甘蓝、胡萝卜、生姜、榨菜等种类，收成较好。林业方面，共有林地 5 820 亩，主要出产木材、竹材、棕片、油桐籽、板栗等。养殖业方面，以农户零散养殖为主，主要养殖猪、山羊、菜牛、鸡、鸭等。两村的产业发展大致相同各有侧重，伍家台村以茶产业为主导，其他产业为辅助，凉风村茶产业有所发展，农业种植及养殖发展良好。两村不同的产业基础为茶主题旅游发展奠定了基础。

五、旅游开发现状

（一）旅游景区发展现状

贡茶小镇现有一个国家 4A 级旅游景区——伍家台贡茶文化旅游区，包含伍家台村的全部范围。景区自 2008 年开发建设以来，累计投资近 1.3 亿元，建成了万亩生态观光茶园（其中伍家台核心区 4 200 亩），建成了集茶叶加工、游客参观体验、茶艺展演于一体的贡茶文化旅游区，成功举办了三届伍家台贡茶文化节。2016 年，伍家台贡茶文化旅游区被评为 4A 级旅游景区，伍家台村先后荣获了“湖北省宜居村庄”“省级生态村”“省级文明村”“湖北省绿色示范村”“湖北省休闲农业示范点”、荆楚最美村镇“最佳景观奖”等荣誉称号和奖项，初步形成了以生态茶园观光、贡茶文化寻踪、传统茶艺体验为主的茶主题系列旅游产品，吸引了大量游客前来观光旅游，社会反响良好。

贡茶小镇内的凉风村，乡村景观优美，生态环境优良，土家族民风淳朴浓郁，但暂未进行旅游开发，未设置旅游项目，有少量游客自发前往观光游览，其旅游业发展潜力大。

（二）旅游配套设施现状

住宿设施方面，目前整个贡茶小镇仅有伍家台贡茶文化旅游区游客中心内提供简单的住宿接待服务，床位仅有 70 个，无法满足未来旅游发展的需要，且住宿设施落后，卫生条件不达标。总体来看，住宿设施总量严重不足，档次较低，设施陈旧，缺少高品质的有茶文化特色的酒店、宾馆等。

餐饮设施方面，游客中心提供餐饮服务，共有餐位170个；茶家乐共有18家，目前规模较大的茶家乐有杨大姐、红梅人家、贡茶人家等。餐饮服务以提供简单的土家族菜品及常规的家常菜品为主，品质一般，在节假日及大型节事活动期间，餐饮服务设施严重不足。总体上旅游的餐饮接待设施不足，缺少高品质的餐馆饭店，菜品特色欠缺。

购物设施方面，昌臣茶叶展销中心提供伍家台贡茶多个系列产品的展示和销售，如昌臣绿针、一级绿针等。其他现有旅游购物服务主要设置在游客中心、景区内售货亭、居民居住点，主要提供日用品、食品等的售卖服务。总体来说，在旅游商品方面，贡茶系列旅游产品档次较高，但是缺少其衍生商品的开发，对当地的土家族旅游商品挖掘不够；在购物场所方面，购物环境杂乱，管理不规范，服务水平低。

娱乐设施方面，茶园观光、茶事体验、贡茶文化科普、品茶闲游等旅游休闲活动，主要集中在伍家台贡茶文化旅游区内。凉风村尚未开发旅游。总之，区内旅游休闲活动开发层次较低，以观光为主，缺乏深度旅游体验，活动类型匮乏。

其他公共服务方面，整体的旅游服务体系尚未建立起来。信息导引服务系统、医疗服务、安全急救服务等不完备。环卫设施方面，伍家台贡茶文化旅游区共有旅游厕所28处，其中A级厕所4处；其他厕所为游步道配套厕所及展厅或茶家乐建筑配套厕所，较为简易，服务水平有待提高。垃圾桶数量不足，样式单调，垃圾转运及垃圾处理设施有待完善。进入景区的直达道路为033乡道，有待提升改造，贡茶小镇内的旅游交通设施不完善，游步道未能串联起整个景区，缺少露营地、度假服务等配套设施。凉风村及伍家台村的供水及污水处理设施不完善，污水直接排放，垃圾处理设施欠缺，环境需要加强整治。

（三）主要问题分析

1. 旅游产品，缺体验

伍家台贡茶文化旅游区，目前旅游产品以茶园观光、茶事体验活动为主，都属于简单的游憩活动，以游客为体验为中心的深度旅游产品欠缺，未针对自驾游市场、银发市场、青少年市场等进行专项旅游开发，不同的市场客群缺乏针对性的旅游项目，旅游项目的供给有待进一步丰富。同时整体上游客以一日游为主，养生休闲度假旅游活动较少，深度旅游产品有待进一步开发。

2. 贡茶品牌，缺少支撑

伍家台贡茶国家地理标志保护产品的保护范围涵盖宣恩县三乡（镇）七村，即万寨乡的伍家台村、板杨村、马鞍山村，椒园镇的香树林村和红岩卡村，晓关侗族乡的小溪村和覃家坪村。有机茶园认证面积超过4 000亩，但多处都可以使用伍家台贡茶商标不利于贡茶小镇独有茶叶品牌的建设，对于其市场推广、品牌营销都有一定的影响。伍家台贡茶的茶叶质量上乘，茶叶生产线已成熟，但是与茶叶相关的衍生品开发不足。

3. 旅游服务，缺品质

旅游服务设施总量缺乏，服务质量不高，档次较低，服务水平亟须提高。从旅游服务必备的六要素来看，在住宿、餐饮、娱乐、购物、交通等方面都存在不同程度的问题，专业的旅游服务人才缺乏，服务质量和服务意识都有待提高，各个旅游服务设施的维护及标准化管理，都需要进一步加强。

4. 区域联动，待加强

恩施州旅游市场活跃，多个景区和游线深受游客喜欢，在全国范围内知名。经查阅相关资料，目前恩施主打的旅游线路，以山水峰林、土家风情、赏花观景为主要特色，未与恩施大峡谷、女儿城等 5A 级旅游景区合作开发特色游线。在腾讯网推荐的“2017年湖北省最经典 16 条茶旅游线路”中，伍家台贡茶文化旅游区属于重点推荐景区，贡茶小镇应加强与周边的知名旅游景区合作，积聚客源，提升人气。

5. 管理体制，待规范

目前贡茶小镇内，伍家台村旅游开发以伍家台贡茶文化旅游区为主体，凉风村作为宣恩县的贫困村，其旅游发展滞后，如何在后续开发中，协调两村的关系，实现先富带后富，共同发展，达到贡茶小镇内旅游发展协调共进，是在管理体制上需要创新解决的问题。另在旅游开发中存在多方利益的博弈，协调各利益相关者，包括政府、企业、农户、个体户、旅游者等，以达到效益的最大化。

第二节　伍家台贡茶文化及旅游资源分析评价

一、伍家台贡茶文化及旅游资源赋存

（一）伍家台贡茶文化

伍家台贡茶小镇区域内气候、地形、土壤等条件适宜茶树生长，贡茶种植历史约 300 年。明末清初顾炎武在《日知录》中记述，在公元前 316 年，巴蜀地区居民已经盛行饮茶；中国茶叶博物馆技术顾问、茶史专家宋自振先生认为“我国茶发端于鄂西”。伍家台贡茶小镇所处的清江河谷地区是中国茶叶的重要起源地带。伍家台贡茶起源于清代茶农伍昌臣，依托清江河谷优良的茶叶种植地理环境和独创的制茶工艺，生产出香飘世界的土家贡茶，因进贡后获得乾隆皇帝垂青，获赠“皇恩宠锡”牌匾。贡茶制作技艺已被认定为湖北省非物质文化遗产，贡茶产区获得国家地理标志保护产品商标认证。目前，伍家台贡茶产业已逐步由传统茶产业、作坊式生产向现代化、规模化生产转变，现代化标准化农业产业基地建设已初步成型，茶叶种植面积达 4 200 亩。目前伍家台贡茶将特色农业与生态旅游业有机融合，初步开发了观茶、采茶、制茶、品茶等茶文化旅游活动，形成了独具特色的土家族茶俗。

（二）资源赋存

依据国家标准《旅游资源分类、调查与评价》（GB/T 18972—2017）对贡茶小镇旅游资源进行调查、分析，统计得出贡茶小镇的旅游资源可分为 8 主类、23 亚类和 47 基本类型，共 128 个资源单体，见表 12.2。

表 12.2 旅游资源分类表

主类	资源单体
A 地文景观	狮子堡、白鹤堡、青冈堡、对岔堡，青冈堡石林、白鹤堡石林、水田坪石林、芦茅坪石林，神龟山、观音岩，刘家坨峡谷、龙洞湾峡谷、郑家湾—尚家湾—王家湾—滕家湾—段家湾—袁家沟峡谷，神仙洞、三眼洞、狮子山溶洞、对岔堡溶洞，页岩，龙洞湾天坑
B 水域景观	熊家河，虎突泉、三泡泉
C 生物景观	竹林，野生茶树，青冈、紫薇、枫树、红豆杉、黄松、楠木、杨树、银杏、樱花、泡桐、丝栗栲等
D 天象与气候景观	日出、日落、星辰，高山云雾
E 建筑与设施	华农教学科研基地，伍氏宗祠，伍家台贡茶园、贡茶工厂，贡茶展览中心，贡茶展览中心，隆恩亭，石碑、乾隆碑，龙洞湾广场，茶神台、乾坤壶、望夫台、凤凰台、牌坊、贡茶文化景观塑像，杨家院子、芦茅坪老房子、杨家大院、胡家大院、申家大院，昌臣故居，昌臣墓，茶马古道、百步梯、七彩茶道、云中茶道、隆恩茶道、天香茶道、空中索道，后山沟水库、伍昌臣塑像、“皇恩宠锡”牌匾
F 遗址遗迹	茶神庙，拴马桩和下马蹬遗址
G 旅游购品	伍家台贡茶、张关合渣、土家社饭、土家酱香饼、清江鱼、海椒面炒腊肉、青椒魔芋鸭、连皮羊肉煨豆腐、炸广椒、烟熏稀豆腐、过桥腊肉、土家脚宝、土家拳肉、土家酸菜、魔芋粉丝、高山蔬菜、高山萝卜、土家烧烤（牛、羊）、油茶汤、土家砸酒、玉米粑粑，富硒茶叶、高山蕨菜、微菜、葛仙米，西兰卡普、土家绣花鞋垫
H 人文活动	《请喝一杯宣恩茶》，哭嫁，土家服饰，赶年节、撒叶儿嗬，摆手舞、毛古斯、铜铃舞、龙灯舞、啰儿调、薅草锣鼓、灯调、傩戏、花灯戏、木偶戏，伍家台贡茶制作技艺、伍家台贡茶开园节摄影比赛、采茶比赛、手工制茶比赛，十碗八扣、腊味、山肴，琵琶襟、大襟等，伍家台贡茶文化旅游节

1. 农业产业资源

伍家台贡茶集色、形、味、香于一体，其色泽灰绿、汤清色绿明亮，外形条索紧结、圆直、匀整，滋味回甜凉爽、回味长久，栗香芬芳鲜浓，有“甲子翠绿留乙丑，贡茶一杯香满堂”之说。伍家台贡茶天然含硒，加上茶叶本身的提神、醒目、防暑、消炎、止渴生津、除脂利尿、助消化等保健功能，伍家台贡茶是上乘的强身健体的饮品。

目前，伍家台贡茶已被列入国家地理标志保护产品目录，成为全国第 495 种国家地理标志保护产品，是茶类中的第 46 种。后被国家市场监督管理总局授予“国家地理标志证明商标”。

伍家台贡茶园地处北纬 30°4′25″，东经 109°31′20″，海拔 800～1 000 m 的高山上，这里日照充足，气候温和，无霜期在 270 d 以上，年均气温 15.8 ℃，年均降雨量 1 450 mm，土壤为紫色，含硒，pH 为 4.4～6.1，土质疏松，植被丰富，茶树生长环境优良。现已种植 4 200 亩有机茶园，其中 4 000 亩已获得欧盟、美国、日本有机茶认证证书。2008 年，伍家台茶种植区获国家标准化管理委员会批准，成为第六批全国农业标准化示范区，并被湖北省人民政府列为“省级文物保护单位”。

伍家台贡茶制作技艺于 2009 年被列为第二批州级非物质文化遗产扩展项目名录，2010 年，湖北省质量技术监督局发布了《地理标志产品 伍家台贡茶》标准（DB42/T 391—2010）、《伍家台贡茶 生产技术规程》（DB42/T 392—2010）、《伍家台贡茶 加工技术规程》（DB42/T 648—2010），2011 年，伍家台贡茶制作技艺被列为湖北省第三批非物质文化遗产名录。

2. 历史人文资源

昌臣故居：位于伍家台村中堡屋脊，是伍家台贡茶创始人伍昌臣故居所在地，故居已无遗址；在该片区仍有 30 多户姓伍的人家，留存有 5～6 栋木质老房子。

伍氏宗祠：位于伍家台村中堡屋脊，是伍姓族人祭祀先祖的场所，现已无遗址。

昌臣墓：位于伍家台村中堡屋脊，墓地面积 40 余平方米，立于光绪二十四年五月；2012 年已重新修缮，现为湖北省文物保护单位。

后山沟水库：又名昌臣湖，相传伍昌臣为找水挖了一眼泉水，筑成水塘，供当地茶农浇灌以渡过天旱难关，茶农为铭记伍昌臣之功德，因“福”与“湖”谐音，便称该小水塘为“昌臣湖”。

乾坤壶：相传乾坤壶屹立的地方建有清峰道观，恰在道观遗址中掘出一把刻有“壶里乾坤大，玄机笑谈中”字的铜茶壶，因此为纪念与伍昌臣交好的星云道长，建巨型茶壶，取名“乾坤壶”。

杨家院子：位于伍家台村杨家屋场，约有 10 栋木质老房子，大部分老房子已有 100 多年的历史。

涌天香：位于龙洞湾凤凰台山，是一座大型人文雕塑，由十根托举状的橙色柱相拥着三片绿叶；雕塑高 7.5 m，围径 4.35 m。

隆恩亭：位于贡茶园中的休息凉亭，取名“隆恩亭”，寓意谢主隆恩。

茶神台：位于贡茶山的半山坡顶上，围着仅存的几株茶树王建的茶神台。

茶马古道：位于龙洞湾狮子山中，曾是湘鄂边区用马帮运茶至长江口岸等地的主要通道，至今在狮子山中仍可见遗存的青石板铺设的茶马古道。

3. 自然生态资源

神仙洞：山脊上的大型溶洞。

三眼（贤）洞：位于凉风村与伍家台村的交界处，为大型溶洞。

虎突泉：位于龙洞湾内狮子山北面山下，原名老虎洞；洞内深藏暗河，其四季水势如鼎沸，且伴有“噗嘟”奔突声；虎突泉之水泡当地绿茶，甘甜清香，回味悠长。

三泡泉：原名后山泉，泉水从茶山石缝中流出，水不干涸，水清味甘。

神龟山：位于龙洞湾，形似龟背的小茶山被伍家台人称为神龟山。

高山云雾：贡茶小镇位于海拔 800～1 200 m 的高山，每天清晨或者雨后都会形成云雾景观，极为漂亮。

青冈堡、白鹤堡、水田坪、芦茅坪等地石林：石林沿山体呈片分布，高度为 20～40 cm，规模较大，偶有 2～3 处高约 2 m 的巨石。

狮子山溶洞、对岔堡溶洞等天坑溶洞：龙洞湾区域天坑溶洞众多，深不可测，尚未经过勘探，具有一定的探险探奇旅游价值。

熊家河：为贡茶小镇内唯一的河流，发源于王家湾，汇入龙潭河。

二、伍家台贡茶文化旅游资源分析

（一）资源特色分析

1. 茶叶种植历史悠久，贡茶产业规模较大

宣恩县位于清江中游地区，在中国茶业起源的中心地带（长江三峡和清江河谷地区）的覆盖范围内，栽培利用茶叶的历史悠久。从史书记载分析，宣恩贡茶始于北宋咸平年间的可能性较大，距今已有 1 000 多年的茶叶种植历史。

伍家台贡茶距今已有 300 多年历史，目前已经形成了 4 200 亩的有机茶园和以“鄂茶 1 号”和“鄂茶 10 号”为主的茶叶品种。其中“伍家台贡茶”被列为国家地理标志产品保护目录，“伍家台贡茶园”被列为湖北省级重点文物保护单位，“伍家台贡茶制作技艺”被列为湖北省级非物质文化遗产保护目录，贡茶产业初具雏形。

2. 乡土文化丰富多彩，贡茶文化特色显著

贡茶小镇主要以贡茶文化、土家族文化为核心，还拥有民俗文化、道教文化等乡土文化。

3. 乡村聚落散落分布，乡村环境优美自然

伍家台村和凉风村乡村聚落沿较平缓的山地和道路呈带状分布，沿山谷呈团状分布，伍家台村从山底到海拔 1 200 m 的高山上均有乡村聚落，凉风村主要在主干道沿线有乡村聚落，集中或零散分布于山林、茶园中，乡村环境优美。

伍家台村经美丽乡村改造后，乡村建筑特色显著，2014 年获“荆楚最美乡村”单项奖最佳景观奖。

4. 自然生态环境优良，自然景观丰富多样

贡茶小镇内峡谷、溶洞、石林、云雾、天坑等资源丰富，峡谷主要位于伍家台村，溶洞主要位于伍家台村与凉风村交界的山梁上，石林主要分布在凉风村，在伍家台村的龙洞湾区域也有少量分布，此外，在高山上，云雾、日出、日落及物候景观随气候和季节变化多端，景观十分优美。

（二）开发适宜性分析

贡茶小镇有机茶园遍布、制茶技术好，现已建设了茶园空中索道、特色栈道等休闲娱乐设施，适宜在此基础上继续深化，开发茶产业的农事体验产品、运动休闲产品、生态观光产品、科普教育产品和养生度假产品。

贡茶小镇有历史久远的贡茶文化、特色鲜明的土家族文化、丰富的民俗文化、道教文化遗迹和传说等，以及美丽的乡村聚落，适宜开发文化体验产品、乡村度假产品。

贡茶小镇海拔高达 1 200 m，峡谷、溶洞、天坑、石林、云雾等资源众多，适宜开发生态观光产品、运动休闲产品、探险探奇产品、体育运动产品等。

（三）竞合分析

全国范围内茶旅游发展竞合分析，见表 12.3。

表 12.3 国内茶旅游景区竞合分析

茶区	重点贡茶品牌	茶旅游发展区	重点案例分析	竞争与合作
江南茶区	安徽：六安瓜片、黄山云雾、岳西翠兰 江西：宁红、婺源绿茶、庐山云雾茶 浙江：西湖龙井、顾渚紫笋、天目山清顶、雁荡毛峰、安顶云雾 江苏：碧螺春、花果山云雾茶、宜兴阳羡茶	西湖龙坞茶镇、江苏宜兴湖茶旅小镇、浙江水口乡唐朝贡茶院、江西赣州虔心小镇	阳羡茶文化生态园：阳羡茶+时尚音乐+禅修意境+乡村度假 江西虔心小镇：私人定制茶园+茶事体验 江苏宜兴湖茶旅小镇 西湖龙坞茶村：茶家乐+茶事体验+文化博览	竞争：存在竞争关系，竞争程度一般。江南茶区客源市场是以长江下游及沿海地区为主，与贡茶小镇的主要客源区构成不同 合作：贡茶小镇可挖掘自身独特民族文化特色，发展茶旅游，向沿海地区茶旅游发展学习经验，学习茶树种植技术，以此来促进其茶旅游发展
江北茶区	陕西：紫阳毛尖、富硒茶 河南：信阳毛尖、湖北恩施玉露	陕西茯茶小镇、信阳狮河区茶旅发展区	陕西茯茶小镇：文化体验+地方美食+产业支撑	竞争：存在竞争关系，竞争程度较强；陕西所产名茶紫阳富硒茶等与贡茶小镇所产的茶都富硒，距离贡茶小镇的距离较近，会存在客源竞争关系 合作：贡茶小镇可重点突出其土家茶乡的特色，与周边区域的茶乡进行旅游线路的串联，形成在区域范围内具有一定影响力的茶旅线路
西南茶区	四川：蒙顶黄芽、巴岳绿茶 贵州：贵定云雾茶、都匀毛尖、湄江翠片、朵贝贡茶、赵司贡茶、梵净翠峰、石阡苔茶、都濡茶、月兔茶等 50 多种 云南：普洱茶	重庆万州区凤凰乡最美茶园、四川雅安蒙顶茶旅游发展区 贵州贡茶古镇景区 云南普洱市中国茶都	四川蒙顶茶文化旅游区：茶文化博览+茶事茶俗体验+茶乡休闲度假 贵州贡茶古镇景区：民族风情体验+古镇休闲+贡茶品牌	竞争：存在竞争关系，竞争程度较强；西南茶区因地处山区，少数民族聚集，所以这里的茶旅都渗透着地方特色民俗，且重庆等区域与贡茶小镇毗邻，其茶旅发展较好，会与贡茶小镇争夺客流 合作：贡茶小镇可重点突出其土家茶乡的特色，与周边区域的茶乡进行旅游线路的串联，形成在区域范围内具有一定影响力的茶旅线路
华南产区	台湾：文山包种茶 福建：武夷大红袍、武夷肉桂、白茶、天山清水绿、延祥茶、方山露芽、安溪虎岳铁观音	武夷山国际茶旅小镇 雁南飞茶田度假区，茶都安溪	武夷山国际茶旅小镇：茶文化国际交流+茶贸易 雁南飞茶田度假村：生态茶园+高端度假	竞争：存在竞争关系，竞争程度一般；华南茶区客源市场是以华南五省及台湾、香港、澳门等地区，与贡茶小镇目前主要客源区的构成不同，且社会发展水平不一，茶产业的发展基础也相对较好，目前贡茶小镇与其存在一定的差距，但是在近程市场方面，两者竞争关系不大 合作：贡茶小镇可积极向华南茶区的优秀案例学习，并积极参加茶贸易交流活动，为景区的茶叶塑造品牌，并积极寻求在产业发展、技术研发等方面进行合作

大武陵地区茶旅游发展竞合分析，见表 12.4。

表 12.4　大武陵地区茶旅游景区竞合分析

研究区域	核心旅游资源与形象品牌	茶旅发展情况	竞争与合作
湖北省	以恩施玉露、采花毛尖、邓村绿茶、英山云雾茶、武当道茶等多个特色的茶叶发展品牌	鹤峰县“木耳山生态茶园”、湖北宜昌点军区车溪人家御园禅茶文化体验园；十堰梅子垭贡茶观光园、十堰竹溪县龙王垭茶园；宜昌邓村茶园遗产	竞争：在茶旅方面存在较为明显的竞争关系，整体的茶园及茶旅发展与贡茶小镇的茶旅发展情况相近，主要客源地相同，发展存在同质化现象
湖南省	湖南是中国重点产茶省之一，产茶量居全国第二位，素有“茶乡”之称。旅游发展有张家界、凤凰等全国知名的景区	张家界三鹤园贡茶基地	竞争：在茶旅方面存在竞争关系。同有土家族风情与土家茶俗风情特色，资源及发展条件类似，存在竞争关系
贵州省	贵州是有名的旅游大省，也是有名的产茶大省，有都匀毛尖、绿宝石、湄潭翠芽等名茶	贵州贡茶古镇景区	竞争：在茶旅方面存在竞争关系
重庆市	重庆以山城为特色，突出西南区域土家族的民风民俗，旅游发展相对较好。茶旅发展特色不突出，目前发展一般	重庆市万州区凤凰茶乡	竞争：在旅游发展方面存在较强竞争关系；距离较近，民风民俗接近，同属大武陵地区，旅游发展大环境类似

周边地区茶旅游景区竞合分析，见表 12.5。

表 12.5　周边区域茶旅游景区竞合分析

研究区域	景区名称	核心旅游资源与形象品牌	竞争与合作
恩施土家族苗族自治州（宣恩县除外）	野三河景区	全国罕见的原生态风貌保存最完美的河谷，拥有彩峡、奇峰、泉流、飞瀑、花树、莽藤、古关、老街八大特色景观	该景区以原生态河谷景观为主，与贡茶小镇的茶园旅游存在较大的差异性，未来旅游发展以合作为主，互补发展
	恩施大峡谷	被专家赞誉可与美国科罗拉多大峡谷媲美，峡谷中有百里绝壁、千丈瀑布、傲啸独峰、原始森林、远古村寨等	该景区以峡谷景观为主要特色，与贡茶小镇的茶园旅游存在较大的差异性，未来旅游发展以合作为主，互补发展
	恩施土司城	全国唯一一座规模最大、工程最宏伟、风格最独特、景观最靓丽的土家族地区土司文化标志性工程	该景区以土司文化为主要特色，与贡茶小镇的贡茶文化存在较大的差异性，未来旅游发展以合作为主，互补发展
	坪坝营生态旅游景区	坪坝营旅游区以古、奇、秀、幽、野等景致构成的浓郁原始气息为显著特色，是中西部连接最大的原始森林群落，堪称树的王国、花的海洋、动物的乐园、人间的仙境和天然的原始风情博览	该景区以原始森林群落为主要特色，与贡茶小镇的茶园旅游存在较大的差异性，未来旅游发展以合作为主，互补发展
	利川腾龙洞风景旅游区	地文景观类风景区，由水洞、旱洞、鲇鱼洞、凉风洞、独家寨及三个龙门、化仙坑等组成	该景区以溶洞为主要特色，与贡茶小镇的茶园旅游存在较大的差异性，未来旅游发展以合作为主，互补发展

续表

研究区域	景区名称	核心旅游资源与形象品牌	竞争与合作
	神农溪纤夫文化旅游区	华中地区自然风景与人文景观俱佳的景区，拥有龙昌峡、鹦鹉峡、神农峡、绵竹峡四个景致风格各异的峡段和独特的纤夫文化	该景区以生态峡谷和纤夫文化为主要特色，与贡茶小镇的生态茶园和贡茶文化旅游存在较大的差异性，未来旅游发展以合作为主，互补发展
宜昌市	清江画廊景区	优美的清江景观，两岸独特的喀斯特地貌	该景区以优美河段为主要特色，与贡茶小镇的茶园旅游存在较大的差异性，未来旅游发展以合作为主，互补发展
	三峡大坝旅游区	拥有世界上最大的水利枢纽工程，以工程文化和水利文化展示为主	该景区以水利文化为主要特色，与贡茶小镇的贡茶文化存在较大的差异性，未来旅游发展以合作为主，互补发展
重庆市	白帝城	拥有“诗城”的美誉，是观“夔门天下雄”的最佳地点	该景区以古城为主要特色，与贡茶小镇的生态茶园存在较大的差异性，未来旅游发展以合作为主，互补发展
神农架林区	神农架生态旅游区	具有秀绿的亚高山自然风光，多样的动植物种，人与自然和谐共存为主题的森林生态旅游区	该景区以森林旅游为主要特色，与贡茶小镇的生态茶园存在较大的差异性，未来旅游发展以合作为主，互补发展
张家界市	张家界风景区	我国第一个国家森林公园，罕见的石英砂岩峰林奇观是最具代表性的景观	该景区以森林旅游和岩峰林奇观为主要特色，与贡茶小镇的生态茶园存在较大的差异性，未来旅游发展以合作为主，互补发展
	彭家寨	武陵山区土家聚落的典型选址，以其完美而集中的吊脚楼群而享誉中外	该景区以土家族古村寨为主要特色，与贡茶小镇的生态茶园存在较大的差异性，未来旅游发展以合作为主，但在土家风情住宿和民俗活动旅游上存在一定程度的竞争
宣恩县	湖北七姊妹山国家级自然保护区	大面积原始珙桐群落生长和大型猫科动物栖息的森林生态系统，有保存最完好的810hm²亚高山泥炭藓沼泽湿地，属森林生态系统类型自然保护区	该景区以土家族古村寨为主要特色，与贡茶小镇的生态茶园存在较大的差异性，未来旅游发展以合作为主，互补发展
	狮子关旅游区	由三段峡谷围合而成，峡谷内洞穴、象形石、瀑布等景点众多	该景区以峡谷为主要特色，与贡茶小镇的生态茶园存在较大的差异性，未来旅游发展以合作为主，互补发展

三、伍家台贡茶文化旅游资源评价

依据国家标准《旅游资源分类、调查与评价》（GB/T 18972—2003），结合各种因子的不同重要性对贡茶小镇内旅游资源价值进行赋值，共得到等级旅游资源 57 处，占总资源的 44.5%。包括五级旅游资源 1 处，占等级旅游资源总数的 1.8%，四级旅游资源 2 处，占等级旅游资源总数的 3.5%；三级旅游资源 15 处，占等级旅游资源总数的 26.3%；二级旅游资源18处，占等级旅游资源总数的31.6%；一级旅游资源21处，占等级旅游资源总数的36.8%（表12.6）。

表12.6 旅游资源等级评价表

级别	资源	数量
五级	伍家台贡茶	1
四级	伍家台贡茶园、伍家台贡茶制作技艺	2
三级	昌臣故居、伍氏宗祠、昌臣墓、后山沟水库、乾坤壶、青冈堡石林、白鹤堡石林、水田坪石林、芦茅坪石林、神仙洞、三眼洞、虎突泉、三泡泉、高山云雾、杨家院子	15
二级	狮子堡、白鹤堡、青冈堡、对岔堡、狮子山溶洞、对岔堡溶洞、龙洞湾天坑、熊家河、茶神庙、隆恩亭、茶神台、望夫台、凤凰台、乾隆碑、芦茅坪老房子、杨家大院、胡家大院、申家大院	18
一级	野生茶树、青冈、枫树、红豆杉、黄松、楠木、杨树、银杏、樱花、泡桐、丝栗栲、“皇恩宠锡”牌匾、观音岩、龙洞湾广场、茶马古道、百步梯、七彩茶道、云中茶道、隆恩茶道、天香茶道、空中索道	21

第三节　伍家台贡茶文化旅游市场分析

一、市场现状分析

（一）旅游市场现状

伍家台贡茶文化旅游区现已被评为国家4A级旅游景区，已有了一定的游客基础。2016年，伍家台贡茶文化旅游区年游客量约为30万人。游客游览时间主要集中于周末及小长假，2017年仅“五一”三天假期，游客量达2万人。游客主要来源于恩施州内恩施市、宣恩县、利川市等地，以及湖北省内的武汉、宜昌等城市，同时有四川、重庆、湖南等部分省外游客。游客以自驾游及团队游为主，活动内容以观光、茶叶购买、农家体验为主，停留时间短、旅游消费不高，大多住宿于恩施市或宣恩县，贡茶小镇没有形成度假市场。

（二）茶叶销售市场

目前伍家台贡茶已经形成较稳定的销售市场，远销国内外，主要有4种销售方式。①出口国外。主要出口美国、德国、英国等国家。②与茶商合作销售。与多个品牌茶商合作，为其提供茶叶原材料。③专营店销售。目前已在湖北的恩施州、武汉市、宜昌市等多个城市建设伍家台贡茶专营店，销售贡茶礼盒。④旅游区销售。景区建设有贡茶展销中心，销售贡茶旅游商品。

二、目标市场定位

（一）按地域划分

核心市场：恩施州本地市场，以及武汉市、宜昌市、重庆市等周边市场。

辅助市场：荆州市、荆门市、襄阳市等省内市场，以及四川省、湖南省、贵州省等周边省外市场。

拓展市场：其他国内市场，以及喜爱中国茶文化的海外市场（日本、韩国、英国、俄罗斯等国）。

（二）按目标群体划分

核心市场：乡村度假、茶园观光、茶文化体验、茶商品购买等市场。

辅助市场：乡村休闲、商务会议、康体运动等市场。

（三）市场细分及适宜性分析

以中老年群体、青年群体、女性群体三大细分市场为主。

中老年群体：以家庭游为主，注重服务品质，更倾向于美食、住宿和购物消费；规划重点打造茶庄、茶园、养老社区、儿童茶乐园、茶演出、茶礼学习等旅游产品，开发高端手工茶、高端茶礼品、高端茶具等旅游商品。

青年群体：以自助游为主，注重新奇和性价比；规划重点打造茶园运动、茶园娱乐、露营地、文艺街区、茶系列 DIY 体验等旅游产品，开发创意茶包、文创奶茶等旅游商品。

女性群体：以小团体游为主，注重养生；规划重点打造养生会所、文艺街区、茶美食、婚纱摄影、主题民宿等旅游产品，开发花茶、茶精油、茶面膜等旅游商品。

三、客源市场预测

贡茶小镇 2016 年游客量约为 30 万人次，2017 年达到 33 万人次。以此为基数预测游客量，建设初期按照 10%～15%的速度增长；一期旅游项目建设完成后通过营销宣传贡茶小镇将迎来跨越式发展，增长率约为 20%～25%，然后增长率逐渐趋于稳定。预测到规划期末 2025 年，游客量达到 124 万人次，详见表 12.7。

表 12.7　贡茶小镇游客量预测表

年份	增长率/%	游客量/万人次
2017	10	33.00
2018	15	37.95
2019	20	45.54
2020	25	56.93
2021	25	71.16
2022	20	85.39
2023	15	98.20
2024	15	112.92
2025	10	124.22

第四节 伍家台贡茶小镇旅游发展总体思路和目标定位

一、SWOT 分析

优势：①政策优势明显，位于武陵山少数民族经济社会发展实验区和鄂西生态文化旅游圈内；②贡茶产业规模较大，贡茶文化特色鲜明；③乡村优美自然，土家族文化特色明显；④自然生态环境优良，且拥有峡谷、溶洞、石林、云雾等丰富的资源。

劣势：贡茶小镇东部地势起伏大，喀斯特地貌明显，溶洞、天坑等众多，适宜旅游建设的用地不足，对交通建设、旅游设施建设影响较大；贡茶小镇属于喀斯特地貌，地表难以储水，随着未来旅游的发展，存在供水能力不足的问题；西电东送国家电网从贡茶小镇东部穿过，对贡茶小镇景观有一定破坏，增大了旅游开发的难度。

机会：①政策支持机遇，包括鼓励乡村旅游发展政策机遇、乡村振兴政策机遇等；②市场转型机遇，主要指休闲农业、乡村旅游蓬勃发展的机遇。

威胁：①鄂西地区优质茶产区较多，如邓村乡、采花乡等地茶园规模大，茶叶品质出众，与贡茶小镇的茶产业、茶旅游竞争激烈；②少数民族传统文化原生环境在旅游开发过程中保护难度加大。

二、战略思路

发挥茶生产规模优势，在提升现有茶园的基础上建设游憩活动丰富的国家茶叶公园。整合利用贡茶园、贡茶制作技艺、峡谷、天坑、云雾等资源，提升现有的 4A 级景区，通过提升景观品质、创新游憩方式、增设休闲空间等系列措施，建设成为活动丰富、体验深刻的国家茶叶公园。

发挥茶生态环境优势和茶生活资源优势，依托散布于茶园的美丽村湾，建设主题特色鲜明的茶乡度假社区和田园综合体。充分利用散落分布的多个美丽村湾、良好的乡村建筑，重点对乡村环境进行提升，对民居内部设施进行完善提升，完善乡村的基础设施、旅游服务设施，引导发展品牌乡村民宿，并丰富茶事体验、贡茶科普、茶养生等旅游活动，建设土家风情特色鲜明的茶乡度假社区；引导成立旅游合作社，建设集循环农业、创意农业、农事体验于一体的田园综合体。

挖掘历史悠久的贡茶文化资源优势，建设引领中国贡茶文化产业发展的贡茶小镇商业游憩区。充分挖掘贡茶文化和土家民族文化内涵，结合道教文化，通过创造文化工程、建设游憩街区、丰富商业业态，对贡茶文化进行茶史、茶艺、茶礼、茶器、贡茶制度等全方位的展示，建设成为全方位展示中国贡茶文化和土家贡茶历史的主题小镇。

三、战略定位

贡茶小镇性质：以小镇商业游憩区为支撑，以国家茶叶公园为重点，以茶乡度假社区为配套，建设集贡茶文化博览、茶园游憩、茶乡养生、茶事活动体验等于一体的中国贡茶小镇旅游目的地。

形象定位：土家贡茶源或古贡名茗茶韵小镇。

功能定位：文化体验；茶事体验；乡村度假；生态观光；休闲运动。

四、战略目标

旅游产业目标：至2022年，旅游接待人数达到85.39万人次，旅游综合收入达到1.7亿元；至2025年，旅游接待人次数达到124.22万人次，旅游综合收入达到10.7亿元。

旅游品牌目标：①中国特色小镇；②全国特色景观旅游名村；③全国休闲农业和乡村旅游示范区；④国家5A级景区。

五、战略步骤

游览系统规划图见图12.2，战略步骤分为以下三步。

近期（2017～2019年）。启动贡茶小镇商业游憩区的建设工作，并对4A级景区进行提升改造。建设贡茶博物馆、茶神庙、有机茶园（一期）、贡茶源景区（一期）（包括贡茶山、骑行茶园、古法制茶馆、宴茶台、茶家乐、茶田餐厅、茶田迷宫、御水泉、天坑地漏、装置艺术茶园、茶园书吧、旋转茶园）、石林花海、樱花茶田、樱花茶山、昌臣故居、银杏茶田、贡茶科普园、贡茶观光工厂、创意茶山、婚纱摄影基地13个景点类项目，建设贡茶商业街、土家民俗街、贡茶酒店、茶隐山居·壶中、茶隐山居·月隐、茶隐山居·花上、茶家乐（一期）7个设施类项目。

中期（2020～2022年）。进一步开发建设贡茶小镇商业游憩区和丰富游客的体验活动。建设有机茶园（二期）、贡茶源景区（二期）（印象贡茶）、贡茶书院、三贤洞户外训练基地、国际山地自行车赛道、神仙洞（主题茶吧）、涂鸦村、土家茶俗园、非遗文化村9个景点类项目，建设贡茶客栈、茶隐山居·清泉、茶隐山居·茶烟、茶隐山居·松涛、茶家乐（二期）5个设施类项目。

远期（2023～2025年）。随着旅游发展的逐步成熟，大力发展乡村度假设施，吸引茶业尖端人才来此长居，以对周边形成溢出效应。建设贡茶研究院（茶礼大学）、有机茶园（三期）、贡茶源景区（三期）（空中索道）、溶洞主题村4个景点类项目，建设贡茶乡居、贡茶庄园、贡茶营地、帐篷客·云上度假酒店、茶隐山居·岩下、茶隐山居·竹里、茶家乐（三期）7个设施类项目。

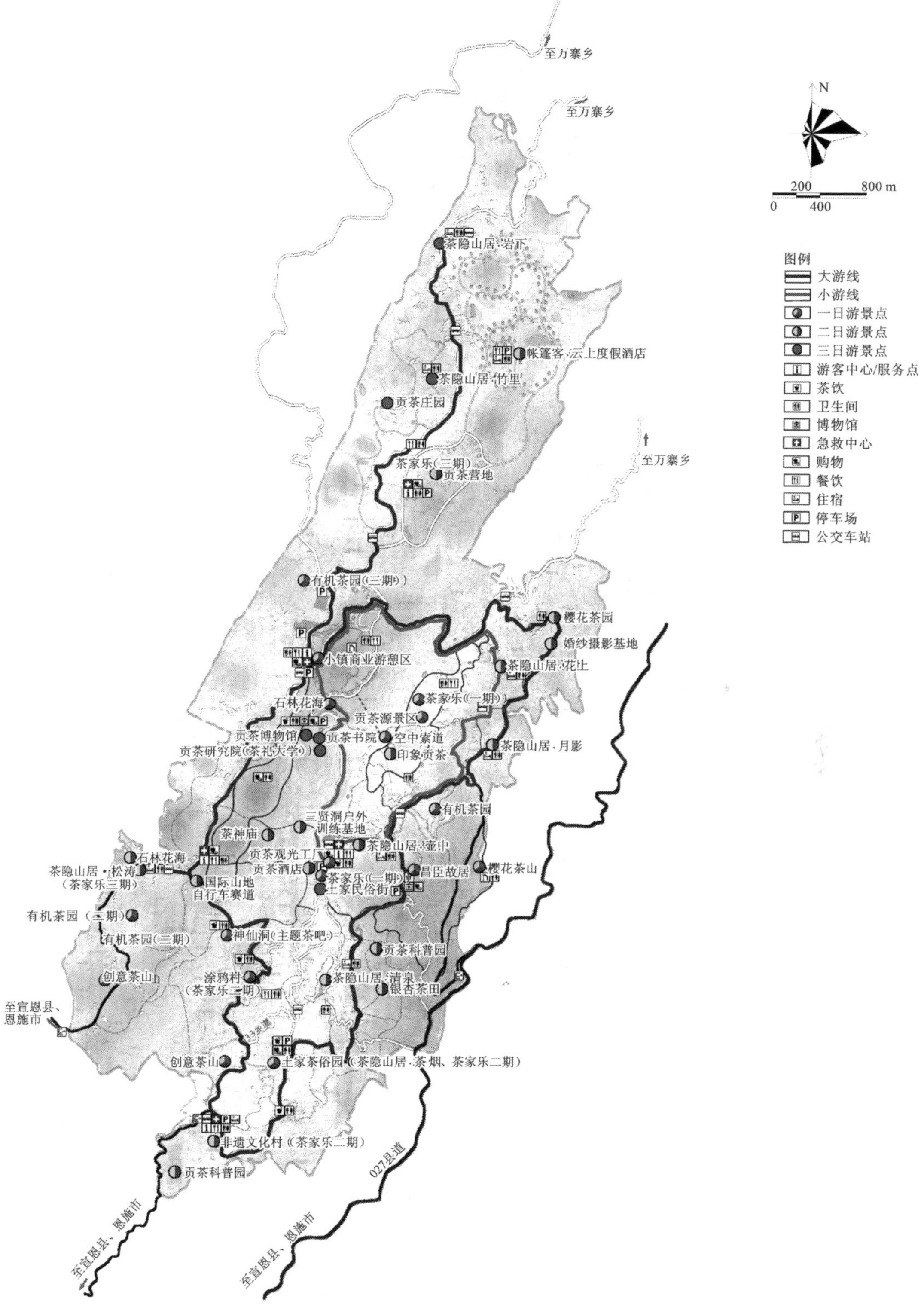

图 12.2　游览系统规划图

第五节　伍家台贡茶小镇旅游功能分区与重点项目创意

一、功能分区

规划形成“一园两区”的功能分区。“一园”指国家茶叶公园，“两区”指小镇商业游憩区和茶乡度假社区，见图 12.3。

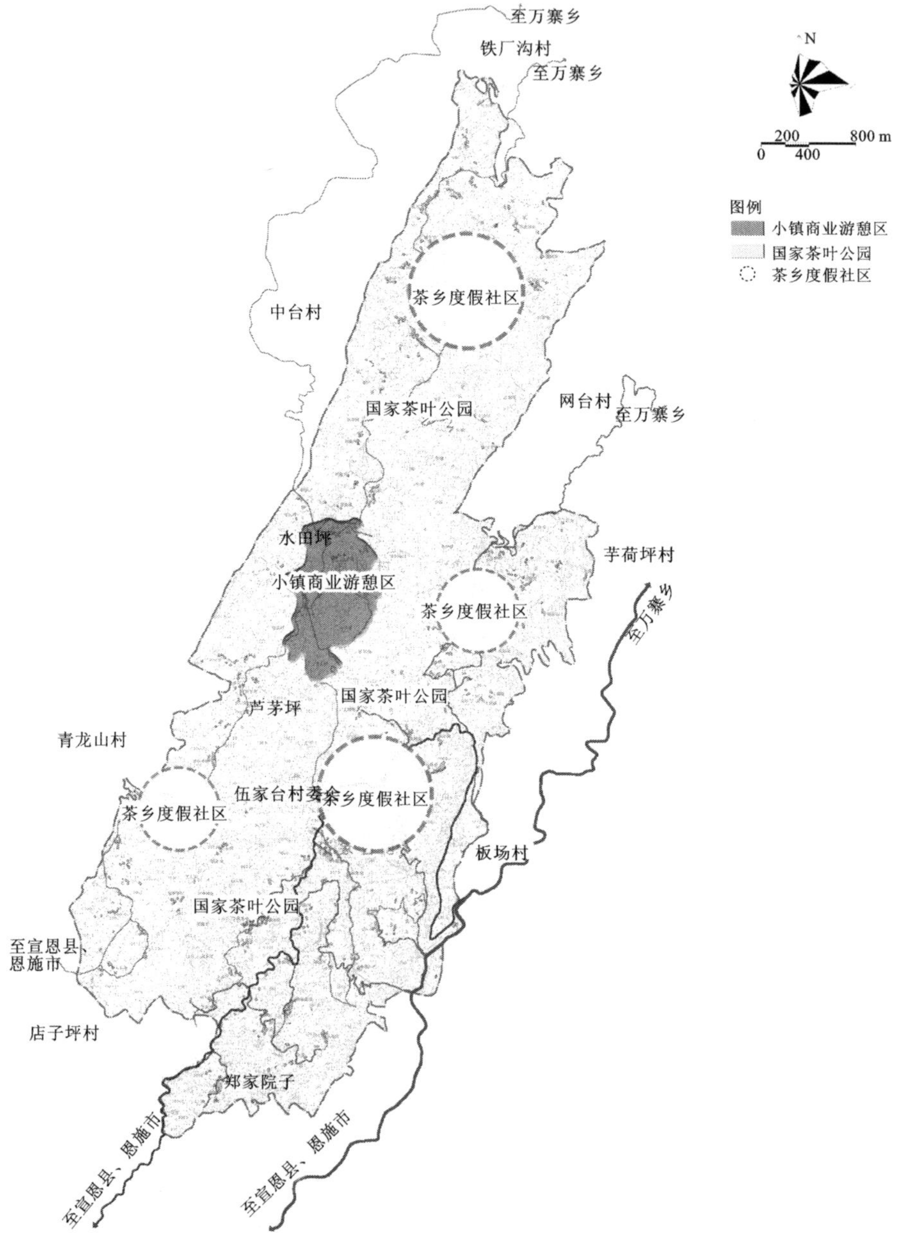

图 12.3　功能分区图

二、分区规划

（一）国家茶叶公园

区域范围：贡茶小镇全域，占地面积 18.49 km^2。

资源特色：以茶园为主，还包括溶洞、天坑、石林、古树、云雾等资源，生态风光优美。

功能定位：茶园观光、茶事体验、文化体验、户外运动。

规划思路：依托贡茶小镇内 7 200 亩的生态茶园，以扩大茶园种植面积、延伸产业链条、提升现有景区品质为重点，通过提升景观品质、创新游憩方式、丰富旅游活动、增设休闲空间、产业融合等多种措施，将贡茶小镇打造成为国家茶叶公园。

（1）提升景观品质。积极扩大有机茶园面积，形成美丽的茶园景观。并利用彩叶乔灌木植物、花卉植物在茶园道路两侧对茶园进行彩化、美化，利用灯光进行亮化，形成茶山花海景观；利用艺术化的种植手法，在茶山上种植多种多样的图案，形成创意的大地景观。

（2）创新游憩方式。通过策划大型实景演出等项目，建设自行车道、空中索道、主题步道等多样化的交通道路，创新游客的游憩方式。

（3）丰富旅游活动。以土家族文化为核心，通过土家歌舞、土家服饰、土家美食、土家建筑等，积极开展休闲娱乐、土家民宿、土家手工艺制作等多种旅游活动。围绕昌臣文化，对伍家台贡茶的起源进行文化展示，并积极开展茶神祭祀、科普教育等旅游活动。利用众多的溶洞，积极开展溶洞探险旅游活动。

（4）增设休闲空间。主要通过增设住宿设施休闲空间和茶园休憩空间，如住宿设施增设阳台、露台等空间，茶园中增设休憩亭台等设施，以增加游客的休闲空间，延长停留时间。

重点项目：有机茶园、贡茶源景区、昌臣故居、土家茶俗园、非遗文化村、涂鸦村、三贤洞户外训练基地、国际山地自行车赛道、土家民俗街、贡茶科普园、神仙洞（主题茶吧）、贡茶书院、贡茶观光工厂、创意茶山、石林花海、樱花茶田、银杏茶田、婚纱摄影基地、樱花茶山及国家登山步道。

（二）小镇商业游憩区

区域范围：位于凉风村 4 组，占地面积约为 1.25 km^2。

资源特色：地势起伏较小，用地条件较好；茶园和烟叶田的主要分布区；有村民自建的水源点；植物覆盖率高。

功能定位：贡茶文化体验、旅游购物、旅游美食、娱乐休闲。

规划思路：依托该区域靠近贡茶文化旅游区核心游览区域的良好区位条件、良好的观景视角和相对平坦的地形条件，深入挖掘贡茶文化，包括贡茶历史、贡茶制度、茶具、茶礼、茶俗、茶萃、茶艺等方面，围绕看茶、采茶、制茶、品茶、购茶、茶艺、茶食、茶剧、茶养生、茶乡度假等，积极举办丰富多样的体验性活动，如高雅的以茶会友活动、手工作坊现场演示活动等，建设成为集文化场馆、文化娱乐、商业游憩于一体的综合型游憩街区。

（1）创造文化工程。深入挖掘贡茶文化，围绕贡茶发展的历史，开展贡茶历史文化展示、全国贡茶品种的展示；围绕贡茶的工艺，通过茶艺、茶器、茶礼等开展全方位的贡茶文化体验；建设贡茶乡居，为游客提供良好的养生度假产品。

（2）建设商业街。丰富茶养生、茶美食、茶休闲、茶表演、茶购物等多种商业业态，建设贡茶养生馆、贡茶手工坊、主题贡茶舍、贡茶表演馆、贡茶美食店、贡茶购物店等项目。

（3）丰富商业业态。此外，积极开展贡茶文化的养生活动、娱乐休闲等旅游活动。

重点项目：贡茶博物馆、贡茶研究院（茶礼大学）、茶神庙、贡茶商业街、贡茶客栈、贡茶乡居。

（三）茶乡度假社区

区域范围：贡茶小镇全域，占地面积为 18.49 km^2。

资源特色：伍家台村东面茶山呈梯田状，景观效果极佳；村湾建筑有百年木质建筑和现代砖混建筑两大类，土家建筑特色明显。凉风村 5～10 组区域，是贡茶小镇内海拔最高的区域，地势起伏较小，用地条件较好，且村湾自然错落分布，植被覆盖率高。

功能定位：茶庄园体验、乡村度假、野奢度假、养生度假等。

规划思路：依托贡茶小镇多个美丽村湾、优美的茶园、良好的生态环境和宜人的气候条件，开发建设庄园、营地、民宿、乡居地产多种形式不同层次的度假设施，并配套高端的休闲娱乐项目和休憩设施，打造成为能够让游客真正留下来、住下来的茶乡度假社区。

（1）建设美丽乡村。重点对尚未改造的乡村按照“青瓦白墙、木门木窗、飞檐翘角、栏杆踩脊”十六字方针进行建筑外立面改造提升。同时，对整个贡茶小镇实施“环境革命”，推广“四清四改五化两普及”经验，对乡村环境进行美化、亮化、休闲化的提升。

（2）发展茶庄园经济。

引导凉风村村民积极发展有机茶园种植，并采用共享庄园的模式，进行分块私人化的租赁经营，并配套马术俱乐部等休闲娱乐项目，形成具有茶乡度假、休闲娱乐、野奢休闲等多种功能的茶庄园。

（3）塑造贡茶品牌。打造以“茶隐山居”为主的民宿品牌，并打造“贡茶”系列品牌住宿设施，如贡茶乡居、贡茶庄园、贡茶营地等。

重点项目：茶隐山居、贡茶庄园、贡茶营地、帐篷客·云上度假酒店、马术俱乐部、茶家乐。

三、重点项目

（一）国家茶叶公园

1. 有机茶园

有机茶园分散布局于整个贡茶小镇。依托现有的 7 200 亩生态茶园，以鄂茶 10 号为核心茶叶品种，扩大茶叶种植面积，丰富茶叶品种，通过对茶园加强保护、定期更新，增设茶园解说系统等，打造成为茶园风光优美、茶叶品质优异、茶园休闲设施完善、茶园解说系统科学的国家茶叶公园。划定凉风村以东的伍家台村及板场村、香树林村的部分地块为国家茶叶公园核心区，总面积为13 230亩，以国家茶叶公园核心区为重点茶叶观光区，引导游客在茶园中徒步漫游。茶叶公园分三期进行建设：一期重点对伍家台村的茶园加强管理和进行茶园（老化的茶园）更新，并在凉风村4组扩大茶叶种植面积；二期在凉风村1～3组扩大茶叶种植面积；三期在凉风村5～10组扩大茶叶种植面积。

茶叶品种园占地面积约50亩，引进六大茶类的茶树良种，按品种分区栽种，各品种栽植区用游步道进行分隔，每个茶树良种栽植区树立解说牌，建设成为集试验、科普、游览为一体的茶叶品种园和鄂西地区品种最多、质量最好的茶叶品种园。

2. 游客中心（伍家台村）

游客中心位于伍家台村4组，依托原有的游客中心进行提升改造，增设入口文化广场、贡茶源景区闸口及生态停车场，一方面为整个贡茶小镇提供旅游咨询、旅游商品售卖、旅游集散等功能，另一方面为贡茶源景区提供检票服务。入口文化广场占地约650 m^2，以雕塑和景观小品展示出伍家台贡茶为土家贡茶源头的文化意象。生态停车场占地约3 500 m^2，设置条状行道树绿地，种植乔灌木。

3. 贡茶文化主题酒店

贡茶文化主题酒店位于伍家台村4组，利用靠近昌臣雕像、大型停车场的良好地理位置，依山建设贡茶酒店，部分客房可设置户外休憩阳台，以满足游客住宿和观茶园的需求。酒店占地面积约4 000 m^2，建筑层高不超过六层，采取土家建筑风格建设，主要包括大堂、餐厅、客房、会议室和休闲娱乐室等。

4. 贡茶源景区

贡茶源景区位于伍家台村龙洞湾，占地约1 300亩。依托该区域优美的茶山和茶田资源，丰富的溶洞、石林资源，美丽的村湾资源等，并利用四面环山的封闭空间，开发建设以茶山和茶田运动、婚纱摄影、大型演出及乡村休闲为主要功能的景区。主要建设印象贡茶、贡茶山、古法制茶馆、旋转茶园、装置艺术茶园、茶园迷宫、茶园书吧、天坑地漏、茶田餐厅、茶家乐、石林花海、空中索道、御水泉、宴茶台、骑行茶园等项目。交通上，在贡茶源景区东部现有的3条车行道路出入口处设置路卡，仅允许景区工作车辆进出，禁止外来车辆随意出入景区。在现有排水渠上修建木栈道，以改善修建水渠对周边景观造成的破坏，此外，拆除或封闭隆恩亭直达主要车行道的木栈道3个出入口，以便封闭管理景区。

贡茶山：位于伍家台村4组隆恩亭周边茶园，占地面积约100亩。依托现有的生态茶园、古茶树，整合隆恩亭、隆恩茶道、天香栈道、空中步道等设施资源，融入茶叶起源说、贡茶起源等文化内容，通过完善解说系统让游客在观看生态茶园的同时了解贡茶的起源。在茶神台上增加两棵高10 m以上的古茶树，并在茶神台平台下方修建小型游憩广场，封闭现有的登茶神台的道路出入口，引导游客在游憩广场参观古茶树，广场占地约100 m^2。

骑行茶园：位于伍家台村龙洞湾，自行车道起于堰塘湾，道路长 4 km。依托现有的村湾道路和村湾，分别修建自行车环道和自行车服务点或在景区内引入共享单车，让游客可畅游景区，通过自行车道可串联贡茶源景区的景点，此外，丰富游客的游憩方式。

茶园迷宫：位于伍家台村 2 组白鹤堡，在白鹤堡周边的茶园中设计茶园迷宫，占地约 20 亩。依托茶园规划设计一个三维迷宫，由高 1.8 m 的茶树树篱和宽 0.8 m 的步道组成，重点设置多个岔路口和死胡同用以迷惑游客，可建设 5～6 座桥状观景台，游客可站在观景台上眺望迷宫中心的雕塑景观，迷宫中可安装音响设备，在游客无意中触碰时发出鼓励的声音、恐怖的声音或者其他声音等，以增加紧张的氛围。此外，迷宫中可放置谜语线索，当游客通过线索发现最终答案时就会赢得奖励。

古法制茶馆：位于伍家台村 14 组堰塘湾。依托现有闲置民居，结合唐、宋、元、明、清 5 个贡茶发展重要时期的贡茶制作方式，建设古法制茶馆。馆内可体验蒸青团饼茶、龙凤饼茶及贡芽茶三种典型贡茶制作方式，如体验制作蒸青团饼茶，包括蒸茶、解块、捣茶、装模、拍压、出模、列茶、晾干、穿孔、解茶、贯茶、烘焙、成穿、封茶等系列流程，给游客留下难忘的贡茶制作体验。古法制茶馆占地面积约 650 m^2，二层土家风格建筑，并在古法制茶馆旁建设 500 m^2 的休闲广场，供游客休憩停留。

宴茶台：位于伍家台村 14 组对岔堡。依托对岔堡的山包、虎突泉等资源，结合唐、宋、明三个重要时期的不同茶艺特色，在对岔堡山顶建设宴茶台。游客可在此处观看和体验古代的煎茶法、点茶法和冲泡法，让游客体验我国从古至今茶艺的演变和特色。宴茶台占地面积约 350 m^2，中间放置大型茶桌，围绕茶桌四周设茶凳，可容纳 80～100 人品茶。

茶家乐：位于伍家台村 2 组龙洞湾。依托现有村湾，引导当地村民发展茶家，在美食开发上，充分利用茶作为原材料或者配料烹饪美食，如茶香牛肉、绿茶泡饭、茶香鸡、茶酥虾、茶饮品、茶甜点等，形成茶主题美食村。

茶田餐厅：位于伍家台村 2 组龙洞湾。依托美丽村湾和生态茶园，以茶田为主题景观，建设户外茶田餐厅，让游客近距离享受自然和美食，获得创意的就餐体验。茶田餐厅占地约 2 亩，运用木、石、玻璃等材质建设，充分体现时尚和自然的建筑风格。

天坑地漏：位于伍家台村 2 组龙洞湾。依托现有的喇叭花形天坑，采用石块设计三个漏斗形“天坑地漏”景观，以强化贡茶小镇的地质特征和当地村民与天坑休戚与共的关系，并成为贡茶源景区的创意景观。三个“天坑地漏”景观的建设面积分别为 230 m^2、230 m^2、1 185 m^2，采用长方形石块砌成。

石林花海：位于伍家台村 2 组大后槽一带，占地约 20 亩。充分利用该地区的大片石林，种植格桑花或者马鞭草等花卉植物，形成特色的石林花海景观，还可在花海中设置 1～2 个休憩点，游客可享受花海看茶园、品茶等旅游体验。

空中索道：位于凉风村 4 组对窝坨，占地约 7～9 亩。丰富贡茶小镇多样化的空中游憩方式，择址建设空中缆车，连接贡茶小镇商业游憩区，丰富游客上山下山的交通方式。上站选址于对窝坨附近，下站选址于绿风坪附近，线路总高差约为 200 m。

御水泉：位于伍家台村 3 组，充分利用现有的虎突泉资源，在附近择址修建休憩凉亭，游客可在此体验汲水煮茶，形成“虎突泉泡昌臣贡茶”的特殊体验。

装置艺术茶园：位于伍家台村 4 组神龟山附近茶山，充分利用生态茶园，结合装置艺术，设计巨型的茶杯、茶勺、茶船、茶经书等创意雕塑景观，提升茶园景观。

旋转茶园：位于伍家台村 4 组神龟山，利用神龟山的茶园，沿现有小道修建茶园滑道，游客可体验趣味的茶园滑道滑行活动。滑道底部设计为半槽形滑道，顶部为玻璃材质半圆形，形成封闭的滑道，滑道直径约为 0.8 m。

茶园书吧：位于伍家台村 2 组，依托该地区的石林和茶园资源，在茶园中建设全封闭式玻璃书吧，为骑行游客和观看石林花海的游客提供休憩地。玻璃书吧建设以钢构架和玻璃材质为主。

印象贡茶：位于伍家台村 3 组绿风坪，占地约 75 亩。聘请专业制作团队创作专属伍家台贡茶的实景演艺，反映伍家台贡茶的历史、贡茶产地茶农悲欢、贡茶从朝廷到民间的发展。该实景演艺以贡茶小镇商业游憩区、山体为背景，建设 360°旋转的观众席，让游客可以随着剧情的进展而旋转，体验从古至今、从以茶山为背景到以茶楼为背景的时空穿越般的感觉。观众席座位数量为 1 500～2 000 个。

5. 昌臣故居

昌臣故居位于伍家台村 5 组中堡屋基，占地约 6 亩。充分挖掘伍昌臣作为一代茶业巨匠的人生历程，以及在茶品种研究、茶质量把控中所付出的心血。按照时间序列，结合伍昌臣的人生重要事件对其一生进行布展，通过昌臣故居和伍家祠堂参观、昌臣墓缅怀使游客深入了解伍昌臣及其对茶业的贡献。

昌臣故居：采用当地的传统民居进行建设，内部装饰以清朝风格为主，并做好采光和照明，通过对窗户的改造增加采光，根据内部文化氛围确定素雅的灯光氛围。“皇恩宠锡”牌匾及其他文物应置于橱窗中展示，利用射灯提升物品的质感。建筑占地面积约 300 m^2。

伍家祠堂：整合伍氏家族族谱等资源，联合伍氏后人建设伍家祠堂，可用于伍氏后人的宗族祭祀活动，也可用于游客游览。并在伍家祠堂庭院中设置昌臣雕塑，采用青铜制作；建筑占地面积约 350 m^2。

昌臣墓：依托已修缮完成的昌臣墓，重点对周边环境进行整治，提升昌臣墓的文化氛围；对墓园附近杂灌草进行清理，配置绿化植物、花卉植物，形成良好的缅怀环境和氛围。墓地占地面积约 40 m^2。

御茶园：位于昌臣墓附近的生态茶园，充分挖掘乾隆皇帝与贡茶及伍家台贡茶的传说故事，以小游园的形式建设御茶园，应用 AR 技术进行传说故事的视频解说，加深游客对贡茶的了解。茶园面积约为 1 300 m^2。

文创商店：依托现有的民居，深入挖掘昌臣文化，进行创意旅游商品设计，引导当地居民建设文创商店。例如，可利用“皇恩宠锡”牌匾设计行李牌、平安符、透明胶等，利用伍昌臣这一历史名人，设计“萌”系列昌臣形象，并可运用在茶叶商品上，以拉近与游客的距离。建筑占地面积约 550 m^2。

入口文化广场：在昌臣故居入口处，设置“昌臣故居”题名景石，形成小型入口文化景观。广场占地面积约 750 m^2，侧边设 6 个小车停车位。

6. 土家茶俗园

其位于伍家台村 11 组杨家屋场。深入挖掘土家族茶俗、茶礼等茶文化，建设一处特有的体验土家古民居住宿和土家族文化的茶俗园，展示土家族的茶俗、茶歌、茶会、茶礼等文化，让游客可以在此唱茶歌、施茶礼、游茶会等，进行一系列土家茶文化体验，品味独特的土家茶文化。

主要对 10 栋土家风格民居进行升级改造，打造成为土家风情特色酒店。此外，建设小型的摆手堂建筑，以土家族歌舞表演、土家茶俗表演、茶礼表演等为主，为住宿游客提供一处休闲娱乐的场所。土家茶俗园建筑总占地面积约为 3 500 m^2。

7. 非遗文化村

其位于伍家台村 11 组郑家湾，占地约 1 350 亩。充分利用贡茶制作技艺及贡茶制作技艺传承人等非遗文化资源，积极举办贡茶制作技艺展示、教学等活动，打造以非遗文化展示为主的文化村。同时引导当地村民积极发展茶家乐和民宿。近期对贡茶制作技艺传承人的民居进行提升改造，进行贡茶制作技艺的展示和科普教学。建筑占地面积约为 180 m^2。

8. 溶洞主题村

其位于伍家台村 9 组堰塘湾和周家湾，占地约 80 亩。充分利用该处自然分布的美丽村湾和茶田资源，结合该处溶洞的地理地貌特征，采用三维绘画的手法，对民居的外立面、村湾水泥路面、电线杆等处进行溶洞主题的三维绘画，形成以三维溶洞画为特色的主题村湾。同时引导当地村民积极发展茶家乐和民宿。

9. 三贤洞户外训练基地

利用伍家台村的三贤洞，通过前期的溶洞勘探，如溶洞分布范围、类型情况（大小、有无水、是否在发育中、有无充填物等）、岩层的稳定程度和地下水流情况（有无长期补给来源、雨季水量有无增长）等，确定三贤洞的开发方式。近期洞内可通过彩色灯光营造氛围，以溶洞观光为主。远期可开发洞穴攀爬、探险体验活动，利用滑索、小型船只等多种方式游览溶洞，同时完善安全防护设施。

10. 国际山地自行车赛道

其位于凉风村 1～2 组。以山地自行车赛等活动举办为主，赛道长约 6 km、宽 4 m。沿线完善骑行驿站、旅游厕所、医疗点、自行车停靠点等配套设施，骑行驿站中应具备简餐、购物等功能。

11. 土家民俗街

其位于伍家台村 4 组安置小区，充分利用安置小区一、二两层的商铺，发展以满足当地居民日常需求为主，兼顾游客游览的土家民俗街。

12. 贡茶科普园

其位于伍家台村 4 组胡家屋场—韩家屋场一带，以及香树林村与伍家台村交界处的茶田中。深入挖掘贡茶文化，包括中国多种贡茶的种植技艺、采茶技艺和加工生产工艺，针对研学旅游市场，主要以茶园为载体，开展茶园教学活动。加大与恩施、宣恩等中小学校合作，将部分茶园建设成中小学生户外劳作基地，供其体验茶园除草、除虫、施肥及采茶、制茶等劳动内容，满足科普教育的旅游需要。此外，加强与各大高校茶学专业的合作，建设茶科学研究基地，既为学校培养技术型人才提供了场地，又为引进茶学专业人才拓宽了渠道。

13. 神仙洞（主题茶吧）

其位于伍家台村 9 组堰塘湾对面的仙人洞。充分利用溶洞干燥、空间大的特征，对溶洞内部进行茶文化主题的设计，增设茶饮设施和溶洞科普解说标识牌，形成溶洞特色茶吧。

14. 茶神庙

其位于伍家台村三贤洞附近。主要供奉“土家贡茶始祖”伍昌臣，并在茶神庙内部，利用全息成像技术使游客与伍昌臣对话，实现旅游的深度体验。建筑占地面积约为 700 m^2，建筑为单层。

15. 贡茶观光工厂

其位于伍家台村 4 组，利用现有的茶叶加工厂，深入挖掘古代贡茶院的运作方式，建设成以贡茶加工制作过程参观为主的观光工厂。一方面加强对昌臣茶叶的加工制作，另一方面，对武陵山地区甚至是全国范围内生态环境较好、茶树优良的自然优质品种，在此处进行收集和展示。在贡茶观光工厂的建设上，设计贡茶文化长廊、贡茶生产区、贡茶商品展览区等，重点对贡茶从古至今的生产方式和技艺进行展示，对贡茶系列商品进行销售，让游客寓教于乐。

16. 创意茶山

依托现有茶园，采用彩绘的方式，彩绘贡茶小镇的代表图案，如“皇恩宠锡”字样、茶壶图案等，打造彩绘创意茶山。在进入伍家台村和凉风村的入口处，利用缓坡，采用彩绘的方式种植茶园，设计种植出“贡茶小镇”字样的茶山，形成入口创意景观。两处茶山分别占地 45 亩和 90 亩。在鹿毛坪，利用已有的茶园进行改造，形成“皇恩宠锡”字样的茶山，占地约 15 亩。

17. 石林花海

其位于凉风村 10 组鹿毛坪北侧石林、凉风村 4 组雷打树和寿门坨、伍家台村龙洞湾大后槽，占地分别为 100 亩、30 亩和 15 亩、20 亩。充分利用该地区的大片石林，种植杜鹃、美人樱、鼠尾草、格桑花等花卉植物，形成特色的石林花海景观。

18. 樱花茶田

其位于伍家台村 2 组、14 组、17 组的梯田茶园中，通过景观视线分析，结合茶园的植被现状和地形特征，种植带状樱花树，以丰富茶园和景区的景观色彩。

19. 银杏茶田

其位于伍家台村 5 组、8 组、11 组的梯田茶园中，通过景观视线分析，结合茶园的植被现状和地形特征，种植带状银杏树，以丰富茶园和景区的景观色彩。

20. 婚纱摄影基地

其位于伍家台村 2 组的樱花茶田。充分利用周边的生态茶园，结合婚庆市场的需要，可在茶园中设置少量的廊道、秋千、雕塑等景观小品，打造成为婚纱摄影基地。

21. 樱花茶山

其位于板场村长茅岭，占地约 170 亩。通过景观视线分析，结合茶园的植被现状和地形特征，种植樱花树，并利用老茶厂建筑建设仙茶院，设置茶吧、特色商店等商业业态，为游客提供配套服务。

（二）小镇商业游憩区

位于凉风村 4 组水田坪，占地约 1 875 亩。依托该区域优美的茶山和茶田资源，丰富的溶洞、石林资源，美丽的村湾资源等，并利用四面环山的封闭空间，开发建设以茶山和茶田运动、婚纱摄影、大型演出及乡村休闲为主要功能的景区。主要建设游客中心（凉风村）、贡茶博物馆、贡茶研究院（茶礼大学）、贡茶书院、贡茶商业街、贡茶客栈、贡茶乡居等项目。

小镇商业游憩区应统一建筑色彩、风格和层高。以白墙、青瓦、木色为主色调，以穿斗式构架和硬（歇）山顶为建筑结构，以飞檐翘角、跑马廊为建筑特色，融入茶相关的画、诗词及茶叶和茶具的形状等。建筑结构为钢混结构，采用钢、玻璃、亚克力和铝板等材料，形成简洁又具有土家建筑风情的建筑风格，所有建筑高度控制在 3 层以下，部分建筑出于造型设计需要，高度可以为 2.5 层或 3 层。总建筑面积不低于 50 000 m^2。

1. 游客中心（凉风村）

其位于凉风村 4 组水田坪，新建游客中心，配套建设入口广场及生态停车场。一方面为整个贡茶小镇提供旅游咨询、旅游售卖、旅游集散等功能，另一方面为小镇商业游憩区提供旅游咨询服务。游客中心为两层，建筑总面积约为 760 m^2。入口广场占地面积约为 300 m^2，以绿化植物为主要景观，为游客提供休憩场所。生态停车场总占地面积约 53 000 m^2，分三个停车场建设，均铺设井字植草格，并设置条状行道树绿地，种植乔灌木以遮阳。

2. 贡茶博物馆

其位于伍家台村寿门坨，占地面积约 15 亩。以科普展示为主，包括对贡茶历史、贡茶制度、制作工艺、茶具、贡茶品种等进行展示，建设茶史、茶萃、茶事、茶缘、茶具、茶俗六大展厅（其中贡茶历史展厅和土家贡茶历史展示作为两个主要的展厅进行设计和陈列），从不同角度对贡茶文化进行全面和详细的展示，并采用图片、视频、声音、文字等多种方式进行展示，丰富游客体验。贡茶博物馆建筑占地面积约为 1 800 m^2，二层建筑，以时尚简约的建筑风格为主。

3. 贡茶研究院（茶礼大学）

其位于伍家台村寿门坨。通过引入茶学界的科研人员，结合伍家台地区的气候特征、土壤特征等因素，研发新茶品种，主要开办茶科学、茶文化、茶礼仪等课程，并普及国学、心理学、养生学、禅意修心等。此外，引入工业设计人才，对茶业的包装进行创意设计，形成具有地域特色的系列文创茶主题旅游商品。贡茶研究院（茶礼大学）建筑占地面积约为 2 750 m^2，二层建筑。

4. 贡茶书院

其位于伍家台村寿门坨，占地约 20 亩。依托良好的山谷坡地和开阔的视野，建设贡茶书院，通过收集中国有名的茶典著作和相关书籍，建设多样的休闲座椅和露台等，为游客提供惬意品茶、看书的场所。建筑占地面积约 100 m^2。

5. 贡茶商业街

整个商业街建筑总占地面积约为 17 000 万 m^2，二层建筑。

主题贡茶社：位于凉风村 4 组水田坪。依托贡茶小镇的生态茶叶资源，挖掘禅文化、土家族文化、茶文化等文化内涵，并结合摄影、音乐、运动等时尚主题，建设系列主题茶社，如茗战楼。茶舍内可定期开展茶会或茶百戏、点茶、分茶等茶艺表演，可配备完善的演示工具，吸引游客观看和体验。

贡茶养生馆：位于凉风村 4 组水田坪。充分挖掘茶的养生功能和药用功能，建设茶养生会所、茶疗馆等。茶疗馆主要将茶叶的养生功效与中草药相结合，研制各种调理养生的茶饮。依据土家族的医药文化，针对游客个人体质，调配适宜其健康的茶饮配方，定制养生茶，并深入挖掘药茶的功能，通过传统的中医诊疗和多样化的药茶品种的开发，为现代都市人的亚健康提供诊疗场所。茶养生会所以中高端茶会议、茶休闲、茶疗 SPA 为主，建设大厅式、包厢式的茶饮空间和茶疗室，并在室内装饰上凸显“茶隐”文化，让游客充分的放松和休闲。

贡茶手工坊：位于凉风村 4 组水田坪。依托贡茶小镇的生态茶叶资源和贡茶制作技艺，开发建设手工茶作坊、茶饼作坊、茶膏作坊等，还可建设香水 DIY 手工坊、茶具 DIY 作坊等丰富多样的手工作坊。在手工制茶作坊中，可引进专业茶艺师，鼓励其开设个人手工贡茶店、发展个人的手工茶品牌。

贡茶表演馆：位于凉风村 4 组水田坪。充分挖掘茶艺表演资源，在商业街的重要节点设置 1～2 个固定式的表演台和 VR 体验馆，定时进行茶艺表演、土家歌舞表演，以及丰富的移动式表演活动，如茶主题巡游、活体雕塑表演等，还可利用高科技手段进行 VR 茶园的体验。

贡茶美食店：位于凉风村 4 组水田坪。依托茶文化进行美食的文化创意设计，在商业街的入口处设置多样的贡茶美食店，包括主题茶餐厅、茶甜品店、茶饮料店等，在店面装饰和商品包装上注重突出“茶文化”。

贡茶礼品店：位于凉风村 4 组水田坪。深入挖掘茶文化内涵，建设茶主题商店、艺术品商店等，并开发茶文化主题商品和土家族文化主题商品，如茶文化主题的茶器具、茶工艺品、茶礼品（伍家台贡茶、创意茶包、创意花茶等），土家族文化主题的竹系列日用品（竹筷、竹茶具等）、土特产（土家腊肉、糍粑等）等，丰富游客的购物体验。

6. 贡茶客栈

其位于凉风村 4 组水田坪。依托该处的山势、饮水点和山林等资源，规划建设以商务接待、团队接待等功能为主的茶主题酒店。酒店内部设会议、餐饮、客房等三大部门，设计接待规模可满足 300 人的住宿、餐饮需求。整个酒店依山势而建，建筑风格以现代时尚为主，融入土家建筑杆栏、飞檐翘角等典型元素。总建筑面积约为 7 050 m^2。

7. 贡茶乡居

其位于凉风村 4 组大沙坪，占地约 100 亩。随着未来旅游业发展的成熟，游客量的增多，可开发乡居地产，发展健康养生养老产业项目，通过引进优质的物业管理公司，完善医疗、教育、商业、娱乐等配套服务设施，打造贡茶小镇的乡村度假社区，为游客提供第二居所。总建筑面积约为 22 000 m^2。

（三）茶乡度假社区

1. 茶隐山居

通过综合分析贡茶小镇内民居的建筑特色、环境特色、地形特征、植被特点等多方面因素，选取 8 个综合条件较好的村湾通过民居改造，建设以精品民宿为特色的乡村度假社区。8 个村湾的民宿均以“茶隐山居”冠名，打造茶隐山居系列精品民宿。

茶隐山居·岩上：位于凉风村 9 组凉风台。依托该处临近山崖的地理位置、开阔的观景视野及丰富的农田、山林、村湾资源，通过民居外立面改造和内部空间的细化设计，并结合贡茶小镇的溶洞特色，打造以贡茶为主题、以溶洞为特色的主题民宿。

茶隐山居·竹里：位于凉风村 8 组狮子湾。依托该处背靠山林的良好环境和“一”字型村湾格局，通过民居外立面改造和内部空间的细化设计，并结合周边的山林特色，打造以贡茶为主题、以山林茶为特色的主题民宿。

茶隐山居·花上：位于伍家台村 2 组风箱塌。依托生态茶田、梯田式的地形和美丽的村湾，通过民居外立面改造和内部空间的细化设计，并种植樱花营造景观，打造以贡茶为主题、以樱花茶海为特色的主题民宿。

茶隐山居·月影：位于伍家台村 2 组天坪界。依托梯田式的地形、生态茶田和美丽的村湾等资源，通过民居外立面改造和内部空间的细化设计，并种植红枫营造景观，打造以贡茶为主题，以红枫茶海为特色的主题民宿。

茶隐山居·壶中：位于伍家台村 4 组花果坪。依托梯田式的地形、生态茶田和美丽的村湾等资源，通过民居外立面改造和内部空间的细化设计，并种植银杏营造景观，打造以贡茶为主题、以银杏茶海为特色的主题民宿。

茶隐山居·清泉：位于伍家台村 8 组昌臣湖附近。依托濒临昌臣湖的良好自然环境、生态茶田和美丽的村湾等资源，通过民居外立面改造和内部空间的细化设计，并将茶文化与水相结合，打造以贡茶为主题、以水为特色的主题民宿。

茶隐山居·茶烟：位于伍家台村 11 组杨家老屋。依托木质老房子和生态茶园，结合土家茶俗文化，通过民居外立面改造和内部空间的细化设计，打造以贡茶为主题、以土家族文化为特色的主题民宿。

茶隐山居·松涛：位于凉风村2组牛场坪。依托生态茶园和美丽村湾，结合贡茶制作技艺等非遗文化，通过民居外立面改造和内部空间的细化设计，打造以贡茶为主题、以非遗文化为特色的主题民宿。

2. 贡茶庄园

其位于凉风村8组，占地约1 200亩。充分利用该处25个大小山头，发展生态茶园，并利用山谷相间的地形特征，通过闲置民居改造或新建每户相对独立隐私性较强的庄园度假设施，形成“一户一庄园一茶园”的高端茶庄园聚集区。茶庄园采用“共享茶园”的模式进行开发运营，对25个山头进行分割，并确权登记颁证，实现一茶山一证，以土地承包经营权流转的方式，让市场客户进行茶园认购，同时为市场客户购买的茶园管护提供服务外包和土地托管，市场客户可获得可供抵押的实名林权证，后期可继承和转让，且每座茶园均应树立该茶庄园主的“名牌”。

3. 贡茶营地

其位于凉风村7组樟树坨，占地约180亩。利用平缓的山坡种植茶园，在茶园中预留4～6个大型木质平台，每个平台面积约为600 m^2，可容纳约40个帐篷营位，平台之间种植樱花、银杏或红枫等色叶树种提升景观效果，并进行空间分隔，以保证平台之间较好的私密性。总体上开发能满足100～200人露营需求的帐篷露营地，主要为自驾游游客提供住宿、野外娱乐、野奢休闲等服务；依托樟树坨现有民居进行提升改造，为游客提供公共服务，包括乡村酒吧、乡村影院等配套服务设施。

4. 帐篷客·云上度假酒店

其位于凉风村7组，占地约150亩。充分利用王家坳东北部缓坡，建设白色帐篷群。帐篷群呈带状分布在茶坡上，共建设约35～40个帐篷屋，每个帐篷屋设立独立的露台，游客可以体验露台看星空、篝火烧烤，可体验茶园骑行、采摘等活动，内部布置上结合“茶隐”设计成具有禅意的室内空间。每个帐篷屋设置独立的水循环系统及太阳能发电与加热系统，使其节能、环保地运行。

5. 马术俱乐部

其位于凉风村10组熊家槽，占地约50亩。依托相对平坦的地形和山体围合而成的封闭空间，建设马术俱乐部，为高端度假游客提供配套娱乐项目。主要建设马术课堂、骑士主题餐厅、休闲运动馆等。

6. 茶家乐

在伍家台村游客中心附近、龙洞湾、凉风村大坪、牛场坪、杨家屋场、郑家湾、堰塘湾7处集中发展农家乐，近期引导发展约65户，远期引导发展约150户，遵循“一户一特色”的原则，在内部装饰上突出风格，并在每处设置一个地埋式生态污水处理设施。美食菜品上，积极研发1～2个以茶为特色的“招牌菜”，并丰富土家的合渣、面饭、渣椒、糍粑、社饭、土腊肉、酸菜坛子等菜品。同时制定服务标准，提升服务品质。

第六节 伍家台贡茶小镇旅游产品及线路设计

一、文化旅游产品体系

（一）旅游产品

根据贡茶小镇的资源特色和发展定位，以文化体验为核心，重点开发文化体验、茶事体验、养生养老、乡村度假、休闲运动和生态观光六大旅游产品，见表 12.8。

表 12.8 旅游产品体系表

类别	产品项目
文化体验旅游产品	昌臣故居、贡茶博物馆、贡茶研究院（茶礼大学）、非遗文化村、贡茶工厂
茶事体验旅游产品	土家茶俗园、贡茶科普园、茶神庙、贡茶商业街
养生养老旅游产品	贡茶庄园、贡茶乡居
乡村度假旅游产品	茶隐山居、贡茶营地、贡茶庄园、帐篷客·云上度假酒店、溶洞主题村、茶家乐、婚纱摄影基地、御水泉、神仙洞（主题茶吧）、贡茶书院、贡茶商业街、贡茶客栈、贡茶乡居
休闲运动旅游产品	三贤洞户外训练基地、国际山地自行车赛道、贡茶源景区、马术俱乐部
生态观光旅游产品	有机茶园、贡茶源景区、樱花茶山、樱花茶田、银杏茶田、石林花海、创意茶山

（二）旅游商品

贡茶小镇的旅游商品开发需充分依托资源特色，体现独特性，避免出现各地旅游商品千篇一律的情况，可开发商品见表 12.9。

表 12.9 旅游商品一览表

主题	类别	商品
茶文化主题	茶器具	各式创意茶具，包括煮水器、置茶器、理茶器、分茶器、盛茶器、品茶器、涤茶器等
	艺术作品	茶末画、茶叶书法画、茶叶时装画等
	工艺品	茶雕屏风、茶雕匾额、茶雕建筑模型、动物茶雕、人物茶雕、茶日历等
	茶特产	伍家台贡茶、创意茶包、创意花茶、茶精油等
土家族文化主题	纪念品	土家族服饰、银饰、织锦、蜡染等
	日用品	创意竹篾、竹筷、竹碗、竹酒器、编制工具、印染工具、挑花工具、刺绣工具、雕刻工具等
	土特产	土家腊肉、高山蔬菜、糍粑、土家咂酒、油茶汤、土家酸菜、土家烧饼等

深入挖掘贡茶文化，包括茶历史、茶器具、茶制作技艺等，开发生活美学用品、书画作品、手工艺品、儿童玩具等。

依托茶产业，包括茶园、茶叶等，制作不同档次、多种类型的茶饮商品、茶食商品、茶护肤品等。

深度挖掘土家民俗文化，包括土家头饰服饰、美食等，将其转化为特色手工艺品、旅游特产等。

设立旅游商品开发基金，举办旅游商品设计大赛，面向全社会征集设计方案，委托专业设计机构整合设计，开发实用性强的特色商品。

编写购物指南，在酒店、度假村、民宿及旅游景点设立购物信息窗，引导扩大旅游者的购物范围。

二、文化景观设计

（一）景观结构

形成“多节点·多廊道”的景观结构。景观节点包括创意茶山、石林花海、茶山花海和贡茶文化景观4个节点（图12.4）。创意茶山景观节点主要位于小镇入口，以及隆恩亭周边茶园、小镇商业游憩区周边茶园，通过彩绘图案、装置艺术、VR技术等打造景观。石林花海景观节点主要位于凉风村鹿毛坪、雷打树，伍家台村青岗堡等地，通过格桑花、冰岛虞美人、马鞭草等花卉的种植，形成四季不同颜色的景观。茶山花海景观节点位于长茅岭、九棵树、杨家屋场等地，通过樱花、银杏、红枫等四季彩叶树种的种植，形成四季不同景象的景观格局。贡茶文化景观节点位于小镇商业游憩区，提炼贡茶文化元素，

图12.4 景观结构规划图

对贡茶观光工厂、茶礼大学、茶工艺坊等进行文化包装，利用建筑装饰、景观小品等多种形式将贡茶文化的内涵表现出来，营造浓厚的贡茶文化氛围。

对贡茶小镇主要旅游风景道、主题步道沿线进行景观提升，以种植四季花卉为主，并完善生态座椅、花廊、观景亭等设施，形成串联整个贡茶小镇的景观廊道。

（二）道路沿线景观

环境整治：对道路沿线影响景观的坟墓、电线杆等进行处理，主要是汽车风景道沿线、5 条主题步道沿线的景观处理。

植物种植：主要景观道路植物以乔木为主，适当配置少量花灌木，使其高低错落、疏密有致。

景观廊设置：景观廊主要分为景观廊 1、景观廊 2、景观廊 3 三种形式（图 12.5）建设，主要分布在茶园步道沿线（图 12.6）。景观廊 1 以竹为结构，与瓦顶相结合的形式设计，体现生态、自然，与周边环境相融合；廊道长 35 m、宽 5 m、高 4 m，两侧可用悬挂字画、墙上雕刻或电子触摸屏等方式介绍茶文化、养生文化等。景观廊 2 以钢为结构，表层刷彩漆，丰富茶园景观色彩；长形的长 15 m、高 4 m，异形的长 3 m、高 4 m。景观廊 3 以钢、木结构为主，以植物为背景，可根据节庆活动主题或季节进行装饰；廊道宽 2.5 m、长 18 m，高 3.5 m，使用木材作为廊架骨架，廊架上配以蔷薇植物。

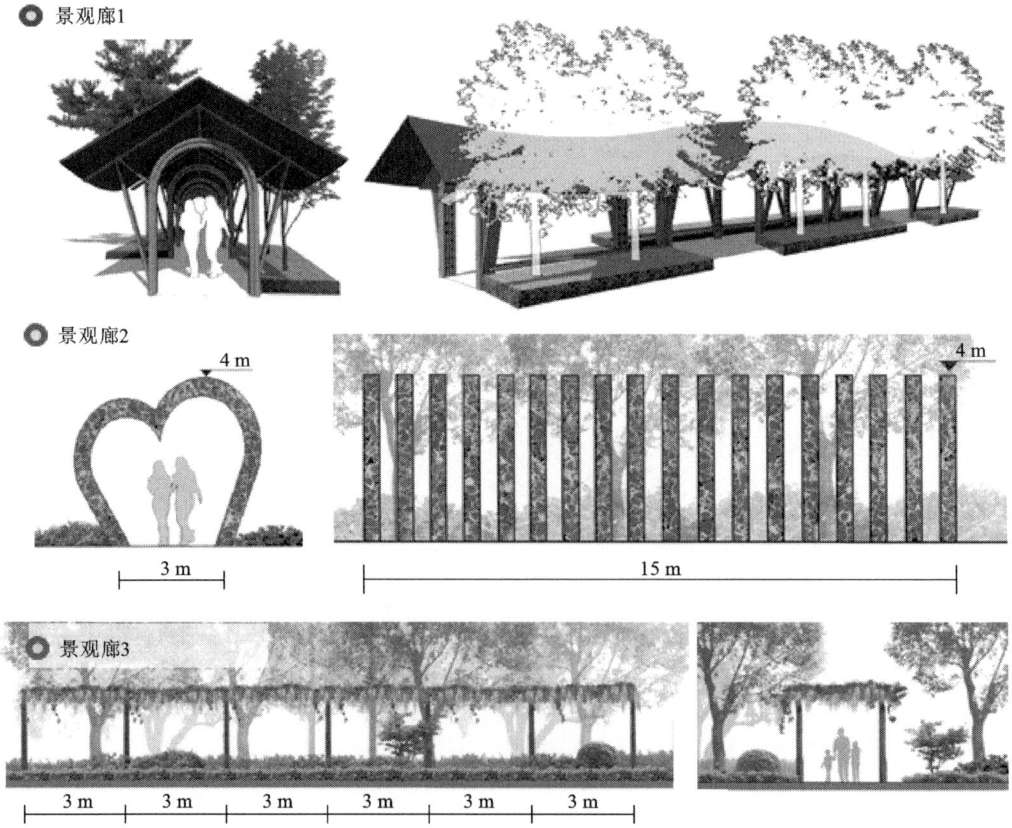

图 12.5　景观廊建设形式图

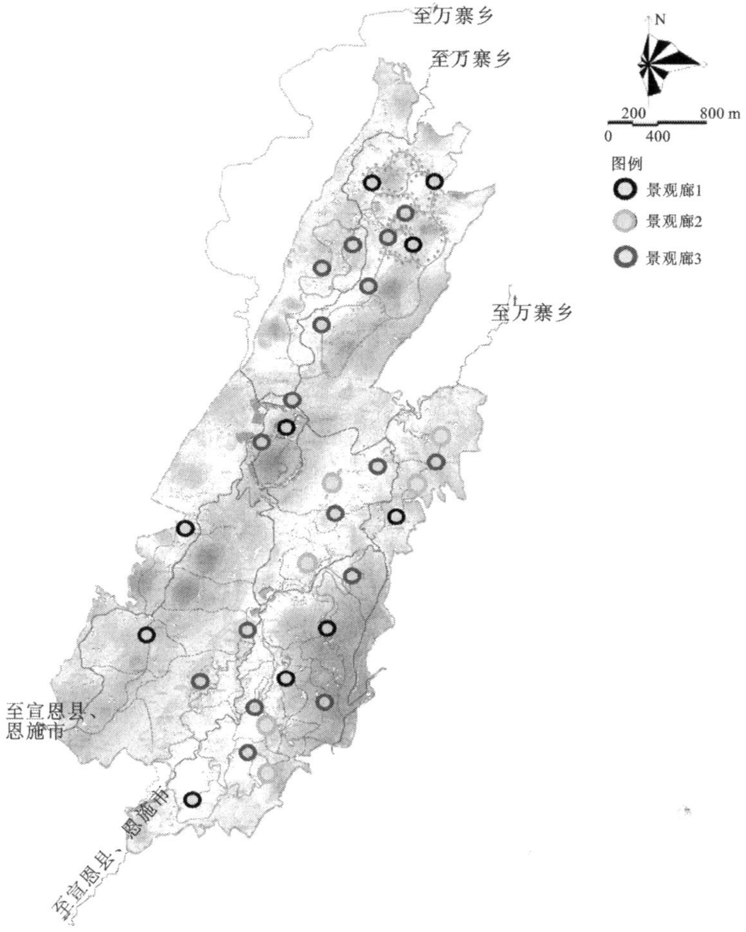

图 12.6　景观廊规划图

（三）建筑景观

建筑景观建设包括民居改造、建筑新建、建筑环境整治和提升三大部分。

1. 民居改造

贡茶小镇现状建筑主要有三种形式：传统民居，木结构，1～2 层，在杨家院子、郑家院子等村湾有少量分布；现代民居，砖结构，分布最为广泛，多为 2～3 层建筑；已改造民居，主要分布于现状游客中心附近，主要是增加了木质装饰。在对现代民居进行改造时要突出本地特色，在遵循宣恩县建筑改造“十六字方针”，即“青瓦白墙、飞檐翘角、栏杆垛脊、木门木窗”的前提下，可融入时尚元素，利用花卉、摆件等装饰丰富建筑立面景观。

传统民居：以保护为主，包括建筑本体的保护和周边环境的保护，修缮破损建筑。注重周边场地小环境的打造，包括门前小庭院整治，通过植物种植、创意景观设计、休憩设施设置打造悠闲的休憩空间，同时选用当地特色的茶文化、民俗文化符号等作为装饰，创造浓郁乡村风情体验。

现代民居、已改造民居：建筑外墙刷白，加传统坡屋顶。拆除铝合金防盗网，增加木质窗框；拆除现代风格的铝合金门，改为传统木门；栏杆刷仿木漆，并作垂花装饰构件；同时选用当地特色的茶文化、民俗文化符号等作为装饰（图 12.7）。在现状建筑增设阳台、露台，通过沙发、浴缸、餐桌等各种休憩设施的设置，营造与环境融为一体的户外活动空间。注重周边场地小环境的打造，整治门前小庭院，通过植物种植、创意景观设计、休憩设施设置打造悠闲的休憩空间。

图 12.7　建筑元素提炼图

2. 建筑新建

主要指小镇商业游憩区的新建建筑。

建筑立面：将土家元素（跑马廊、飞檐翘角、西兰卡普）、茶文化元素与现代的建筑元素（玻璃、钢）相融合（图 12.8），结合地形变化，依山就势布局建筑，使商业街建筑既区别于民居建筑，又与民居建筑相协调，既有现代气息，又有土家风韵。

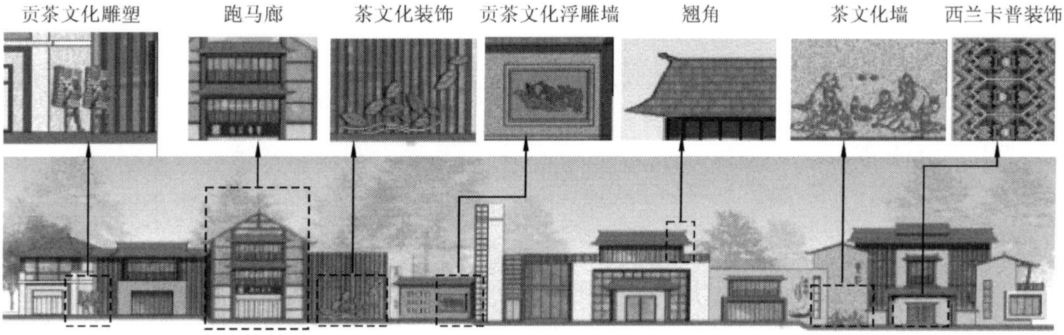

图 12.8　土家元素与茶元素和现代建筑元素融合图

3. 环境整治和提升

按照新农村建设的要求，结合“乡土化”的特点，将本土的居民建筑特色和新农村宜居性相结合，提高居民建筑视觉美感，利用“治、藏、挡、拆”的方法对集中居民点进行改造。“治”指对沿线建筑风格杂乱的居民点进行治理，对主干道路两侧的民居建筑进行立面改造，且在村貌上对两侧影响视觉的电线进行地埋或其他方式的处理。“藏”指对道路视域范围内视觉效果较差的居民点通过栽植树丛等进行绿化掩藏。“挡”指对不影响道路通行但视线生硬的零星临路建筑进行遮挡，主要采取丛植乔木的形式进行遮挡。“拆”指对夹道严重影响道路通畅的建筑或者影响视觉的残破建筑进行拆除。

此外，对于景区入口周边的居民点，以及发展主题民宿的民居，如非遗文化村、涂鸦村、茶隐山居主题民宿等，需要按照新农村建设的要求整体开展以“四清六改五化三普及”为内容的村容村貌环境整治。

民居内部陈设。从“色、味、声、物”四个方面进行细节设计，“色”即使用历史感与时尚感兼具的主色、配色；“味”即运用茶香、墨香、花香等多种香味唤醒游客的味觉记忆，力求每户均设计“一米茶室”，供游客品茶；“声”即充分利用虫鸣鸟啼、蝉声及舒缓音乐等营造宁静的氛围。“物”即运用茶具、茶器及一些老物件的随意摆放营造生活美学空间。

室内外过渡空间设计。对民居进行改造，结合实际增设庭院、阳台、露台等室内外过渡休闲空间，通过植物种植、创意景观设计、休憩设施设置打造棋盘庭院、泳池庭院、菜园庭院等多种类型的庭院；在原有建筑上增设阳台和露台，并结合休憩的沙发、浴缸、壁炉、餐桌、烧烤、浴池、美景、美食等，让游客获得难忘的体验。

外部活动设施。在民居周边完善茶园步道、茶园观景台、茶园泳池等户外活动设施，丰富游客体验。

（四）茶园景观

1. 茶园环境整治

对现有游客中心附近主要车行道两侧的墓地、七彩茶道沿线墓地进行迁移；散布在茶园中的墓地，采用乔木进行遮挡。对影响茶园景观效果、可入地的电线（主要是村庄电线）进行地埋敷设。对青冈堡与白鹤堡之间由施工造成的裸露山体绿化，并对茶园中地质破坏地段清理恢复。

2. 创意茶园景观

运用四季观景的设计思路，通过四季彩叶树种和花卉树种的种植，形成春季看花、夏季看叶、秋季看叶和果、冬季看形的植物景观格局。重点形成樱花茶园、梯田式银杏茶园、红枫茶园。设置景观小品：装饰方面，充分利用茶园设置移动式装置艺术，运用茶盖、茶匙、茶箸等茶器具，采用户外艺术装置设计的方式进行创意化的展示，可根据需要在隆恩亭周边茶园、小镇商业游憩区周边茶园设置；雕塑方面，在主题步道沿线设置一组雕塑群，反映土家茶农种茶、采茶、制茶、奉茶，以及现代人享受贡茶、逍遥品茶等场景；茶景观方面，充分利用茶叶、花卉等，创意性设计景观小品。运用科技手段，如 5D、AR、VR 等技术，在茶园投影出各种场景，如孔雀在茶山飞舞，白虎在茶田散步，游客在茶园采茶、唱山歌、跳土家舞等。

三、旅游线路设计

（一）外部线路设计

1. 对接宣恩县景点

宣恩县旅游资源丰富，拥有以古民居群为特色的彭家寨、以生态观光为特色的湖北七姊妹山国家级自然保护区、以峡谷观光为主要特色的狮子关旅游区、以土家民俗体验为主的庆阳凉亭古街等众多的景区。贡茶小镇要充分融入宣恩县的旅游线路：贡茶小镇—庆阳凉亭古街—贡水河国家湿地公园—卸甲坝溶洞群落—“板栗园大捷”遗址—湖北七姊妹山国家级自然保护区—狮子关旅游区—彭家寨，见图 12.9（a）。

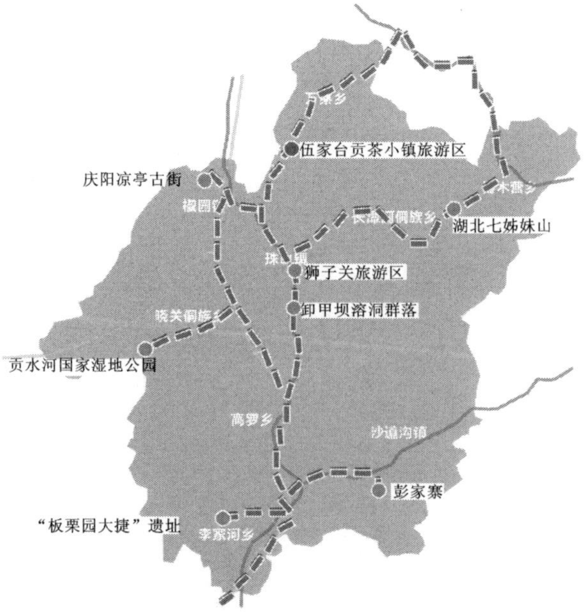

（a）对接宣恩县景点

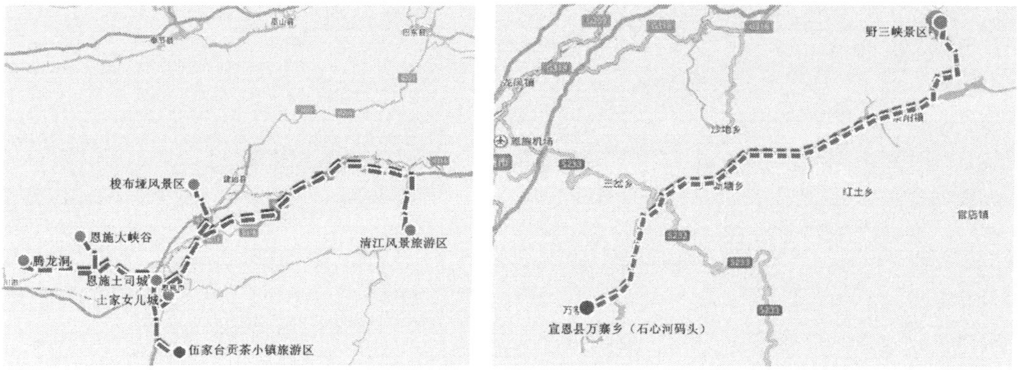

（b）对接恩施州景点

图 12.9　外部游线规划图

2. 对接恩施州景点

恩施州旅游资源丰富，有多处景点开发较为成熟，积累了一定的游客资源。贡茶小镇要充分与周边景点对接，融入整个恩施州的旅游线路中。陆地线路主要通过沪渝高速、恩来高速、恩广高速、318 国道等交通干道连接：恩施市（恩施大峡谷、恩施土司城、土家女儿城、梭布垭风景区）—利川市（腾龙洞）—巴东县（清江旅游风景区）—贡茶小镇。随着清江旅游码头的完善，形成水上旅游线路：建始县（景阳河码头）—宣恩县万寨乡（石心河码头），见图 12.9（b）。

3. 对接周边城市

西部方向：成都市—重庆市—恩施州（贡茶小镇）。东部方向：武汉市—荆州市—荆门市—宜昌市—恩施州（贡茶小镇）。

（二）内部线路设计

通过汽车风景道的连通及步行道网络的建设，以及旅游服务设施的完善，形成全域慢游网络，针对旅游市场中最重要的两大游客群体，即团队游客和自驾游客设计不同的游线，并根据景区旅游项目的建设时序，形成一期、二期、三期的旅游线路。

1. 一期旅游线路（图 12.10）

针对团队游客：创意茶山—贡茶源景区—有机茶园—贡茶观光工厂—石林花海—小镇商业游憩区。

针对自驾游客：创意茶山/石林花海—贡茶源景区—樱花茶田—婚纱摄影基地—有机茶园—樱花茶山—昌臣故居—贡茶科普园—银杏茶田—土家民俗街—贡茶观光工厂—石林花海—小镇商业游憩区。

2. 二期旅游线路（图 12.11）

针对团队游客：创意茶山—贡茶酒店—贡茶源景区—有机茶园—贡茶观光工厂—贡茶书院—石林花海—小镇商业游憩区。

针对自驾游客：创意茶山/石林花海—贡茶源景区—樱花茶田—婚纱摄影基地—有机茶园—樱花茶山—昌臣故居—贡茶科普园—银杏茶田—土家茶俗园—非遗文化村—涂鸦

村—神仙洞（主题茶吧）—国际山地自行车赛道—石林花海—三贤洞户外训练基地—小镇商业游憩区。

图 12.10　内部游线图（一期）

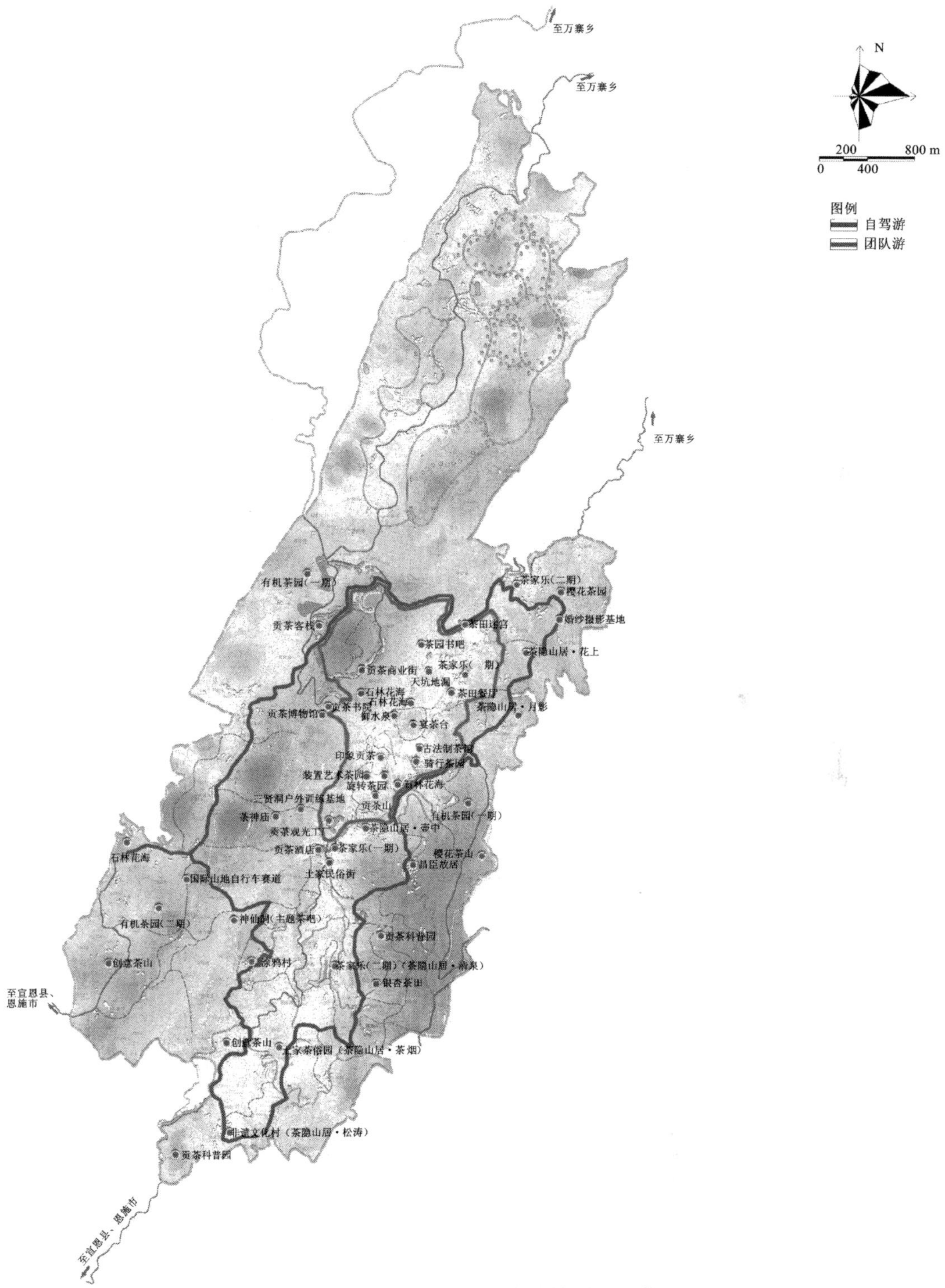

图 12.11　内部游线图（二期）

3. 三期旅游线路（图 12.12）

针对团队游客：创意茶山—贡茶源景区—有机茶园—贡茶观光工厂—贡茶书院—石林花海—小镇商业游憩区。

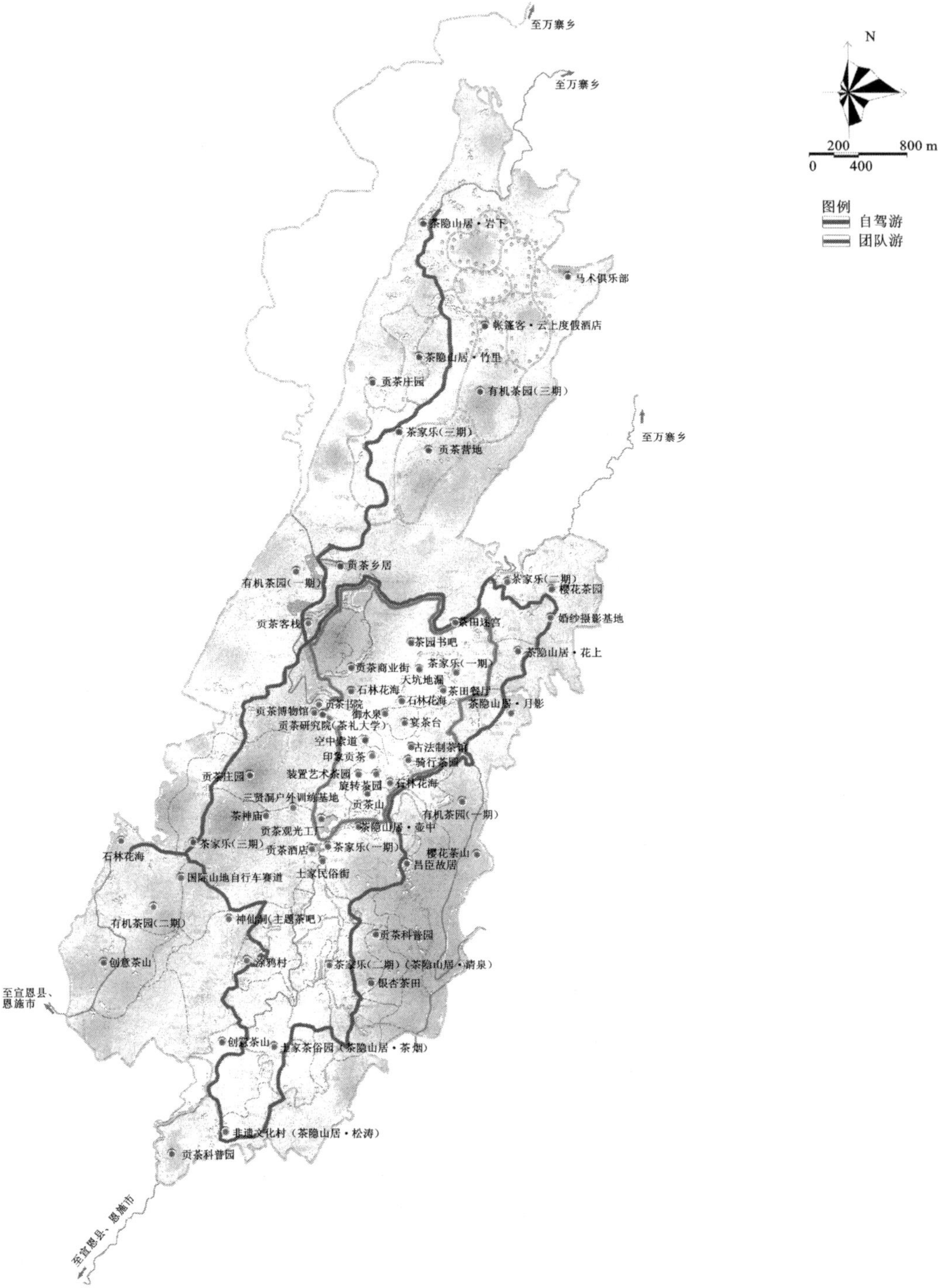

图 12.12　内部游线图（三期）

针对自驾游客：自由选择住宿设施，然后可根据偏好自由选择游线。创意茶山/石林花海—贡茶源景区—樱花茶田—婚纱摄影基地—有机茶园—樱花茶山—昌臣故居—贡茶科普园—银杏茶田—土家茶俗园—非遗文化村—涂鸦村—神仙洞（主题茶吧）—国际山地自行车赛道—石林花海—三贤洞户外训练基地—小镇商业游憩区。

第七节　伍家台贡茶小镇旅游服务设施开发

一、旅游服务设施

（一）旅游服务体系

依托小镇的风景道网络设置旅游服务设施系统，围绕旅游项目设置旅游服务点，各个服务点按需求配置停车场、游客咨询、医疗急救、餐饮、公厕、垃圾桶等服务设施，形成完整的体系。总体上按照旅游服务中心、旅游服务点两个级别的服务格局来构建旅游服务体系。

服务中心及服务点规划见表 12.10。

表 12.10　旅游服务体系规划表

分类	位置	建设要求	数量/个
旅游服务中心	小镇旅游服务中心	新建于小镇商业游憩区 具备旅游交通集散、旅游咨询、住宿预订、医疗急救、旅游投诉、解说展示、餐饮购物等功能	2
	贡茶源旅游服务中心	在现状游客中心基础上进行改造提升 具备旅游交通集散、旅游咨询、住宿预订、医疗急救、旅游投诉、解说展示、餐饮购物等功能	
旅游服务点	非遗文化村、国际山地自行车赛道、贡茶营地	具备旅游咨询、解说展示、自行车租赁等功能	3

贯彻“慢生活”的理念，在茶园休憩平台、步道沿线休憩点、村湾内靠近水源的地方布局多处休闲茶座，以观景亭、观景台的方式建设，使游客可以看茶、品茶，享受“慢享茶园”的闲适体验。在整个贡茶小镇一期设置 10～20 个茶歇点，二期可增设至 30～40 个茶歇点，可结合步道或骑行道沿线驿站设置，部分设置于茶园、村湾中。观景亭主要以一层的为主。顶部设计为弧形，凸显简单、大方的风格，主结构为钢，刷深木色漆。观景台主要以一层为主，设置少量的双层观景台。一层观景台可设计为观景台+商亭、观景台+植物廊架、观景台+大树等多种形式。双层观景台的第一层设计为休憩空间，第二层设计为观景空间。所有观景亭、观景台均应设置适量的休闲茶座，方便游客停留、休憩（图 12.13）。

（二）旅游住宿设施

依据游客量预测住宿设施需求，根据计算公式：床位数=日均高峰游客量×住宿率×平均住宿天数，可计算出贡茶小镇中远期所需床位数为 4 637 个，具体见表 12.11。

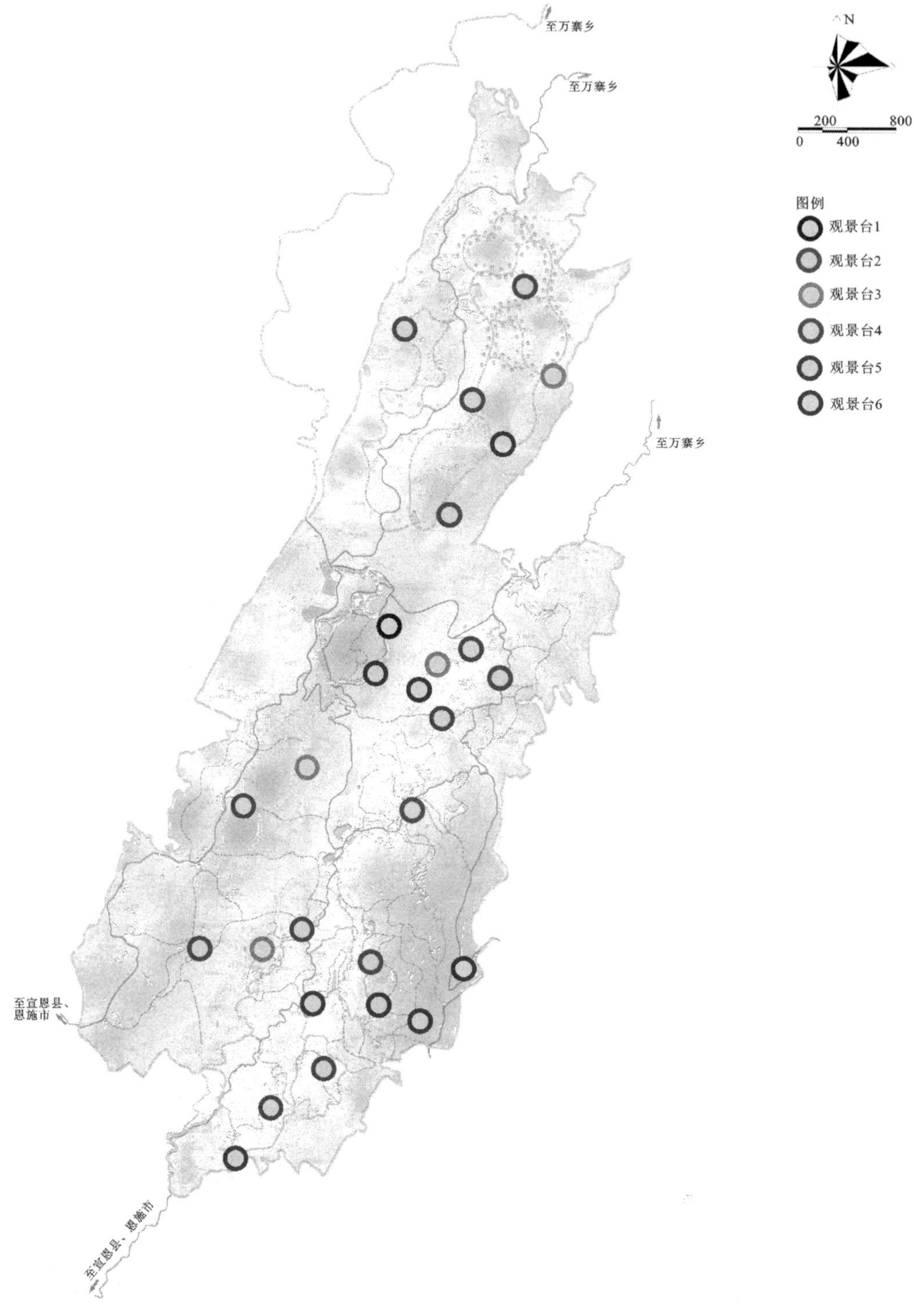

图 12.13　休闲茶座规划图

表 12.11　贡茶小镇床位需求预测表

项目	中远期期末（2025 年）
游客规模/万人次	124.22
日均高峰游客量/人次	8 281
住宿游客比例/%	0.28
平均住宿天数/天	2
所需床位数/个	4 637

贡茶小镇内现状住宿设施主要位于游客中心，约有 70 个床位，此外茶家乐也有少量床位。住宿设施床位少、种类单一、品质不高，难以满足旅游发展的需求。塑造贡茶住宿品牌，构建茶隐山居、贡茶庄园、贡茶乡居、贡茶营地、帐篷客酒店、贡茶客栈 6 个层级的旅游住宿设施体系（表 12.12），同时提高服务品质。

表 12.12　贡茶小镇住宿设施规划表

层级	占比/%	设施名称	近期床位数/个	远期床位数/个	规划思路
高档	10.4	帐篷客酒店	—	80	依托茶坡建设，配备独立露台和活动场地
		贡茶庄园	—	400	依托茶产业和民居建设，“一户一庄园一茶园”
中档	23.7	贡茶客栈	300	300	位于小镇商业游憩区
		贡茶乡居	—	600	位于小镇商业游憩区北部，乡居地产
		贡茶营地	—	200	建设多种场景的露营地，茶山、茶田、山谷等
大众	65.9	茶隐山居	307	3 057	对现有民居进行改造，形成主题精品民宿
合计	100		607	4 637	

（三）旅游餐饮设施

依据公式：餐位数=（日均高峰游客量×就餐率）/餐位周转率，对贡茶小镇的餐位需求量进行预测，结果如表 12.13 所示。

表 12.13　贡茶小镇餐位规模预测表

项目	中远期期末（2025 年）
游客规模/万人次	124.22
日均高峰游客量/人次	8 281
就餐率/%	90
餐位周转率/次	1
所需餐位数/个	7 453

贡茶小镇现有18家茶家乐，此外游客中心也设有餐厅。饮食菜品以大众化农家菜为主，餐厅及茶家乐品质不高、餐位数较难满足旅游发展的需求。构建茶家乐、商业街、特色餐厅三个层级的餐饮服务体系（表12.14）。餐厅的菜品以贡茶小镇内的新鲜食材为原材料，形成地方特色菜肴。在餐饮服务人员着装、餐饮环境、饮食卫生、食材的选择等多方面按照相关的国家标准，进行严格要求，提供一个安全卫生，服务质量高水平的餐饮环境。

表12.14 贡茶小镇餐饮设施规划表

层级	占比/%	设施名称	近期餐位数/个	远期餐位数/个	规划思路
高档	5	特色餐厅	120	372	与酒店、游客中心、重点景点等结合设置
中档	15	商业街	365	1 118	在小镇商业游憩区建设，为游客提供各种特色食品
大众	80	茶家乐	1 944	5 963	零散分布于贡茶小镇，对现状民居进行改造，成为茶乡特色的农家乐。近期发展65户农家乐，远期发展150户农家乐
合计	100		2 429	7 453	

（四）旅游购物设施

贡茶小镇目前主要的购物设施有两类：一类是茶叶销售点，主要位于现状游客中心和厂区；另一类是小商店，主要位于游客中心南部，以食品、日用品销售为主。旅游商品种类单一，尚未形成体系。规划构建特色商品交易中心、旅游购物街区、旅游商店、小商亭4个层级的购物服务体系。

第一，特色商品交易中心。位于贡茶研究院（茶礼大学），以出售特色的旅游商品为主。

第二，旅游购物街区。在小镇商业游憩区建设旅游购物主题街，以出售各种旅游纪念品为主。

第三，旅游商店。建设于重要景点处，销售旅游纪念品、食品、生活用品为主。

第四，小商亭。零散分布于贡茶小镇游客较为集中的场所，以出售特色旅游纪念品、食品及生活用品为主。

旅游商品的开发中充分挖掘当地的茶叶和土家族文化，形成特色的旅游商品体系。

（五）旅游安全防护设施

实施“安全旅游目的地”战略，确保游客人身与生命财产安全。主要包括：游览前对游客旅行安全的提醒；游览期间对游客安全的保护，对旅游事故的防治及事故出现后的急救行动。具体规划如下。

第一，安全预警。提供贡茶小镇当天和近几天的天气预报，遇恶劣天气时及时发出警报，并关闭空中索道等项目。游客进入贡茶小镇前，提醒游客应该注意的安全事项，包括可能出现的意外情况及其应急处理措施，应严格遵守的安全条例及其违反后的处罚等。

第二，安全保护。在主要的骑行道、步行道上设立红十字箱，提供简易的旅游医疗服务（如在酷暑季节可免费发放预防中暑的药品等），在旅游旺季，要有医务人员值班。设立事故撤离指示牌，让游客在意外情况出现时能有序疏散并得到及时的援助。在冒险性活动场所，例如三贤洞户外训练基地、神仙洞、贡茶源景区等地，工作人员须给以必要的指导和保护，确保人身安全。在天坑、滑坡路段等场所，应完善安全防护措施。所有住宿设施及餐饮服务设施，应严格按有关消防、卫生制度、治安管理规定，配备相应的消防系统设施、防盗设施、其他安全设施、监视设施和紧急疏散通道等。

第三，预防与急救。所有游客进入探险运动区必须购买相关保险。对工作人员进行急救培训，遇有伤病在第一时间做出紧急处理，然后及时转送宣恩县或恩施市医院。成立急救行动小组，遇重大安全事故时，及时设立临时性安全通道。与宣恩县医院、公安、消防、交通等单位建立急救联系，遇有灾难情况报警，立即通知相关部门或联合行动进行救援。

第四，安全制度保障。认真贯彻执行公安、交通、劳动、质量监督、旅游等有关部门制定和颁布的安全法规，建立完善的安全保卫制度，工作全面落实。制定《贡茶小镇安全管理制度》，及时采取措施，检查存在的安全隐患。所有旅游活动场所的消防、救护等设备齐全、完好、有效；交通、机电、游览、娱乐等设备完好，运行正常，无安全隐患。危险地段标志明显，防护设施齐备、有效，特殊地段有专人看守。定期对贡茶小镇交通运输设施进行管理，确保交通运行安全；对饮食卫生安全进行管理。建立安全检查长效工作机制。各景点确定安全责任人，坚持做到一季度一安全检查，做好经常性的安全工作，实现“平安旅游”。设有突发事件处理预案，应急处理能力强，事故处理及时、妥当，档案记录准确、齐全。

第五，医疗设施规划。依托宣恩县医院，开设旅游定点急救服务，在贡茶小镇内醒目位置及游客密集地段公布急救标志和急救电话。建立紧急救援机制，设立医务室，并配备专职医务人员。

（六）旅游解说及标识系统

贡茶小镇现已建设有部分标识牌，位于贡茶文化景区的核心区，主要有全景解说牌、景点解说牌、导示牌等，类型、数量及质量等都较难满足未来旅游发展的需求。设置吸引物解说牌、环境解说牌、管理与服务设施解说牌和道路交通指示牌 4 类标识牌。标识牌系统的设计应统一风格，以防腐木和石材为主要材质，设计上融入当地文化及茶叶等元素。文字说明使用中文、英文、日文或韩文对照，方便中外游客游览；所有服务设施均应采用公共信息图形符号系统；图形符号设计要注意规范，并具有较高的工艺效果。

第一，设置吸引物解说牌。全景解说牌设置于两个游客服务中心（小镇商业游憩区和贡茶源服务中心），内容包括贡茶小镇的整体介绍、全景导览图及内部主要景点的文字、图片介绍。景点解说牌设置于主要景点处，如贡茶源景区、昌臣故居等，说明单个景点或游览点的名称、内容、背景、最佳观赏方式和角度等信息。景点名牌在每个景点的附近，标识出景点名称，同时可向游客介绍景点的基本信息，是对不同类型单个景点的简明解说。植物景观牌可对贡茶小镇内的景观树种（古茶树、樱花、银杏等）做简单介绍。

第二，设置环境解说牌。环境解说牌主要分布在游览线路沿线，如观景台、茶歇点，让游客在休憩的同时获得信息。环境解说牌的内容应着重对贡茶小镇自然环境和人文特征进行解说，如溶洞景观、茶园景观等。

第三，设置管理与服务设施解说牌。旅游区风光牌设置于沪渝高速、恩来高速、恩黔高速等周边高速沿途，内容以展示贡茶小镇最佳风光为主，辅以简短、响亮的形象导语，向过往游客传播贡茶小镇形象，对前往贡茶小镇的游客起提示作用。导示牌位于贡茶小镇内部道路交叉口、重要节点处，是对景点方向的指示。功能指示牌是对服务设施的导引和指示，如厕所、餐厅、购物点、休憩点等。游客须知牌是对游客需遵守的行为规范的说明，针对贡茶小镇管理的特殊性对游客进行明确、友好的提示，使游客能自觉参与保护，便于管理。友情提示牌包括环保提示、景点负氧离子浓度提示等，内容体现贡茶小镇管理者对游客的人文关怀，以亲切、温馨的语言提醒游客在旅游活动中如何融于自然，享受野趣。安全指示牌告知游客在贡茶小镇内旅行游览过程中的各种安全注意事项和禁止出现的各种不良行为。警示牌的设计与摆放应醒目，特别是在天坑及易滑坡地段，警示内容应具体明确，包括“小心”“请勿前行”“注意防火，请勿吸烟”等警告字样。

第四，设置道路交通指示牌。道路交通指示牌位于贡茶小镇主要旅游风景道的节点处，包括各种道路交通标志和景点距离指示牌。道路交通标志牌应使用国家标准符号，景点距离指示牌应标示景点的位置、方向、途径主要道路的节点名称、距离等信息。

二、旅游交通设施

（一）外部交通

加强小镇与机场、火车站的联系，可在许家坪机场、恩施火车站建设旅游服务中心，提供便捷的订票、信息咨询、游线推荐等服务，并开通直达小镇的旅游专线巴士。在高速出入口设置小镇旅游形象展示牌，道路配备完善的旅游宣传牌、旅游引导标识等设施。在三个主要的出入口设置“贡茶小镇旅游区”牌坊或题名景石，起提示和引导的作用。重点加强对 033 乡道、椒园镇镇区—小镇村道的提升改造，详见表 12.15。

表 12.15　外部交通道路规划表

道路起讫点	道路长度/km	道路宽度/m	建设要求	景观提升要求
椒园镇镇区—万寨乡	24.9	9	椒园镇镇区—规划区道路拓宽至 7 m，单侧修建 2 m 宽步道，道路均铺设沥青路面	道路沿线增植色叶树种以提升景观效果，如银杏、樱花、栾树等树种。此外应按照“青瓦白墙，飞檐翘角，栏杆垛脊，木门木窗”十六字方针，对道路沿线民居建筑进行提升改造，以凸显土家族文化氛围
033 乡道（G209 与 033 乡道交叉口—万寨乡）	22.3	9	拓宽现有车行道至 7 m，铺设沥青路面，并在单侧增加 2 m 宽的步行道	

（二）内部交通

通过各类道路的建设及服务设施的完善，形成“山上汽车道，山腰步行栈道、骑行道，山谷茶田步行道、骑行道，山间缆车道”的立体交通网络。

汽车风景道分主要车行道、次要车行道进行规划设计，见表 12.16。

表 12.16　汽车风景道规划表

道路类型	道路宽度/m	道路长度/km	位置
主要车行道	9	30	033 乡道、009 乡道，伍家台北部现状车行道，凉风村现状南北向车行道，小镇商业游憩区环线，贡茶源景区北部东西向道路等
次要车行道	7	23.8	茶隐山居、贡茶庄园、贡茶营地、帐篷酒店道路，昌臣故居、贡茶科普园、涂鸦村、土家茶俗园、非遗文化村道路等

修建贡茶源景区骑行道、国际山地自行车赛道、神仙洞区域骑行道三条骑行道，道路长度分别为 3.8 km、4.3 km、2.3 km，宽度均为 4 m。沿骑行道完善骑行驿站、旅游厕所、临时停车点及小商亭的设置。

修建村湾之间的步行道及修建山下、山中、山顶的旅游步道，构建完善的步道系统，游客可利用步道系统到达规划区的任何村湾和任何景点，并可开展各种场景的运动。步行道宽 2 m，长约 34 km。重点建设贡茶之路、盐茶古道、贡茶之源、昌臣茶径、溶洞画道 5 条主题步道。

以主要汽车风景道为巴士线路，沿游客服务点和重要景点，共设置 11 处旅游观光巴士停靠站，构建旅游观光巴士体系，让游客能随停随游。小镇的停车系统分为三个级别设置，结合旅游服务中心设置大型集中停车场，依托各个景区景点设置中型集中停车场，沿风景道景观条件较好的地段设置临时停车点。规划设置 1 505 个停车位，其中小车停车位 1 450 个，大巴车停车位 55 个。

第十三章　基于 AR 应用的土家族文化标签创意设计

第一节　文化标签概述

早在 18 世纪，欧洲就开始在药品和布匹上印制标签，用来识别、储存、查找和定位商品，一件商品一个标签，一个标签对应一个商品的特征信息，相当于现代生活中的条形码或二维码。文化标签是 AR 文化旅游产品的重要组成部分，是对某种特定的文化信息进行艺术创意加工后形成的可视化图案，每个文化标签都对应有相应的文化数字内容，可能是某种文化的文字解说、图片、音频、视频或动画等多媒体信息。文化标签通常标识在需要解说的文化旅游景点、特定文化场所、文化旅游商品或旅游场所，用来被智能终端通过视频捕获或扫描识别。

第二节　文化标签创意设计原则与分类

文化标签设计在遵循文化原真性的前提下，还应遵守“特质典型、简单易识、鲜艳醒目、印制精美”十六字准则。“原真性”概念来源于英文“authenticity”，本义是“原本的、真实的”。1964 年的《威尼斯宪章》提出“将文化遗产真实地、完整地传下去是我们的责任”，由此奠定了原真性对文化遗产保护的意义。世界遗产委员会明确规定了原真性是评估、保护和监控文化遗产的基本原则，对申报世界文化遗产的项目，除要符合登录标准外，还要在设计、材料、工艺和环境 4 个方面检验原真性的要求。《中华人民共和国文物保护法》第二十六条明确规定：“使用不可移动文物，必须遵守不改变文物原状的原则，负责保护建筑物及其附属文物的安全，不得损毁、改建、添建或者拆除不可移动文物。”其中的“不改变文物原状”的法律原则即是对保护世界文化和自然遗产公约关于真实性约定的最好体现。因此在开发文化景观资源的过程中应围绕“保护文化遗产”这个主题进行，坚持“文物保护第一，利用第二”的原则，在保护文化遗产的整体性和真实性的前提下进行适度的文化旅游开发；以挖掘文化遗产的文化内涵为目的，将物质文化成果展示与精神文化成果展示相结合，重在文化精神的挖掘和传播。特质典型是指标签所反映的文化特质是经过高度概括和提炼的，带有明显的文化特征符号和精神象征意义；简单易识要求标签创意设计要简洁明了、画面简单易于识别；鲜艳醒目是指标签的色彩要尽可能鲜艳突出并安装在被识别场所的最醒目位置，便于游客发现；印制精美是要求标签的印刷和制作要力求精致美观，并经久耐用。

针对长阳土家族文化，需要设计文化标签的文化类型及文化资源很多，本章选取较有代表性且市场知名度和影响力均较大的 4 项文化遗产资源进行创意设计，包括都镇湾故事、巴山舞、土家织锦和土家吊脚楼。

都镇湾是长阳土家族自治县的一个乡镇的名称。数千年来，生活在都镇湾的土家人，世世代代饥歌其食、劳歌其事，男女老幼、相从而歌。听故事、讲故事成了都镇湾人生活的重要内容，故事文化已经渗透进都镇湾人的血液中。这里故事讲述人多，故事储存量丰富，故事内容涵盖了神话、传说和日常的生产生活，已经采录的故事多达 3 500 多篇，目前“都镇湾故事”已经成为长阳的标志性文化品牌，被列入第二批国家级非物质文化遗产。本章故事类标签设计选取了 10 个故事：①《观音阁》；②《好吃佬》；③《马桑树为什么长不高》；④《骑虎上天》；⑤《勤俭》；⑥《双喜》；⑦《四大天王》；⑧《向王天子吹牛角》；⑨《洋芋的来历》；⑩《一毛不拔》。

长阳巴山舞起源跳丧舞，又叫跳撒叶儿嗬、跳丧鼓，是土家族古老的丧葬仪式歌舞，20 世纪 80 年代由长阳覃发池等民间舞蹈工作者将其改编为一种新型的群众自娱性的集体舞蹈。从跳丧到长阳巴山舞，变祭礼性舞蹈为群众性的具有健身和交谊功能的舞蹈，赋予跳丧舞新的生命，是土家族民俗文化创新发展的一次有益尝试。改编而成的巴山舞，音乐明快，动作简单，既能强身健体，又能运动健身。舞蹈肢体动作富有特色，潇洒、欢快，尤其是男女对跳，情趣盎然。20 世纪 80 年代逐渐兴起并在长阳乃至湖北西南地区快速普及。巴山舞在编创过程中把握了群众自娱性舞蹈所具备的群众性、科学性、随意性等基本特征。土家族人民通过跳巴山舞来传承民俗文化，增进民族成员之间的感情，促进土家民族文化的认同。巴山舞在结构上，打破原始跳丧许多旧程式和流行区域的界限，吸取各地精华，通过提炼实行综合利用，重新组合成“巴山摇”“半边月”“四合”“风摆柳”“双龙摆尾”“喜鹊登枝”6 个种类。其动作姿态各异，但都具有身体上下颤动和胯部左右摇摆的特色。本次舞蹈类标签设计选取了 10 个典型的巴山舞舞蹈动作：①“喜鹊闹梅第十步”；②“半边月”；③“绿水荡舟”；④“风摆柳”；⑤“喜鹊闹梅”；⑥“半身舞双石像之一”；⑦“半身舞双石像之二”；⑧“群舞图之一”；⑨“群舞图之二”；⑩“舞动”。

土家织锦的历史和文化内涵在本书第七章的第二节已论述，选取 10 个代表性土家织锦和独特工艺进行标签设计：①“钩纹”；②“蝴蝶牡丹”；③“马毕花”；④“双白梅”；⑤“燕尾蝴蝶”；⑥“梭罗枝丫”；⑦“龙船花”；⑧“龙飞凤舞”；⑨“岩墙花”；⑩“燕子尾”。

土家吊脚楼的历史和文化内涵在本书第七章的第一节已论述，选取十大代表性土家吊脚楼文化符号进行标签设计：①“单吊式吊脚楼”；②“二屋起吊式吊脚楼”；③“平地起吊式吊脚楼”；④“双吊式吊脚楼”；⑤“四合水式吊脚楼”；⑥“土家吊脚楼翘角”；⑦“土家吊脚楼屋脊”；⑧“土家吊脚楼格栅窗”；⑨“土家吊脚楼栏杆”；⑩“土家吊脚楼”。

第三节　都镇湾故事文化标签

一、《观音阁》故事文化标签

故事概述：一个船老板在出门经商的途中，因天色已晚，在江北的一面老岩边泊下。夜里他梦到有一个美丽的女子提醒他快点离开，要不然性命不保。船老板醒来后便赶紧离开了那个地方。等他从商回来的途中，经过了之前停留过的地方时，看见北岸的岩壁上有一个大洞，后来一打听，原来就在他停留的那个晚上，这里的老岩崩了。船老板想是仙人救了他一命，就在岩洞里修起了一座庙，供奉仙人，名叫“观音阁”。

长阳观音阁坐落于县城东清江北岸，始建于明代，为长阳重要的佛教圣地之一，数百年来，观音阁香火旺盛，连绵不断。标签里的观音阁提取了长阳观音阁的实物照作为设计参考，经提炼简化得出。此标签设计表现的人物就是故事里的船老板，运用人物的背景还有他双手合十的姿态，更能表现出船老板对仙人的致敬与朝拜之情。船老板身上加了个包袱，意在表现商人的气息。标签设计方案见图 13.1。

二、《好吃佬》故事文化标签

故事概述：有三兄弟，老大、老二勤俭苦干，把家里收拾得井井有条，老三整日游手好闲，好吃懒做，没什么本事。逼得老大、老二不敢在家里生火做饭，把肉拿到湖中的船上吃。老三闻到肉味，寻来一个木箱，把自己装进去，让箱子顺着水流漂到船边。老大、老二正准备吃的时候，见湖上漂了个箱子，于是一起把箱子捞上来，一打开，老三跳了出来。

此文化标签表现的是打开箱子发现老三在里面的场景，人物轮廓运用了直线线条，显得更有设计感，夸张的表情也为整张标签增添了戏剧性，使画面变得生动很多。人物的衣着色彩斑斓，突出了土家族的服饰特点。不同的表达方式也丰富了画面，令人直观看出故事的高潮部分。整体形象易懂，勺子、碗、锅炉的表达方式简洁明了，概括表现故事主要情节。标签设计方案见图 13.2。

图 13.1 《观音阁》故事标签

图 13.2 《好吃佬》故事标签

三、《马桑树为什么长不高》故事文化标签

故事概述：在西南地区和华中的湘西鄂北地区广泛流传着马桑树过去是高大乔木的传说，它曾是通天的神树，而现在却总也长不高了。早年，有个叫乐王的秀才去赶考，路上，他来到一棵幼小的马桑树旁，由于走路辛苦，他就把草帽放在树杈上，在树下睡着了。他这一睡就睡了三年，等他醒时树上的草帽伸手也拿不到了。于是，他便把树打断了，诅咒它长不高。自那以后，马桑树再也长不高了。

此文化标签表现的是秀才醒来后发现马桑树长高到自己伸手也拿不到草帽的场景。场景中心的秀才身上背个背包，戴个玉佩，手执扇子，突出了古代文人赶考的状态与文人的气质。而他也正眼睁睁看着自己的草帽被挂在高高的马桑树上，一脸无奈的神情，为他后来打断马桑树和诅咒马桑树的行为做出了铺垫，而远景中添加的山脉使画面不显得空洞。标签设计方案见图 13.3。

四、《骑虎上天》故事文化标签

故事概述：一个地主家的管家因可怜佃户交不起赋税而拿出工钱为他抵了税，自己辞工去庙里做和尚，长老和尚刁难他，他也毫不畏惧。一日长老和尚派他下山，遇到一只老虎，他以为老虎是来取他性命的，实际是上天派老虎助他成仙的。

此文化标签是插画风格，画面为横向，角度为俯视，突出了人与虎在画面上的比例；主图形象包括老虎、管家、寺庙和小路山峦蓝天等背景。将寺庙设计成吊脚楼的样式，突出强调了土家建筑的特点，山峰参照长阳人世世代代生活的武陵山，顶平，坡陡，谷深。因管家并未真正成为和尚，所以管家的服饰依旧参照土家族的服装样式，老虎是土家族人崇拜和喜爱的对象，故它在图中表现得既威风凛凛又友善可亲。整体鲜明生动，使人可以快速理解画面内容。标签设计方案见图 13.4。

图 13.3　《马桑树为什么长不高》故事标签

图 13.4　《骑虎上天》故事标签

五、《勤俭》故事文化标签

故事概述：一户人家有两个孩子，大儿子勤快不会持家，二儿子会持家但不会做事。老大在外面做事，老二在家里主事，他们家一年比一年好，别人送他们一块牌匾，写着“勤俭”两字。但自从他们爹死后，两人便闹着要分家，于是就把这块牌匾分成两半，却意外发现了里边的两张字条。一张写着“只勤不俭，好比漏桶装水”，另一张写着“只俭不勤，好比无源之塘”。两兄弟这才恍然大悟。

此文化标签表现的是两兄弟分匾场景。位于画面最前方一分为二的匾吸引了观赏者的目光，兄弟俩一位站立一位坐着形成了错落的效果。远处的树木房屋给画面营造了一种纵深感，突出了画面的主角。画面重点清晰明了，让人一看就了解所发生的故事。人物服饰方面也有所考究，增强了整体的趣味性。标签设计方案见图 13.5。

六、《双喜》故事文化标签

故事概述：一名书生在考试途中遇小姐对联招亲，考试题目正巧又与招亲的对联相吻合，书生就用招亲对联回答了题目，用考试对联回应了招亲，于是他又考取了状元，又娶到了小姐。

此文化标签主要形象为身着喜服的一男一女，男子头戴状元帽，手握毛笔，墙壁上挂着题名的金榜，说明男子考取了状元，表达考取之喜。两人同着鲜艳的红色喜服，桌上摆着果品和酒品，地上的红毯绣有大大的喜字，表示姻缘结合之喜。

金榜两侧的对联则分别为故事中小姐招亲所出的“旗绣虎，虎绣旗，旗摇虎动旗卷虎藏身”，和书生考试所遇“走马灯，灯走马，灯亮马走灯熄马止步”。结合了考学和姻缘的诸多代表性元素，此文化标签简洁明了地表达了故事所讲的奇妙有趣的双重喜事。标签设计方案见图 13.6。

图 13.5　《勤俭》故事标签

图 13.6　《双喜》故事标签

七、《四大天王》故事文化标签

故事概述：据说早些年麻池附近住了一位书生，天资聪颖但家境贫寒。后来人们发现夜里书生总跑去麻池边静坐，但没人知道为什么。穷书生中举后有人问起，他答，听音乐。于是人们抽干了池水往下挖，挖了几丈深后挖出了四大天王石像。故事中的四大天王，又名“护世四天王”。东方“持国天王”，身白色，拿琵琶；西方“广目天王”，身红色，手盘蛇；北方“多闻天王”，身绿色，持宝幢；南方“增长天王”，身青色，持宝剑。俗称“四大金刚”。

此文化标签表现为简约剪纸风格，所使用元素全部取自原故事，主体形象包括书生、代表四大天王形象的四种法器、麻池。根据故事内容，图中书生捧书于池旁，感应到了分别由宝剑、琵琶、宝幢、蛇（图中法器从左往右顺序）所代表的四大天王的存在，得到乐声提点，终得中举。池水水面向上的线条暗示故事中的四大天王隐于麻池之下，围绕法器和书生的乐符代表书生所闻得的、源于四大天王的，从池中传出的乐声。整体形象简明易懂，概括表现故事主要情节。标签设计方案见图 13.7。

八、《向王天子吹牛角》故事文化标签

故事概述：有一年突发洪水，人民无计可施，而这时向王天子从天而降，拿出了随身携带的牛角吹奏起来，使得洪水退落，便成了今天的清江河。

此文化标签为插画风格，画面为竖向，画面中心为向王天子，突出表现了其人物特征，也表现出土家族对向王天子的崇拜和喜爱。主图形象还包括树木树桩、碎石、山峦蓝天等背景。人物形象参照向王天子像，山峰参照长阳人世世代代生活的武陵山，顶平，

坡陡，谷深。洪水来至使得树木倾倒断裂，山石漂流。向王天子头上的头巾表现出土家族的特色，因是神话人物，所以突出表现人物的高大强壮。整体鲜明生动，使人可以快速理解画面内容。标签设计方案见图 13.8。

图 13.7 《四大天王》故事标签

图 13.8 《向王天子吹牛角》故事标签

九、《洋芋的来历》故事文化标签

故事概述：从前有两个将军被困在一座山上，这两个将军一个姓杨，另一个姓玉。两人在山上没有什么吃的，他们两人就挖出一种“果子”烤着吃，从而填饱肚子。后来天下太平了他们两个才下山去，但下山后他们还是不知道那种果子叫什么名字，于是他们就用两人的姓取名叫“杨玉”。再后来，人们就称土豆为“洋芋”。

此文化标签表现的是一个将军直接坐在了他的头盔上烤着洋芋，另一个将军则是在开心地采摘洋芋，两人对视交流。两人的动作突出了在饥饿的状态下获得食物的迫切感与喜悦感。为了突出两个将军被困在山上的气氛，场景里的中景中添加了些洋芋植株，远景中露出远处山脉的山顶，山顶插入几朵白云中，渲染出置身于山中的气氛。标签设计方案见图 13.9。

十、《一毛不拔》故事文化标签

故事概述：有一个好吃佬，天天在馆子里白吃，老板拿他没有办法，给馆子取了一个名字叫“圣贤愁”。天上的神仙听说人间有这样一个馆子，于是就下到人间来看这馆子。一个神仙把自己的鼻子割下来放在盘子里，另一个神仙拿起刀子割了一只耳朵放在盘子里。好吃佬拔了一根眉毛放盘子里，说：“这是你们来，如果是别人我真是一毛不拔哦。”

此文化标签表现的是神仙与好吃佬共餐的场景。神仙身着特殊服饰，好吃佬的表情使整幅画面生动传神。后面飘扬着的旗帜和灯笼烘托了气氛。曲折的人物线条模拟西兰卡普的织法工艺效果增添了设计感，不同色彩的运用使画面更加丰富。盘中物品较为写实，给人简洁明了的视觉效果。整体形象简明易懂，概括表现故事主要情节。标签设计方案见图 13.10。

图 13.9　《洋芋的来历》故事标签

图 13.10　《一毛不拔》故事标签

第四节　巴山舞文化标签

一、“喜鹊闹梅第十步”文化标签

“喜鹊闹梅第十步”动作为侧身进退步，一个八拍。此文化标签取自喜鹊闹梅，舞者一前一后双手叉腰，先左脚向左肩方向迈一步，右脚紧跟脚尖点靠于左脚内侧，再右脚后退一步左脚紧跟脚尖靠于右脚内侧。舞者选择为男女对跳，土家女子体态轻盈曼妙，舞步尽显柔美曲线，用红黑搭配这种热烈的颜色展现女子独有的明艳，男舞者一叉腰一投足都散发着阳刚之气，用淡黄配灰的低调颜色衬托前方女子，正如男子以自己宽阔胸怀包容女子一般，他们一柔一刚，阴阳调和。男女对跳是长阳巴山舞与现代化和大众化的完美结合，文化与涵蕴的碰撞，更是体现了土家族潇洒自然的独特魅力。标签设计方案见图 13.11。

二、“半边月”文化标签

“半边月”中男女动作略有区别，不仅使舞蹈气质发生了新的变化，而且增加了新的色彩。女子腰肢轻盈柔美，男子刚劲有力，绽放出了强大的生命力。巴山舞在音乐上为去其丧味，只保留了原始跳丧鲜明的节奏和有特色的鼓点，选用了当地人们所熟悉的与舞蹈情绪相结合的山歌为基调，适当加以发展，并加进了弦乐伴奏，舞蹈音乐仍具有浓郁的民族特色和地方色彩。标签设计方案见图 13.12。

图 13.11　“喜鹊闹梅第十步”标签

图 13.12　“半边月”标签

三、“绿水荡舟”文化标签

标签中三位女性跳的是第二套巴山舞第一节“绿水荡舟”，她们肢体舒展，舞姿优美流畅，完美地表现出了巴山舞的活力。背景舞台则是西兰卡普。不少土家人对巴山舞的认知已经上升到了文化的高度，把巴山舞视为一种文化的传承。标签设计方案见图 13.13。

四、“风摆柳”文化标签

“风摆柳”的主要特点是一男一女面对面摆动。左侧男子衣袖舞动，似有无数花瓣飘飘荡荡地凌空而下，飘摇曳曳，更如君子，既有潇洒感又有力量感，其衣裤主要以蓝色为底，黑色的马甲背心，头戴朴素的青布帕；右边的女子身着红黄襟的蓝色长裙，头戴粉紫色头包，踩着节拍婆娑起舞，轻步曼舞似鹊鸟惊夜，妙态绝伦。一男一女相携作舞，给人温暖灵动之感，愈发感染人们融入巴山舞之中。标签设计方案见图 13.14。

图 13.13 “绿水荡舟”标签

图 13.14 “风摆柳”标签

五、“喜鹊闹梅”文化标签

“喜鹊闹梅”是巴山舞的重要舞蹈动作。标签中男子动作选自巴山舞第二节“喜鹊闹梅”中的第三个动作平走步双切掌，舞者情绪高昂，动作流畅，粗犷潇洒，与此同时还有一种静态之美。女子动作选自一个巴山舞的舞蹈视频，舞蹈动作在静态中又不失舞蹈的张力。男女舞者一站一跪，相得益彰。舞者面带微笑，透露出土家人民美好乐观的生活状态。图中的背景采用西兰卡普的纹样，寓意着吉祥如意。土家族舞蹈与土家族织锦的结合，充分体现了民族特色，表现出土家人乐观的天性，对生活抱有极大的热情。标签设计方案见图 13.15。

六、“半身舞双石像之一”文化标签

“半身舞双石像之一”文化标签采用了简单剪影设计，并在剪影的基础上表现出仿石刻的质感。人物形象为一前一后两名舞蹈中的土家族女子的半身形象，人物动作选取了第二套长阳巴山舞中“绿水荡舟”的第四个女性动作和第七个女性动作。剪影形象做了大面积黑色色块平涂处理，没有全部采用黑色表现，在部分选区蒙上其他颜色，表现了土家族的服饰特征，并达到表现质感的效果。形象所使用的线条是圆润的线条与直线的结合，方中带圆，既表现舞蹈动作的优美流畅及韵律感，又表现土家族女子的温婉灵动，如莺如燕，灿若云霞。画面中半身女子所展现的巴山舞既柔美又充满力量感。标签设计方案见图 13.16。

图 13.15 “喜鹊闹梅”标签

图 13.16 “半身舞双石像之一”标签

七、“半身舞双石像之二”文化标签

“半身舞双石像之二”文化标签也采用了简单剪影设计，并在剪影的基础上表现出仿石刻的质感。人物形象为一前一后两名舞蹈中的土家族男子的半身形象，人物动作选取了第二套长阳巴山舞中“喜鹊闹梅”的第八个男性动作和“渔歌唱晚”章节第五个男性动作。剪影形象的服饰颜色更加鲜艳饱和，服饰特征更加突出。形象所使用的线条是圆润的线条与直线的结合，既能表现舞蹈动作的优美流畅和韵律感，又能展现土家族男子的雄壮干练、朴实淳厚，与男子沉稳低调的品性一致。画面中半身男子所展现的巴山舞既俊美又饱含张力。标签设计方案见图 13.17。

八、“群舞图之一”文化标签

“群舞图之一”文化标签人物形象与动作均源于一张巴山舞群体舞蹈图片，以所选取的部分人物形象加以简化、风格化，形成标签中现有形象。背景为舞蹈中的女性半身像，并以其奠定画面韵律感的主题基调，为潋滟绝妙的女性群舞展现了舞台；通过服饰大面积黑色色块突出人物的舞蹈动作；选区保留上色突出了土家族服饰特征。标签中人物为两女两男，共四人。为与深黑背景基调相匹配，前面两名女子采用高饱和的暖色和相对细致繁复的服饰加以突出，悄然地渲染出土家女子的温柔与热情，抬腕低眉间，轻舒云手时，行云流水地摇曳摆动，如云烟缥缈入九天；后面两名男子则采用平涂灰色色块进行处理，用简洁剪影更体现画面的整体性，亦为强调突出前两名女性婷婷形象。整体画面突出表现的是土家女子翩翩舞姿与独特素雅的土家服饰。群舞图体现出长阳巴山舞的集体性特征，在表现群体性的同时也未失掉服饰动作等方面的民族独特性。不仅仅是形单影只的零落，更是“华筵九秋暮，飞袂拂云雨”的婉转流连众人舞，百名女子玉手挥舞，翩然飞起，带给人们一场惊艳的视觉盛宴。标签设计方案见图 13.18。

图 13.17 “半身舞双石像之二”标签

图 13.18 “群舞图之一”标签

九、“群舞图之二”文化标签

“群舞图之二”文化标签人物为两男两女，共四人。为与深黑背景基调相匹配，前面两名男子采用高饱和的色彩和相对细致繁复的服饰加以突出，选取的抬臂姿态直接表达出土家男子的刚毅和健壮，虽为男性但身躯灵活，婉若游龙；后面两名女子则采用平涂灰色色块进行处理，用简洁剪影更体现整幅画的整体，亦为强调突出前两名男性形象。整体画面突出表现的是干练的土家男子的激情舞动与朴素简洁的土家服饰。“群舞图之二”体现出一场激情的众人舞，数名男子抬首出臂，健壮如虎，观众便可真切感受到土家族独有的魅力。标签设计方案见图 13.19。

十、“舞动”文化标签

“舞动”文化标签人物形象是简化的舞蹈中的土家族男女，服饰是传统便捷的土家族舞蹈短装，为了突出形象特征，加入了传统帽饰。标签总共选择了两男两女，共四人，在表现舞蹈的群体性的同时，也有阴阳和谐平衡的含义。人物动作分别选自第二套长阳巴山舞中的前三节：“绿水荡舟”的第五个女性动作，“青龙摆尾”的第四个男性动作，“喜鹊闹梅”第六个女性动作和第三个男性动作。设计者用良好的手绘技巧变化笔锋，使女性的腰肢灵动，仿若阳春三月，举手投足尽显活泼与朝气；而男性健硕的胸膛也被勾勒得淋漓尽致，伸展中展现了力道与魅力。舞者身后背景为西兰卡普的经典图案双八勾，以规则简单的图样衬托舞蹈人物，简单的元素繁复重叠，使其繁而不乱，同时体现土家族朴实的民族风情。红白选区涂色，其中适当的留白在表达出服饰特征的同时也保证了画面整洁而不繁杂，使舞蹈的动作为整个画面的视觉重心。总体设计所用到的简洁线条表现，简化动作形象，便捷舞蹈服饰，最终都为突出巴山舞所具有的“舞动感”，故名“舞动”。标签设计方案见图 13.20。

图 13.19　“群舞图之二”标签

图 13.20　“舞动”标签

第五节　土家织锦文化标签

一、“钩纹”文化标签

“钩纹”灵感来源于土家西兰卡普织锦中的十二钩。“钩纹”是土家织锦中出现频率最多的一种传统装饰纹样。按钩形的数量来分，有八钩、十二钩、二十四钩、四十八钩和双钩；以钩纹中心图案来分，有箱子八钩（妥毕八钩）、花瓶八钩、盘盘八钩、万字八钩、金莲八钩等。同时由于织锦用途与织造艺人的不同，也产生了幅面及颜色不同的更为丰富的土家织锦。这些变换丰富的钩纹看上去是一些简单的直线几何形状的重复变化，却体现着土家人文明进步及审美心理的需要。十二钩是一幅与八钩类型图纹不太一样的织锦。每条钩状纹样都是从中间菱形的四个角延伸而出的，上下两个角延伸出的两组钩状纹样是由一大一小两个钩形组成，所以产生了独特的十二钩。该钩纹配色大胆，红绿两种高对比色组成两条梯状纹带，而每个主题纹样之间以深色狗牙齿纹作为装饰，既热闹又欢快。

设计标签中主要采用暖色调，搭配少量纯度较低的冷色调。如橙色与蓝色的搭配，红色与绿色的搭配。减轻冷色调的纯度，不仅增加了画面的欢快感，又减少了冷色与暖色冲突的突兀感。底纹部分为四十八钩中的主纹样，将四十八钩与十二钩结合，更加容易凸显出西兰卡普织锦中钩纹的特点。标签两边的边纹是采用十二钩的次主纹样，配色也是与主纹样的配色相呼应。主纹样和边纹的白色部分，既是为了增加画面的悦动感，又是为了与土家织锦中崇尚黑色为底，红色为主，白色、蓝色、黄色、绿色为辅的风格相对应，突出不论是形状上还是色彩上土家织锦的特色。标签设计方案见图 13.21。

图 13.21　“钩纹”标签

图 13.22　“蝴蝶牡丹”标签

二、“蝴蝶牡丹”文化标签

“蝴蝶牡丹”是土家织锦的代表性图案之一，主纹样和辅纹样都是具有鲜明的土家族文化特色的钩纹纹样。设计方案采用 4∶3 的画面比例，整体采用暖色调。主图、底纹和收边的轮廓遵循了西兰卡普的原轮廓。主图的轮廓线采用了三条线勾边的设计，使纹样有了一种鎏金的效果，呼应了整幅标签富贵吉祥的寓意；红、绿、黄、紫等颜色的大胆运用使整个标签不仅凸显民族风且更生动、内容更丰富。主纹样蝴蝶在牡丹之上翩翩起舞，寓意“捷报富贵”。底纹采用土家族钩纹纹样，钩纹是土家织锦中最具代表性的纹样之一。它既可单独成形，也可被分解成各种纹样作为陪衬、填充使用，成为土家织锦突出的装饰特点之一。钩纹纹样的加入使标签的设计更完整，更有细节感。收边遵循西兰卡普收边的经典样式，使标签的设计更完善，内容更丰富。标签中的蝴蝶纹样在整体形态上，更具有“抽象直线”的风格特征。标签设计方案见图 13.22。

三、“马毕花”文化标签

“马毕花”是土家织锦中常见的纹样，“毕”在土家语中为“小”之意，“马毕”就是小马。“马毕花”主题纹样的造型设计取自奔跑的骏马，有威严、刚健、明亮、热烈、高昂、升腾、饱满、昌盛、发达之意。土家织锦中的马毕花造型最能表现马的形体及马在运动中的全侧面。边缘的辅纹样取自土家织锦狗牙齿花。《荀子·礼论》记载，狗属于“至阳之畜”，对阴邪有震慑化解的作用，同时狗可以预兆吉凶灾异，也寓意着吉祥。狗身上最具有震慑力的是其锋利的牙齿，土家织锦狗牙齿花中，常以“<”纹样作纵向排列，形成的具有二方连续的狗牙纹，简洁质朴，它常被用于土家服饰的衣边。

该标签的主题纹样取自土家织锦中的“马毕花”。方案采用 4∶3 的构图比例，整体采用暖色调。该标签一方面将土家纹样“马毕花”的中“马”的图案轮廓进行保留，但对其排列做了重新调整，使其更对称，更具现代感；另一方面对其颜色进行重构，整体暖色调的填色让威严的“马”的形象变得活泼、有趣，更具亲和力，容易被现代人接受、喜爱。马身上的高级灰米色和粉色、玫瑰色的运用让活泼的马更具有高级感，平衡了姜黄色衬底的跳跃感。边缘运用了简化的狗牙齿花，并对其进行“宽窄”不同的处理，红、黄、蓝、黑等颜色的结合、对比让严肃的折线更丰富、更活泼、更明快，更呼应画面的主题纹样。狗牙齿花的运用让活泼的画面增加了折线带来的威严感。文化标签中白、黑、红、黄、蓝色的大胆运用，使得整个画面视觉冲击力强，给人以耀眼、明亮的印象。标签设计方案见图 13.23。

四、“双白梅”文化标签

土家人喜爱梅花，多以梅花图案制作织锦，如“一朵梅”“双白梅”“四朵梅”“五朵梅”“九朵梅”“小烂枯梅”“大烂枯梅”“小白梅”“大白梅”“麻园梅”“焦山梅”“窝梅”等。“双白梅”标签中主纹样取自土家族织锦双白梅，辅纹样取自土家族的万字彩陶纹样。设计寓意为吉祥、高洁、坚强、谦虚。采用 4∶3 的构图比例，整体采用暖色调。遵循双白梅的原图案，但将色彩进行重构，采用最天然、最质朴的三原色和黑白两色，构成整个标签的配色。将原本以线为主的图案加上衬底和填色变成单个主纹样，再将其四方连续组合，变成主纹样。为使整幅图更耐看，更有趣味，大胆地把现代元素融入文化标签，在衬底运用现代风格的网格，再在其中填入万字彩陶纹样。万字彩陶纹样的融入使标签的设计更完整，在意蕴上，用万字纹“万福万贵”的寓意放大双白梅的精神，使标签的意义内涵更丰满。标签上下边缘的设计遵循西兰卡普的经典收边纹样，“远看有效果，近看有细节”。标签设计方案见图 13.24。

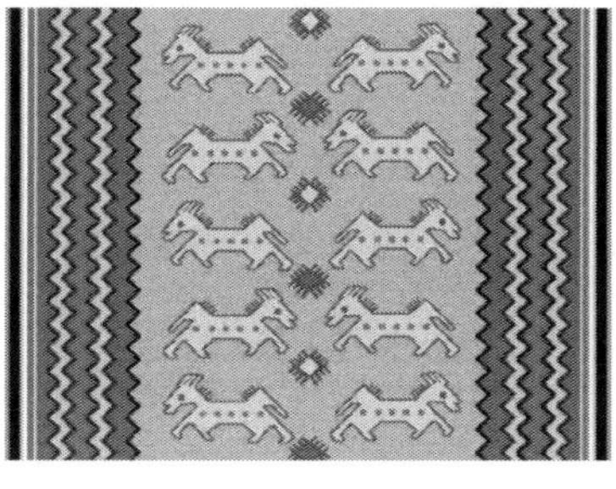

图 13.23 “马毕花”标签

图 13.24 “双白梅”标签

五、"燕尾蝴蝶"文化标签

"燕尾蝴蝶"文化标签采用 4∶3 的构图比例，整体采用暖色调。主图、底纹和收边的轮廓遵循了西兰卡普的原轮廓。主图的轮廓线采用仿西兰卡普织法，由经纬相交形成的"点"累积而成，纹样对应了西兰卡普的主题，具有传统民族气息，呼应了整幅图幸福美满的寓意；不同明度灰度的粉红、绿、橘、紫等颜色的大胆运用，使整个标签不仅凸显民族风且更生动，内容更丰富。土家族婚嫁中，由蝴蝶、鱼等图形构成的织锦运用得比较多，所以主纹样中蝴蝶的双翼双尾，双鱼双连的图纹也蕴含着婚姻中夫妻百年好合、成双成对的寓意。底纹采用土家族背篓花中的纹样。背篓花是土家织锦中最具代表性的纹样之一，由抽象的几何形状组成，取背篓局部的构成样式，重新进行组合排列，成为土家织锦突出的装饰特点之一。经过简化并进行颜色重构的背篓花纹样的加入，使标签的设计更完整，更有细节感。"男挑女背"是土家族人传统的生活方式，因而背篓也成为妇女的专属用品，有明显的女性化特点，故把颜色设计成女性化的粉色，并和标签的整体色调和谐。收边遵循西兰卡普收边的经典样式，使标签的设计更完善，内容更丰富。标签设计方案见图 13.25。

六、"梭罗枝丫"文化标签

"梭罗枝丫"标签的主要图案从土家织锦梭罗丫纹中提取，梭罗丫象征着祈福，八个梭罗丫围成一个菱形的圈，在梭罗丫中央的扁六边形框中，加入土家族标志性的图样万字文，运用重复的表现方式，使梭罗纹排列成织锦常用的六边形。除中间的梭罗丫图案外，周围的梭罗丫纹的底加上边为锯齿状的色块，有一种布的质感，除了左右两边及最下面的三个图案，都用点的方式为图案勾边，体现织锦针织的特点，也与未勾边的图案形成对比。标签上下两边的图案从织锦菊花中提炼出来，用白色的点勾边，使标签更具织锦的特点。土家织锦色彩鲜艳明亮，多由红、蓝、黄、白、黑构成，标签中的颜色从织锦梭罗丫纹中提取，使其更具土家族特色，浅绿的背景，深绿色的上下两边，黄、橙色的梭罗丫分别以深浅不同的绿色色块为底，相互形成对比。在标签的上下各加上一条浅绿色的线，为标签增加点线面的构成感。标签设计方案见图 13.26。

图 13.25 "燕尾蝴蝶"标签

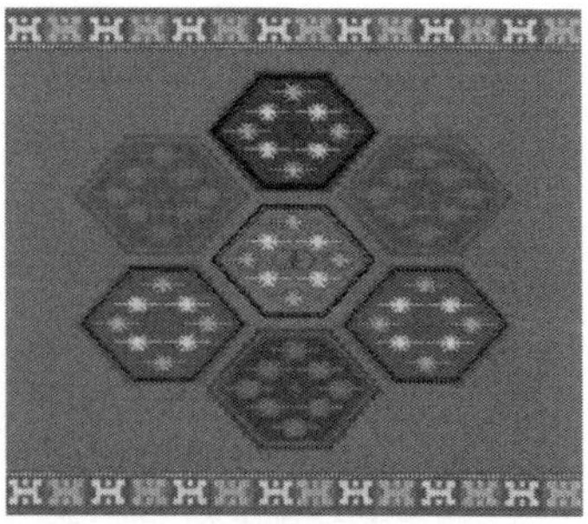

图 13.26 "梭罗枝丫"标签

七、"龙船花"文化标签

本标签的主纹样源自土家织锦"龙船花"，是土家织锦中与船相关的题材的代表作，不仅在艺术表现形式上有不同的风格，在文化内涵上也有很深的寓意。整个画面中，虽没有一个很具象的龙船，但从抽象的造型中仍能感受到当时龙船上热闹的祭祀场景，这也是土家织锦的精粹所在。关于船与土家人的密切关系，舍巴歌中描述了远古的洪荒时代人类遭毁灭而又再生的传奇故事。故事描述了在洪水泛滥、人类即将毁灭之际，哥哥布所和小妹毛妮两兄妹因得到天神帮助而躲在葫芦里保住了性命，他们的后代就成了土家、苗家和客家。土家人为了纪念再造人类的布所和毛妮，把兄妹俩供奉于由葫芦变成的船中，这就是土家族旱龙船的来历。从此，船成了土家族心目中的生命之舟，旱龙船也被视为吉祥的象征，现代的龙船调也衍伸为接新娘。设计主体纹样为条状排列的画面，每条纹样之间采用龙船船体的鳞纹，两边的线条表现的是香炉飘出紫烟的效果，黑色的底把环绕中的龙船气势也表现得淋漓尽致。背景处细线勾勒的豆腐架形态，给人一种虚无缥缈的感觉。设计寓意为富贵吉祥、鼓乐齐鸣、五谷丰登。图片底纹与内部较暗的边纹均为西兰卡普中豆腐架经典文案，而较亮的边纹则为具有西兰卡普特色的经典云纹，深受土家儿女喜爱，在多数织锦作品中出现。标签设计方案见图 13.27。

八、“龙飞凤舞”文化标签

图中纹样是龙凤呈祥织锦纹样，独具龙凤文化特色的传统吉祥纹样，除皇家帝王的形象外，还象征郎才女貌，夫荣妻贵，在土家族悠久历史长河中也占有重要的地位，其祥瑞的美好寓意深受土家族儿女崇敬。土家织锦龙凤纹样象征着高贵，也体现着爱情。龙在腾云，凤在牡丹花枝中穿飞。凤头有吉祥的吊坠，吊坠上有闪光的珠宝，深红底色配上粉红、粉紫、淡绿、橙黄等颜色，符合土家族对红色的重视，凸显西兰卡普织锦的意义。“龙飞凤舞”图案的设计寓意为富贵、吉祥、欣欣向荣。

图案采用 3∶4 的画面比例，纹样采用的色彩主要为暖色调，穿插少量纯度较低的冷色，丰富画面的同时还传递一种富丽、吉祥、喜庆的民族风格，使画面充满喜庆祥瑞的氛围。由简单几何图形组成的飞龙与舞凤，龙的胡须与鳞片都是由土家织锦经典纹样钩纹简化而来，以暖色为底，少量纯度较低的冷色做纹样，不仅可以给画面增加层次，还可以增加画面跃动感和趣味性。

纹样两边的边缘图案，则是用西兰卡普中极具特色的传统云纹造型来丰富画面，表现土家族鲜明的民族特色。这种纹样图案在土家织锦中比较常见，很多类型的织锦都采用云纹造型的纹样，也是织锦中的经典。标签设计方案见图 13.28。

图 13.27 “龙船花”标签

图 13.28 “龙飞凤舞”标签

九、“岩墙花”文化标签

土家织锦“岩墙花”主体纹样造型由菱形、三角形、梯形等基本纹样组成，各个图形之间排列极为紧凑，间隔较密，这种密集的感觉能让各要素保持相对独立的同时又呈现出图形相互之间若即若离、相互映衬的关系。主体图案内部的三角形上下相对而立，旁边辅以四幅梯形图案环顾四周，形成一种较为封闭的构图形式。中间孔隙部分加入了规则的多边形对称纹样，使得整个主体图案显得较为饱满，这是种富有规律性、线性的饱满，不会让人眼花缭乱。通过黑色底的衬托，显得突出而明快，造型上点线面的结合，增加标签的层次感。图片边缘部分，分为两个层次，内部较暗的层次是由主图案中心规则多边形组成，在丰富层次的同时内外呼应，并突出土家族运用同种纹样不同的间接方式组成多样图案的织锦特点。而外部较亮的玫红色边缘，是由土家族经典纹样钩纹简化而成，最外部深蓝色点状边纹，则是土家织锦豆腐架的经典边纹。将多种不同种类的织锦融合会更突出土家织锦的特点。标签设计方案见图 13.29。

十、“燕子尾”文化标签

本标签的主纹样选自土家族织锦“燕子尾”，辅纹样选自土家族传统纹样万字纹、勾纹，寓意着吉祥如意、热爱生活、尊重自然。画面整体采用了 4∶3 的比例，以冷色调为主。在“燕子尾”原图样的基础上，用万字纹和菱形图案加以修饰，使画面显得丰富。土家织锦在纹样和编织方式上以斜线为主体，图案多呈菱形结构，讲究几何对称反复连续。整个设计以蓝紫色为主，用深蓝色做底纹，整体给人一种端庄、沉静的感觉，而在蓝紫色的图样上，用黄色加以点缀，沉稳而不失活泼。白色点状的线所构成的边框，使图案更加严谨。万字纹的填充则使画面更加丰满。“燕子尾”寓意着吉祥，同时表现出土家人对生命的热爱和对自然的崇敬。标签设计方案见图 13.30。

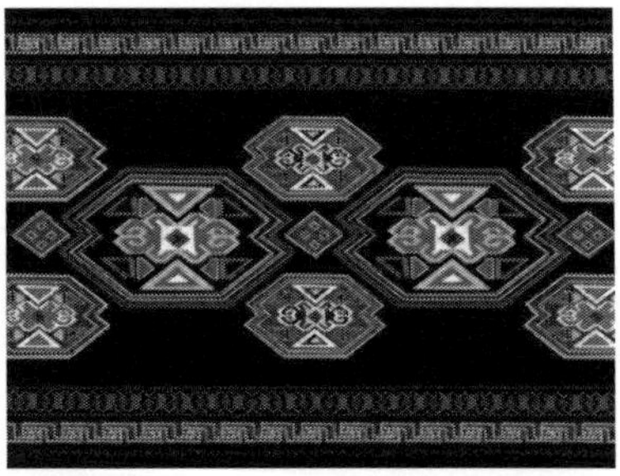

图 13.29 “岩墙花”标签

图 13.30 “燕子尾”标签

第六节 土家吊脚楼文化标签

吊脚楼建筑是土家人民建筑智慧和生活哲学的集中体现。土家吊脚楼无论是建筑风格还是内部结构，都呈现出天人合一的生态建筑理念、合理的结构关系和分层次的有序变化的对称，具有静中见动、动中趋向统一的灵巧多变的均衡感，这种动态性多层次的高水平对称均衡，充分彰显了土家族吊脚楼的建筑美，具有超越视觉的特异品质。根据土家族吊脚楼的建筑形态特征，可以设计以下 10 种文化标签。

一、“单吊式吊脚楼”文化标签

单吊式是土家吊脚楼中最为普遍的一种建筑形式，土家俗称为“一头吊”或“钥匙头”。其特点是在正屋的左侧或右侧吊脚，吊脚均在厢房，平面为一正一厢。设计方案采取横向 4∶3 的构图形式，图中右半部分为吊脚楼建在实地上的正屋，左半部分是由柱子支撑悬在半空的厢房。总的色调采用灰色，象征着沉稳、冷静，使用重灰色来填充图案，来表现吊脚楼坚固实用的特点，同时使图案显得稳重。图案中吊脚楼的各结构与真实的单吊式吊脚楼一致，将屋檐、吊脚、走栏、厢房等结构运用几何图形来简化表现。为丰富图案内容，设计中对走栏和房梁等部分结构进行了细节刻画，使用镂空的方式来体现房屋的立体感及前后结构关系，这样图案看起来简洁清晰、沉稳大气，同时又有细节表现，给观者以“远看有效果，近看有细节” 的视觉体验。标签设计方案见图 13.31。

二、“二屋起吊式吊脚楼”文化标签

二屋起吊式是在单吊式和双吊式的基础上发展起来的，即在一般形式的吊脚楼上再加一层，在土家建筑中，这种建筑形式并不常见，但在鄂西宣恩县晓关一带可以看到。设计方案采取横向 4∶3 的构图形式，采用 45°侧面斜仰视角，可充分体现二屋起吊式吊脚楼的特点。图案的主色调与真实的吊脚楼建筑相近，更容易表现土家吊脚楼的木质结构，总体结构创意来自真实的单吊式吊脚楼，将屋檐、吊脚、走栏、厢房等结构运用几何图形来简化表现。为丰富图案内容，设计中对个别结构进行了细节刻画，使用镂空的方式来体现结构的立体感及前后关系，并运用透视来呈现建筑的体积，图案简洁又不失细节表现。标签设计方案见图 13.32。

图 13.31 “单吊式吊脚楼”标签

图 13.32 “二屋起吊式吊脚楼”标签

三、“平地起吊式吊脚楼”文化标签

平地起吊式吊脚楼也是在一般吊脚楼的基础上发展起来的，单吊式、双吊式皆有。它的主要特征是建在平地上，按照地形本不需要吊脚，却偏偏将厢房抬起，用木柱支撑。支撑用的木柱与正屋地面齐平，使厢房底部高于正屋。这种吊脚楼在土家建筑中也不常见，但在鄂西来凤县河东可以看到。设计方案采取横向 4∶3 的构图形式，总色调采用灰色，使用重灰色来填充图案。标签中吊脚楼的结构构图创意来源于真实的平地起吊式吊脚楼，屋檐、吊脚、走栏、厢房等结构均运用几何图形来简化表现。图案中正屋屋檐处运用弧形图案来表现吊脚楼屋顶的瓦片结构。在图案下部使用实心的灰色形状来代表地面，以此与吊脚楼建筑相结合，来体现平地起吊式吊脚楼的特点。标签设计方案见图 13.33。

四、“双吊式吊脚楼”文化标签

双吊式吊脚楼又称为“双头吊”或“簸箕口”，是在单吊式吊脚楼的基础上发展而来的。正屋为一正两厢，正屋两头的厢房皆吊出。土家族人建吊脚楼一般是先建正屋，然后根据经济情况及家庭需要，依次建两边的厢房。双吊式吊脚楼在土家族聚居的地区也较为普遍，单吊式和双吊式的选择主要看经济条件和家庭需要，这两种形式的吊脚楼常常共处一地。设计方案利用几何图案来构造土家族吊脚楼中较为常见的吊脚楼种类——双吊式吊脚楼，采取横向 4∶3 的构图形式，以正视的角度呈现出一个双吊式吊脚楼的设计图案。黑色象征着沉稳、庄重、低调、简约，使用黑色来填充图案，来表现土家族人民的质朴，同时使图案显庄重。标签中吊脚楼的结构构图创意来自真实的双吊式吊脚楼，将屋檐、吊脚、走栏、厢房等结构运用几何图形来简化表现。为丰富图案内容，运用透视学原理塑造出建筑物的体积，并着重表现木窗与走栏处的木雕花纹，突出吊脚楼的古朴、深邃和纹理的丰富变化，不仅展现了土家人精湛的手工技艺，也使得图案简洁明了。标签设计方案见图 13.34。

图 13.33 “平地起吊式吊脚楼”标签

图 13.34 “双吊式吊脚楼”标签

五、“四合水式吊脚楼”文化标签

四合水式吊脚楼是在双吊式吊脚楼的基础上发展而来的，特点是正屋两侧厢房与吊脚楼部分的上部连在一起，形成一个四合院，两厢房中间为大门，这种建筑进入大门后还需上几级台阶，才能进到正屋。标签设计方案采取横向 4∶3 的构图形式，采用斜俯视的视角，可以更充分地体现四合水式吊脚楼的特点。标签中填充的颜色与真实的吊脚楼建筑相近，能更好地体现土家吊脚楼的木质结构。标签中吊脚楼的左侧和右侧的填充区域为四合水式吊脚楼正屋所在的地面，中间将建在门内的楼梯进行抽象化表现，将屋檐、吊脚、厢房等结构运用几何图形来简化表现。为丰富图案内容，在屋檐处运用了不同的表现方式，给人一种有光源照射的感觉来增强体积感，并使用镂空的方式来体现结构的立体感及前后关系。文化标签方案见图 13.35。

六、“土家吊脚楼屋脊”文化标签

吊脚楼屋顶筑脊的目的是防风、防漏，坚固耐久，也是两坡屋面的分水岭。其处理一般简单、巧妙，屋面的主要装饰大多数与风水、辟邪有关。该标签设计方案的主纹样取自正视的土家吊脚楼，采用 4∶3 的画面比例，图案中的“品”字形屋脊属于组合纹，是典型的花叶纹、钱形纹组合，花纹体现了土家族“天人合一”的生态理念，钱形纹则体现了土家族人民对富贵吉祥的渴望。为突出屋脊的“品”字纹装饰，简化了吊脚楼的木质结构，在结构交错的部分使用留白来体现空间感，下部的四柱为简化的隔扇，以体现土家吊脚楼特点。标签设计方案见图 13.36。

图 13.35　“四合水式吊脚楼”标签

图 13.36　“土家吊脚楼屋脊”标签

七、“土家吊脚楼翘角”文化标签

飞檐翘角一般指的是中国古代木构建筑中屋檐的四角在水平和垂直两个方向上都略长于中部水平屋檐的现象。也就是每一边的檐口都是一个空间曲线，两头在水平和垂直方向上都上扬一定角度。土家族的装饰大多数和风水、辟邪有关。标签中的祥云纹，寓意祥瑞之云气，表达了吉祥、喜庆、幸福的愿望。祥云纹造型独特，婉转优美，美好吉祥，体现了土家人单纯朴实和对美好生活的向往。该文化标签方案中的主纹样取自土家吊脚楼中的翘角结构，翘角设计属于祥云纹的变形。整体采用 4∶3 的画面比例，主纹样夸张扩大了翘角的尺寸，并抽象化了吊脚楼的木质结构，充分突出翘角这一耐人寻味的装饰。标签设计方案见图 13.37。

八、“土家吊脚楼格栅窗”文化标签

土家吊脚楼的窗棂，通常是细木榫接雕花而成。窗雕属于格栅窗，格栅窗多用于正屋的正面，除去正屋大门，其余开间由隔扇拉通，窗扇的尺寸及数目视开间大小而定，以双数为原则，两页可开启窗的两边是落地柱。格栅窗的图案丰富多样，精巧细致，此窗雕包含大量花形纹和白虎图腾，土家人相信自己的祖先魂魄为虎，他们认为白虎是正义勇猛、威严的象征，具有辟邪、消灾、祈丰的力量。该文化标签方案构思源于土家吊脚楼的正视图，采用 4∶3 的画面比例。设计时简化了吊脚楼木质结构，保留了大部分房屋装饰。在结构交错的部分选择留白来体现空间感。在窗雕的处理上，将棂条的线条收缩，以此和窗框区分，尽可能保留了窗雕里纹样的形状，以突出吊脚楼窗雕的特点。标签设计方案见图 13.38。

图 13.37　“土家吊脚楼翘角”标签

图 13.38　“土家吊脚楼格栅窗”标签

九、“土家吊脚楼栏杆”文化标签

栏杆是吊脚楼必不可少的维护构件。该文化标签方案中使用花饰栏杆，花饰栏杆一般安装于走廊两瓜柱之间，因柱距不等，构图处理不尽相同。当两柱距不大时，一般以两柱为边界形成一整体图案。当两柱间距离大时，一般将其等分几份，而每一单元都是相同的图案。栏杆纹样中心为巴蛇图案，土家族是古代巴人后裔，巴人以蛇为部落图腾，故土家族多巴蛇图腾，这也体现了土家族“人神共居”的图腾崇拜。此外，雀替是通常被置于建筑的横材（梁、枋）与竖材（柱）相交处的构件，作用是：缩短梁枋的净跨度从而增强梁枋的荷载力；减少梁与柱相接处的向下剪力；防止横竖构材间的角度倾斜。该标签设计方案的主纹样取自正视的吊脚楼，采用 4∶3 的画面比例，仅选择土家吊脚楼栏杆部分，省略了吊脚楼的木质结构，在对窗雕的处理上，尽可能保留了纹样的原样，在对雀替和柱头的处理上，在保留原有特征的基础上进行简化和抽象。标签设计方案见图 13.39。

十、“土家吊脚楼”文化标签

土家吊脚楼属于穿斗式木构架，特点是把柱子串联起来，形成一榀榀的房架，檩条直接搁置在柱头上，沿着檩条方向，再用斗枋把柱子串联起来，由此形成一个整体框架。龛子是厢房由吊脚支撑楼板，垂柱支撑走廊，上面盖“歇山顶”，在遮风挡雨的同时带来美感。该文化标签方案的主纹样取自横向观察的吊脚楼屋顶，上半部分为主屋的屋顶，下半部分则为龛子的屋顶。在布局上将上半部分尽可能简化，下半部分则保留屋檐结构且每个单元间隔更加疏松，以此体现空间感。同时此标签将屋柱和梁结合，形成“土”字，衬托“土家族”主题。整体采用 4∶3 的画面比例，整体采用暖色系，图案颜色更接近木材。标签设计方案见图 13.40。

图 13.39　“土家吊脚楼栏杆”标签

图 13.40　“土家吊脚楼”标签

参 考 文 献

《长阳土家族自治县概况》编写组,《长阳土家族自治县概况》修订本编写组, 2009. 长阳土家族自治县概况[M]. 北京: 民族出版社.

陈红, 2014. 巴土文化与清江旅游[M]. 天津：天津大学出版社.

陈靖, 王聪, 2012. 增强现实研究进展与核心技术(上)[J]. 信息技术与标准化(6): 35-37.

陈靖, 王聪, 2012. 增强现实研究进展与核心技术(下)[J]. 信息技术与标准化(7): 52-53.

陈侃松, 阮玉龙, 戴磊, 等, 2017. 区域分割的自适应变异粒子群算法[J]. 电子学报, 45(8): 1849-1855.

陈壮壮, 朱向冰, 朱标, 等, 2020. 增强现实智能眼镜显示技术研究进展[J]. 中国照明电器(1): 17-21.

杜晓, 张立明, 2019. 长阳土家族文化特质分析[J]. 三峡论坛, 330(1): 17-21.

顾彩, 1999. 容美纪游[M]. 武汉: 湖北人民出版社.

顾培亮, 1998. 系统分析与协调[M]. 天津: 天津大学出版社.

何泽浩, 隋晓萌, 赵燕, 等, 2018. 基于全息光学的虚拟现实与增强现实技术进展[J]. 科技导报, 36(9): 8-17.

胡挠, 刘东海, 1993. 鄂西土司社会概略[M]. 成都: 四川民族出版社.

胡绍华, 2003. 三峡民间艺术概论[M]. 武汉: 武汉出版社.

黄柏权, 2014. 土家族历史文化散论[M]. 北京: 世界图书出版公司.

黄柏权, 覃章厚, 戴楚洲, 等, 2003. 湘鄂西土家族[M]. 北京: 民族出版社.

贾杰, 2013. 无线传感器网络覆盖控制与节点部署技术[M]. 沈阳: 东北大学出版社.

简彩云, 2005. 顾客满意度指数测评模型比较与借鉴[J]. 商业时代(11): 39-42.

李苗, 等, 2016. AR：场景互动神器[M]. 北京：社会科学文献出版社.

连漪, 汪侠, 2004. 旅游地顾客满意度测评指标体系研究及应用[J]. 旅游学刊, 19(5): 9-13.

刘派, 2016. 视觉重构：文化遗产的数字化重构[M]. 北京：清华大学出版社.

刘越, 2013. 移动增强现实关键技术及研究进展[J]. 办公自动化, 246(1): 5-7.

刘长林, 1990. 中国系统思维：文化基因透视[M]. 北京：中国社会科学出版社.

刘伟洋, 陈侃松, 张丹, 等, 2017. 改进三帧差分算法在移动物体检测中的应用[J]. 计算机测量与控制, 25(2): 177-180.

柳祖国, 李世其, 李作清, 2003. 增强现实技术的研究进展及应用[J]. 系统仿真学报, 15(2): 222-225 .

卢世菊, 吴海伦, 2014. 民族文化旅游创意产业发展研究: 湖北省武陵山少数民族经济社会发展试验区的调查[M]. 北京: 中国社会科学出版社.

罗鑫, 张军, 2020. AR 技术在传统艺术中的运用[J]. 戏剧之家, 368(32): 211-212.

马建华, 管华, 2003. 系统科学及其在地理学中的应用[M]. 北京: 科学出版社.

彭振坤, 黄柏权, 2007. 土家族文化资源保护与利用[M]. 北京: 社会科学文献出版社.

申元霞, 王国胤, 曾传华, 2011. 相关性粒子群优化模型[J]. 软件学报, 22(4): 695-708.

沈阳, 2003. 土家族地区竹枝词三百首[M]. 北京: 民族出版社.

谭志国, 2013. 土家族非物质文化遗产研究[M]. 北京: 世界图书出版公司.

唐洪祥, 程培才, 2015. 西兰卡普[M]. 重庆: 西南师范大学出版社.

汪侠, 顾朝林, 梅虎, 2005. 旅游景区顾客的满意度指数模型[J]. 地理学报, 60(5): 807-816.
王东, 2013. 中华文明的五次辉煌与文化基因中的五大核心理念[J]. 河北学刊, 23(5): 130-134.
王红英, 吴巍, 2013. 鄂西土家族吊脚楼建筑艺术与聚落景观[M]. 天津: 天津大学出版社.
王小强, 欧阳骏, 黄宁琳, 2012. ZigBee 无线传感器网络设计与实现[M]. 北京: 化学工业出版社.
王欣, 蔡凤, 彭诗茗, 2017. 地方文化元素在旅游商品开发中的多级转化模式研究: 以北京为例[J]. 旅游论坛, 10(2): 86-95.
王涌天, 林倞, 刘越, 等, 2006. 亦真亦幻的户外增强现实系统: 圆明园的数字重建[J]. 中国科学基金, 20(2): 76-80, 86.
王卓敏, 2014. 土风新设: 西兰卡普图案的数字化设计[M]. 长沙: 湖南师范大学出版社.
韦复生, 刘宏盈, 2016. 民族文化创意与区域旅游发展研究[M]. 北京: 人民出版社.
吴逸云, 张立明, 黄金彦, 2018. 基于 AR 应用的土家族文化旅游产品体系研究: 以长阳土家族自治县为例[J]. 湖北大学学报(自然科学版), 40(5): 539-544.
肖甫, 王汝传, 孙力娟, 等, 2012. 一种面向三维感知的无线多媒体传感器网络覆盖增强算法[J].电子学报, 40(1): 167-172.
徐杰舜, 2008. 文化基因：五论中华民族从多元走向一体[J]. 湖北民族学院学报(哲学社会科学版), 26(3): 9-14.
徐明庭, 等, 2007. 湖北竹枝词[M]. 武汉: 湖北人民出版社.
徐兆寿, 2015. 旅游文化创意与策划[M]. 北京: 北京大学出版社.
杨红, 2014. 非物质文化遗产数字化研究[M]. 北京: 社会科学文献出版社.
余日季, 蔡敏, 蒋帅, 2017. 基于移动终端和 AR 技术的博物馆文化教育体验系统的设计与应用研究[J]. 中国电化教育(3): 31-35.
余日季, 叶斯敏, 贺飞武, 2017. 数字动画中多层间相对运动原理与应用实践[J]. 装饰(3): 87-89.
张立明, 2006. 旅游规划与投资决策[M]. 北京: 科学出版社.
张颖辉, 覃庆华, 2014. 都镇湾故事[M]. 武汉: 崇文书局.
赵文静, 曹忠, 2019. 国外增强现实教育应用的研究进展: 基于 104 篇国际教育技术期刊论文的质性元分析[J]. 中国教育信息化(10): 30-35.
钟蕾, 李杨, 2015. 文化创意与旅游产品设计[M]. 北京: 中国建筑工业出版社.
中国大百科全书总编辑委员会《地理学》编辑委员会, 中国大百科全书出版社编辑部, 1990. 中国大百科全书(地理学) [M]. 北京: 中国大百科全书出版社.
CREGORY K, JOSEPH R, 2014. 增强现实技术导论[M]. 郑毅, 译. 北京: 国防工业出版社.